全国高职高专"十三五"规划教材·铁道交通类

动车组检修技术专业精品规划教材

全国行业紧缺人才、关键岗位从业人员培训推荐教材

U0581088

动车组运用与规章
（M⁺ Book 版）

主　编　罗利锦　梁炜昭

主　审　李　明

本书应用了北京交通大学出版社自主研发的 M⁺ Book 技术，展现在读者面前的是一种传统纸媒体与新媒体融合的创新型出版物类型。读者可对图书内容进行立体化的阅读。

请您扫描上面的二维码，具体使用方法见 M⁺ Book 版图书使用说明。

北京交通大学出版社

·北京·

内容简介

本书根据职业教育动车组检修技术专业的教学要求，着重介绍了 CRH 动车组的运用管理知识、动车组司机的一次作业过程等内容，同时介绍了《铁路技术管理规程（高速铁路部分）》的信号显示、行车组织等内容，并结合甬温线特别重大铁路交通事故等案例对铁路行车安全，行车事故的定性、定责进行了介绍。

本书针对高等职业技术院校动车组检修技术专业学生编写，也兼顾中职学生和在职人员的使用，尽量做到内容精练、文字通俗易懂。

图书在版编目（CIP）数据

动车组运用与规章（M⁺ Book 版）/ 罗利锦，梁炜昭主编. —北京：北京交通大学出版社，2016.7

ISBN 978 - 7 - 5121 - 2925 - 2

Ⅰ. ①动⋯ Ⅱ. ①罗⋯ ②梁⋯ Ⅲ. ①动车 - 车辆运用 - 监管制度 Ⅳ. ①U266

中国版本图书馆 CIP 数据核字（2016）第 160424 号

动车组运用与规章（M⁺ Book 版）
DONGCHEZU YUNYONG YU GUIZHANG（M⁺ Book BAN）

策划编辑：刘　辉　　责任编辑：刘　辉

出版发行：北京交通大学出版社　　　电话：010 - 51686414　　http://www.bjtup.com.cn

地　　址：北京市海淀区高梁桥斜街 44 号　　邮编：100044

印 刷 者：北京鑫海金澳胶印有限公司

经　　销：全国新华书店

开　　本：185 mm×260 mm　　印张：16.25　　字数：404 千字

版　　次：2016 年 7 月第 1 版　　2016 年 7 月第 1 次印刷

书　　号：ISBN 978 - 7 - 5121 - 2925 - 2　／U·232

印　　数：1~1 000 册　　定价：38.00 元

本书如有质量问题，请向北京交通大学出版社质监组反映。对您的意见和批评，我们表示欢迎和感谢。

投诉电话：010 - 51686043，51686008；传真：010 - 62225406；E-mail：press@bjtu.edu.cn。

M⁺Book 版图书 使用说明

如何安装

打开微信中的"扫一扫",或是使用其他二维码扫描软件(例如 QQ、UC 浏览器里面的"扫一扫"等),然后将二维码图案放在取景框内,即可自动扫描。

扫描成功后,您可以根据自己手机的系统点击下载相应版本,如果页面无法自动跳转,请在浏览器中打开该页再继续下载。

下载完毕后,单击"安装"将应用程序安装在手机上。(建议您在 Wi-Fi 环境下载。)

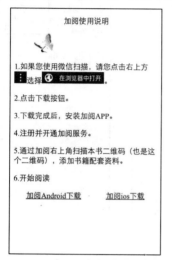 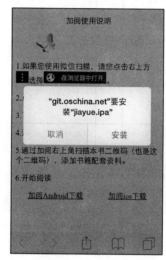

如何使用

安装成功后,应用程序的图标会出现在您的手机上。

点击图标,进入应用界面"我的书架"。点击页面右上角的"+",再次扫描之前的二维码即可添加本书相关资源。

如何下载资源

　　点击添加后的"图书"，进入阅读界面。点击"下载"即可下载图书相关资源。点击右上角的绿色箭头，可查看同步状态。资源下载完毕后点击"播放"即可阅读相关内容。点击图书附件下方各图标同步后即可观看图书附带的视频、动画、3D 模型等多媒体资源。

如何搜索

　　点击放大镜图标，进入搜索界面，点击"图"（或"表"）切换您想搜索的资源类型，在输入框内输入您要搜索的资源名称。例如您要找到"表 3-1"对应的资源，就将输入框的状态切换至"表"，然后在输入框输入"3-1"，点击"确认"即可得到相应资源。

　　　　凡在纸质图书中标有"放大镜"标识的图、表都可以使用搜索功能来进行检索。

前　言

本书根据铁路相关技术文件，针对动车组司机岗位，结合动车组运用部门的生产实际及动车组检修技术专业高等职业技术教育、中等职业技术教育教学和铁路职工培训的特点，介绍了 CRH 动车组的运用管理知识，动车组司机的一次作业过程，《铁路技术管理规程（高速铁路部分）》的信号显示、行车安全等内容，并结合甬温线特别重大铁路交通事故等案例对铁路行车安全，铁路行车事故的定性、定责进行了简单介绍。

本书由天津铁道职业技术学院罗利锦、梁炜昭任主编，北京铁路局机务处李明主审。全书共分七个项目，项目 1 由天津铁道职业技术学院李飞编写，项目 2 由天津铁道职业技术学院李爱学、黄孝亮编写，项目 3 由天津铁道职业技术学院梁炜昭编写，项目 4 由天津铁道职业技术学院罗利锦编写，项目 5 由北京铁路局天津机务段高保勇、天津铁道职业技术学院张冰玉编写，项目 6 由天津铁道职业技术学院李笑、黄孝亮编写，项目 7 由高保勇、张冰玉编写。索取本书的教学资源可与出版社编辑刘辉联系 cbslh@ jg. bjtu. edu. cn。

由于我国高速铁路事业发展的日新月异，加之编者水平有限，本书不妥之处在所难免，希望使用本书的读者批评指正。

编　者

二○一六年五月

目　　录

项目1 动车组运用管理

项目描述

随着我国高速铁路的快速发展，CRH 系列动车组已经成为我国铁路旅客运输的重要工具。动车组运用工作也已是铁路运输工作的重要组成部分，其运用质量直接关系到旅客生命财产安全和铁路企业经济效益。

本项目要求学生依据高速铁路动车组运用管理的现场工作任务，完成动车组发展概况、高速铁路动车组运用方式与运转制度、动车组运用计划与乘务计划、乘务组组成及岗位职责等学习任务，从而掌握动车组的技术特点、运用管理知识、动车组列车乘务组组成及岗位职责，提升动车组的运用效率。

本项目任务：

任务1 动车组发展概况；

任务2 动车组运用方式与运转交路；

任务3 动车组运用计划与乘务计划。

教学目标

1. 知识目标

（1）了解 CRH 系列动车组的发展概况与运用特点。

（2）熟悉动车组运用方式与运转交路。

（3）掌握动车组列车乘务组组成及岗位职责。

（4）熟悉动车组运用计划与乘务计划。

2. 能力目标

（1）动车组运用方式与运转交路的制定。

（2）掌握动车组列车乘务组组成及岗位职责。

（3）动车组运用计划与乘务计划的编制。

3. 素质目标

（1）培养学生遵章守纪、爱护动车组、平稳操纵、安全正点的职业道德。

（2）在项目完成过程中培养学生学习新技术、勇于创新和开拓的意识。

（3）在项目完成过程中培养学生严谨认真的态度，提升应变与沟通能力。

（4）能客观、公正地进行学习效果的自我评价及对小组成员的评价。

【任务1】 动车组发展概况

📋 任务单

任务名称	动车组发展概况					
任务描述	学习 CRH 系列动车组的发展历史，掌握动车组家族的编组特点、运用特点及发展简况，了解 CRH380B 型动车组的技术创新，理解动车组的高速度、高效率等运用特点					
任务分析	本任务从动车组运用特点引入，方便学生学习 CRH（china railway highspeed）系列动车组的发展历史，熟悉动车组关键技术，从而掌握动车组家族的编组特点、运用特点及发展概况；了解 CRH380B 型动车组的技术创新之处，掌握 CRH 系列动车组高速度、高效率的运用特点					
学习任务	【子任务1】CRH 系列动车组发展概况 学习 CRH 系列动车组发展概况，熟悉动车组关键技术、自主创新研发技术，从而掌握动车组家族的编组特点、运用特点及发展简况 【子任务2】动车组运用特点 通过学习 CRH380B 型动车组的技术创新，掌握动车组高速度、高效率等运用特点					
劳动组合	各组长讨论交流，根据任务单列出动车组发展简况，掌握 CRH 系列动车组编组特点、技术特点。依据学习资料布置任务，在熟悉模拟设备的基础上，掌握动车组运用特点。各组评判小组成员学习情况，并作出小组评价					
成果展示	（1）CRH 系列动车组编组特点 （2）动车组运用特点 （3）动车组编号规则的图示					
学习小结						
自我评价	项目	A—优	B—良	C—中	D—及格	E—不及格	综合
	安全纪律（15%）						
	学习态度（15%）						
	专业知识（30%）						
	专业技能（30%）						
	团队合作（10%）						
教师评价	简要评价						
	教师签名						

学习引导文

1.1　动车组发展概况

1.1.1　CRH 系列动车组发展概况

2004 年 1 月，国务院常务会议讨论并原则通过中国铁路历史上第一个《中长期铁路网规划》，以大气魄绘就了超过 1.2 万公里"四纵四横"快速客运专线网。同年，中国铁道部展开为用于中国铁路第六次大提速的动车组技术引进招标，在"以市场换技术"的原则下与加拿大庞巴迪、日本川崎重工、法国阿尔斯通及德国西门子分别签订协议，向中国北车集团和中国南车集团的厂商全面转让关键技术，并通过吸收的方式达到一定程度的国产化，在此基础上进行自主创新研发，形成"具有我国自主知识产权"的动车组系列产品。

中国动车组制造企业引进技术，联合设计生产的高速动车组于 2007 年 4 月 18 日，在全国铁路第六次大提速过程中，以世界铁路既有线提速最高的时速（200～250 km/h）投入铁路运营，"和谐号"动车组从此驶入了百姓的生活中。

1. CRH$_1$

2007 年 2 月 1 日，CRH$_1$ 正式开始在广深线投入服务，首航车次为 T971 次，由广州东出发前往深圳，最高运营速度 200 km/h，最高试验速度 250 km/h。

1）CRH$_1$A

CRH$_1$A 型动车组的原型车是庞巴迪为瑞典国家铁路提供的 Regina C2008 型车。2004 年 6 月，铁道部展开为用于中国铁路第六次大提速、200 km/h 级别的第一轮高速动车组技术引进招标，中外合资企业青岛四方－庞巴迪－鲍尔铁路运输设备有限公司（BSP）（以下简称BSP）为中标厂商之一，获得了 20 列的订单。2005 年 5 月，广深铁路股份有限公司向 BSP另外订购 20 列 200 km/h 级别动车组，以满足广深铁路第四线于 2008 年开通之后的运营需求。

2）CRH$_1$B

在 CRH$_1$A 基础上扩编至 16 节车厢的大编组座车动车组，称为 CRH$_1$B。16 节编组中包括 10 节动车配 6 节拖车（10M6T），最高运营速度为 200～250 km/h，而车体外观不变。CRH$_1$B 动车组在 2009 年 4 月起配属上海铁路局，运行上海—南京、上海南—杭州的城际列车。

3）CRH$_1$E

CRH$_1$E 型动车组以庞巴迪新研发的 Zefiro 250 系列为基础，为 16 节车厢的大编组卧铺动车组，每组包括 10 节动车配 6 节拖车（10M6T），最高营运速度为 250 km/h。2009 年 11 月 4 日，CRH$_1$E 开始上线运营，担当来往北京、上海的 D313/314 次动车组列车。

2. CRH$_2$

CRH$_2$ 型动车组是中国南车青岛四方机车车辆股份有限公司（以下简称四方公司）联合日本川崎重工，引进川崎重工的新干线 E2 型动车组技术，四方公司负责国内生产。CRH$_2$以日本川崎重工的 E2 系 1000 型为基础，动力配置从 E2－1000 的 6M2T 变为 4M4T。

1）CRH$_2$A

CRH$_2$A 型动车组为第一批 CRH$_2$ 型动车组，编组方式是 4M4T，每 4 节为一个单元。速度级别属 A 型，标称速度 200 km/h，最高营运速度为 250 km/h，用于经改造的既有路线。

2）CRH₂B

CRH₂B 型动车组编组在 CRH₂A 基础上扩编至 16 节，8 节动车配 8 节拖车。编组方式为 8M8T。CRH₂B 的速度级别属 B 型，标称速度 200 km/h，最高运营速度为 250 km/h。

3）CRH₂C

CRH₂C 即 CRH₂ – 300。CRH₂C 型动车组以 CRH₂A 型设计作为基础进行修改，编组方式 6M2T，使用 DSA350 型高速受电弓，以及在电弓两旁加装挡板等改进。列车速度级别属 C 型，标称速度 300 km/h，最高营运速度为 350 km/h。2008 年 4 月 24 日，CRH₂ –061C 型动车组在京津城际铁路上进行高速测试，其最高试验速度接近 370 km/h。2008 年 8 月 1 日起，CRH₂C 型动车组正式投入京津城际铁路运营。

4）CRH₂E

CRH₂ 除 2A、2B 及 2C 型外，四方公司又设计出 16 节长大编组的 CRH₂E 型卧铺动车组，速度级别属 E 型，标称速度 200 km/h，最高营运速度为 250 km/h。

3. CRH₃

CRH₃ 系列动车组由中国北车负责生产，原型车为德国西门子公司的 ICE3 型车。

2008 年 4 月 11 日，首列国产 CRH₃ 动车组在唐山轨道客车有限责任公司（以下简称唐车公司）下线。2008 年 6 月 24 日，CRH₃ 型动车组在京津城际铁路创造了 394.3 km/h 的当时中国铁路第一速度。2008 年 8 月 1 日，CRH₃ 在京津城际铁路投入运营，为 2008 北京奥运会服务。

1）CRH₃A

CRH₃A 型动车组由中国北车所属长春轨道客车（以下简称长客）股份公司和唐车公司联合设计生产，并于 2013 年 6 月 8 日在长客亮相。这一具有自主知识产权的新型动车组可根据不同运营线路的需求，分别以 160 km/h、200 km/h、250 km/h 三个速度等级运行，是目前国内唯一既适合 200～250 km/h 客运专线，又适合 160～250 km/h 城际铁路运行的动车组。CRH₃A 型动车组以 CRH380BL 技术平台为基础，借鉴了 CRH380BL、CRH380CL、CRH380B、CRH₅ 型动车组的优点，通过在动车组关键技术领域的掌控能力，中国北车拥有了高速动车组和城际动车组全系列、谱系化的产品平台。

2）CRH₃C

由唐车公司在中国制造的国产化 CRH₃ 型动车组称为 CRH₃C，编组方式为 4 动 4 拖（T + M + M + T + T + M + M + T），最高运营速度达 350 km/h。

根据合同，西门子在德国本土制造首批 3 列 CRH₃C 列车和一些重要部件，并向中方合作伙伴——北车集团唐车公司、永济电机厂和铁道科学研究院提供技术支持和技术转让，使中国具备相应的生产能力。唐车公司将承担其余 57 列动车组的生产，第一阶段国产率是 30%，第二阶段将提高到 50%，最终将达到 70%。并且全部列车均使用中国品牌 CRH。

4. CRH₅

CRH₅ 型动车组以法国阿尔斯通的 Pendolino 宽体摆式列车为基础，车体以阿尔斯通的 SM3 型动车组为原型，由长客在国内制造。

2004 年 8 月，铁道部对时速 200 km/h 级别的高速动车组技术引进招标，阿尔斯通是中标厂商之一，获得了 60 组高速列车的订单。根据合同，阿尔斯通将 7 项高速列车的关键技术转移给我国，并有 3 组列车会在阿尔斯通位于意大利的工厂组装；另有 6 组以散件形式付运，由中方负责组装；其余 51 组通过法国的技术转移，由长客在国内生产。这批高速列车随后正式定型为 CRH_5A，是 CRH_5 系列中的唯一车型。

5. CRH_6

CRH_6 型动车组是由四方公司研发设计，2012 年在青岛下线的城际动车组。CRH_6 是为满足我国区域经济快速发展和城市群崛起对城际轨道交通的需求而研制的一种新型运输工具，作为高速铁路和城市轨道交通的纽带，具有运能大、起停速度快、乘降方便快速、疏通迅捷有效、乘坐舒适、安全可靠、节能环保的特点。城际铁路的推广普及对形成我国轨道交通层次架构，改变国人出行方式，提高旅客周转效率，具有重大意义。

6. CRH380

1）CRH380A

2009 年 6 月，铁道部向国内动车组制造企业招标采购共 320 列 350 km/h 的高速动车组，四方公司为中标厂商之一。四方公司的 380 km/h 级别高速动车组研制项目名称为 CRH380A（或称 CRH_2-350），在 CRH_2C（CRH_2-300）第二阶段的基础上进行研发。持续运营速度为 380 km/h，最高运营速度为 468 km/h，最高试验速度 496 km/h 以上。由于 CRH_2-300 型动车组只是在 250 km/h 级别的 CRH_2-250 型动车组（CRH_2A）基础上加大了牵引功率，以满足最高运营速度 350 km/h 的要求，因此，为满足京沪高速铁路上 380 km/h 的营运要求，在 CRH_2-300 的基础上全面提升列车整体性能，并对 CRH_2-300 动车组的牵引系统、空气动力外形作出了较大的改变，研发出 CRH_2-350 型动车组。

为了预先获得 CRH_2-350 型动车组新头型的空气动力效能和实车试验数据，铁道部于 2009 年决定将 CRH_2-350C 作为 CRH380A 的试验实体样车，改为使用下一代的新头型。车身仅标示为"试验车 CRH380A"的新头型 CRH_2C 第二阶段动车组于 2010 年 4 月底下线，并在 5 月起开始在郑西客运专线试验。2010 年 5 月，四方公司又定制了一节 CRH380A 头车的 1:1 实体模型，在上海世博会中国铁路馆展出，并亮相到世博会闭幕为止。

2010 年 9 月，铁道部正式将四方公司的 CRH_2-380 型动车组型号名称更改，其中短编组动车为 CRH380A，而长编组动车为 CRH380AL。

2）CRH380B

2008 年 9 月，CRH_3-350 型动车组前期研发阶段，设计人员提高了车辆的设计标准，最高速度由 350 km/h 提高至 380 km/h，项目名称为 CRH_3-380。列车在京沪高速铁路上的单程行车时间可由原规划的 5 小时，进一步缩短至 4 小时。更改标准后，新一代动车组的产品设计工作于 2009 年 1 月 27 日正式启动。

2010 年 5 月 27 日，首列 CRH_3-380 列车完成样车试制，并在吉林省长春市绿园区轨道交通装备制造产业园首次向外界展示。

2010 年 9 月，铁道部将 70 列由唐车公司制造，110 列由长客制造的 CRH_3-380 型动车组定型为 CRH380B 系列，其中短编组动车为 CRH380B，而长编组动车为 CRH380BL。

3）CRH380C

和谐号 CRH380C 型动车组是 CRH380 家族中最新的成员，是既哈大高铁专用的 CRH380B 高寒动车组后，又一款高寒动车组，也是国内首款 16 辆大编组高寒动车。铁道部下发文件将 CRH₃-380 新一代新头型长编组座车动车组定型为 CRH380CL。

4）CRH380D

铁道部于 2009 年 6 月招标采购 350 km/h 级别高速动车组，BSP 成为中标厂商之一。列车将以庞巴迪 ZEFIRO 380 超高速动车组为技术平台，设计标称运营速度为 380 km/h，最高运营速度为 450 km/h，最高试验速度超过 480 km/h 的高速动车组。

BSP 的 350 km/h 级别高速动车组原项目名称为 CRH₁-380（或称 CRH₁-350），后改为 CRH380D 系列。其中短编组动车为 CRH380D，而长编组动车为 CRH380DL。

CRH 系列动车组普遍采用交流传动及动力分散式，车头为可降低空气阻力的流线型，运行速度达 200 km/h 以上，最高可达 350 km/h。CRH 系列动车组列车通过电脑控制行车，电子显示驾驶数据。

1.1.2 动车组运用特点

我国是世界上高速铁路发展最快、系统技术最全、集成能力最强、运营里程最长、运营速度最高、在建规模最大的国家。目前，动车组最高设计时速可达 350 km/h，在正式开通运营的京沪高速铁路客运专线最高时速达到 300 km/h。2012 年 12 月开通的京广高速，长度世界第一。在运输能力上，一个长编组的列车可以运送 1 000 多人，每隔 3 分钟就可以开出一趟列车，运力强大；在适应自然环境上，高速列车可以全天候运行，基本不受雨雪雾的影响；在列车开行上，采取"公交化"的模式，旅客可以随到随走；在节能环保上，高速铁路是绿色交通工具，非常符合节能减排的要求。

综合我国与世界高铁发展趋势，动车组已经成为铁路旅客运输的主要工具，并展现出下列运用特点。

1）高速度，高效率

列车速度是高速铁路技术水平最主要的标志。除最高运行速度外，最高运营速度就是指最高商业运行速度。在实际商业运营中，旅客最关心的是决定旅客全程旅行时间的旅行速度。各个国家在动车组最高设计速度一定的情况下，在运营管理上所追求的目标都是尽可能提高旅行速度，以迎合旅客的需求。

2）高密度，公交化

高速铁路一般都采用"小编组，高密度"的组织方式。列车间的追踪间隔越小，旅客等待乘车的时间就越短，就能吸引更多的客流。京津城际高速铁路列车追踪间隔设计为 3 分钟。

3）高正点率

正点率是高速铁路运输服务质量的核心，是与其他交通运输方式竞争、赢得客流的重要手段。

4）高可靠性

安全是高速铁路生产永恒的主题。经实践论证，高速铁路被认为是目前最安全的现代交通运输方式之一。

5）高度统一的综合管理

铁路部门综合考虑动车组的运用计划、控制、维修，以最大限度地提高动车组的运用效率。

目前，世界各国都根据自己国家的运营特点建立了综合运营管理系统，其典型代表有日本的 COSMOS 系统、法国的 CTC 系统、庞巴迪的 MAXIMO 等。

延伸阅读：CRH380B 型动车组的运用

CRH380B 型动车组是长客为北方高寒地区特制的抗高寒动车组列车。列车可适应 80℃（-40℃~40℃）的温差，最高运行时速 380 km/h，是世界上首列能在高寒地区跑出 300 km/h 的动车组列车。

飞一样的列车，攻克了哪些技术难题，能在零下 40℃ 极限条件下照样飞奔？长客相关负责人揭秘世界上跑得最快的动车组是如何创造的。

1）创造 1：零下 40℃ 安全可靠

气温低到什么程度才算得上高寒？长客走访哈尔滨铁路局和沈阳铁路局，调查分析了哈大高铁沿线最近 30 年的气象记录，发现最近 30 年来这一地区的最低气温记录是零下 37.3℃。

于是，长客高寒高铁攻关团队将 CRH380B 型高寒动车组的适应最低气温锁定在零下 40℃，为确保 CRH380B 型高寒动车组在 40℃ 至零下 40℃ 天气状况下都能正常行驶，整车完工后，工作人员除了在线路上进行各项性能的试验，还在隆冬时间的长吉线进行了低温运行采暖试验，在齐齐哈尔低温试验站成功完成低至零下 40℃ 的环境静止低温采暖试验，这些都进一步验证了高寒动车组的低温运行性能的可靠性。

2）创造 2：车厢内始终温暖如春

传统的中国普通列车中，冬季软卧车厢温度指标为 20℃，软座和硬卧车为 18℃，硬座车厢只有 16℃，实际上车厢内温度经常不均匀，车门、车厢连接处气温偏低。

在 CRH380B 型高寒动车组中，长客股份公司借鉴国际上的先进标准，并结合中国人人体适应温度的特征及中国人均散热低于西方人的特点，确定了高寒动车组的热工设计参数并将车厢温度设为人体最佳适应温度——22℃。

3）创造 3：车厢内噪声比飞机小

据了解，长客已攻克了 350 km/h 速度等级高速列车辐射噪声、司机室、观光区噪声超标的共性技术难题，使得高寒动车组以 350 km/h 运行时，车外辐射噪声降低 2 分贝，司机室、观光区噪声分别降低 3 分贝，达到国内动车组中的最低噪声水平，远远低于飞机的辐射噪声和舱内噪声，让旅客乘坐起来更加舒适。

4）创造 4：冷凝水清除及时

据介绍，列车从冰冻环境瞬时进入湿热环境，暖湿气流与低温车体相遇，除了车体下部的细小冰块会融化外，车体设备及管路之间还会产生冷凝水。冷凝水的出现则可能导致电器原件发生短路或损坏，影响列车运行。这对高度智能化的高速动车组来说，影响更为显著。"欧洲之星"屡屡发生的"冻僵"故障大多源于这一原因。

长客的高寒动车组研制者们，为跳出"冷凝水陷阱"煞费苦心。在电气系统上，进行了冷凝水防护结构优化，在车体、设备舱采取排冷凝水措施，车体外采用高防护等级的电器零部件；在制动系统上，对管路系统采用了冷凝水处理技术，使得冷凝水能及时排掉。

CRH380B 型动车组是中华人民共和国科技部与铁道部共同签署《中国高速列车自主创新联合行动计划》，由中国南车、北车集团在消化吸收相关技术的基础上，自行发展关键技术、联合设计生产的高速铁路 CRH 系列动车组家族中高寒的成员。

任务实施与评价

（1）教师下发任务单，学生明确学习任务、学习内容、知识目标、能力目标、素质目标要求。

（2）学生按任务单要求制订学习计划，完成预习任务及相关知识准备。

（3）教师播放某动车组运用知识视频进行认知引入。

（4）学生查阅资料，说明 CRH 系列动车组的发展概况。

（5）学生对比说明 CRH 系列各型动车组的运用特点。

（6）学生学习动车组运用相关名词的英文缩写（见表 1 – 1），教师组织抢答。

表 1 – 1 动车组运用相关名词英文缩写表

序号	缩写字母	中文名称	序号	缩写字母	中文名称
1	CBI	计算机联锁	17	TSRS	临时限速服务器
2	CIR	机车综合无线通信设备	18	UPS	不间断电源
3	CTC	调度集中系统（调度集中设备）	19	ZPW	自动闭塞移频无绝缘轨道电路
4	CTCS	中国列车运行控制系统（列控系统）	20	ATP	列车自动保护
5	DMI	列控车载设备人机界面	21	DSD	司机安全装置
6	FAS	固定用户接入交换机	22	CCU	中心控制单元
7	GPRS	通用分组无线业务	23	IDU	司机显示器（智能显示装置）
8	GSM – R	铁路数字移动通信系统	24	MON	车辆监视系统
9	GYK	轨道车运行控制设备	25	EGS	保护接地开关
10	LKJ	列车运行监控装置	26	VCB	真空断路器
11	RBC	无线闭塞中心	27	HMI	人机接口
12	TAX	机车安全信息综合监测装置	28	QCA	电网控制板
13	TCC	列控中心	29	TD	诊断监视屏
14	TDCS	列车调度指挥系统	30	TS	仪表显示屏
15	TDMS	运输调度管理系统	31	BPS	引导信息显示屏
16	TEDS	动车组运行故障动态图像检测系统			

（7）学生总结动车组的编号规则，教师辅导答疑，学生以个人或学习小组方式进行学习小结及反思。

（8）学生进行学习自我评价及学习小组成员互评，小组长（副组长）进行小组整体评价，教师检查任务完成情况。

【任务2】　动车组运用方式与运转交路

📋 任务单

任务名称	动车组运用方式与运转交路					
任务描述	学习动车组固定方式等运用方式的定义，熟悉固定方式等运用方式的图形表达方法与实际运用的识别办法。在了解机车运转交路的基础上，掌握动车组运转交路的概念与特点，熟练掌握循环运制等运转方式的判断方法					
任务分析	按照动车组运用与维修一体化的设计思路，我国动车组运用方式分为固定方式、不固定方式和半固定方式。按动车组在交路上从事列车运输作业的方式，动车组运转交路分为循环运转制、半循环运转制、肩回运转制和环形运转制交路等。本任务结合各种方式的性质与特点，综合比对，方便学生掌握我国动车组的运用方式与运转交路					
学习任务	【子任务1】动车组运用方式 学习动车组运用方式的定义，熟悉固定方式等几种运用方式，并掌握各类方式的特点 【子任务2】动车组运转交路 了解动车组运转交路的概念，熟悉循环运转制等运转交路的特点					
劳动组合	各组长讨论交流，根据任务单列出动车组运用方式与运转交路的特点。依据学习任务，熟悉动车组运用方式、运转交路等特点，并绘图加以说明。各组评判小组成员学习情况，并作出小组评价					
成果展示	(1) 制作动车组运用方式示意图 (2) 制作动车组运转交路示意图 (3) 说明现行动车组运用方式与运转交路的特点					
学习小结						
自我评价	项目	A—优	B—良	C—中	D—及格	E—不及格	综合
	安全纪律（15%）						
	学习态度（15%）						
	专业知识（30%）						
	专业技能（30%）						
	团队合作（10%）						
教师评价	简要评价						
	教师签名						

📖 学习引导文

1.2 动车组运用方式与运转交路

1.2.1 动车组运用方式

动车组运用管理工作是高速铁路动车组运输工作的重要组成部分，其运用质量直接关系到旅客生命财产安全和铁路企业经济效益。规范化、标准化作业，不断提高广大员工运用管理水平和技术业务素质，是动车组运用管理工作的基本任务。通过提高职工安全生产的责任心、责任感，逐步实现管理规范化、作业标准化，保证质量良好地完成旅客运输任务。

根据动车组运用与维修一体化的思想，参考国外成型的运用模式，结合我国动车组组织与管理形式，现行高速动车组主要有三种运用方式，分别为固定方式、不固定方式、半固定方式。

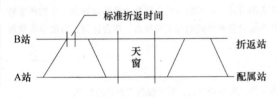

图 1-1 站间固定周转方式

1. 固定方式

与既有线铁路车底运用方式一致，动车组只在固定的区段内往返运行，固定方式又包括站间固定方式（见图 1-1）、两区段套跑方式。站间固定方式是指动车组只在车站 A、车站 B 之间接续周转运行。两区段套跑方式是指动车组可以在 AB 及 BC 两个区段运行，动车组终到 B 站之后，以挂线运行到达 C 站，也可以挂线返回 A 站，终到 A 站的动车组只能挂线运行到 B 站，终到 C 站的动车组也只能挂线运行到 B 站。

该运转方式的运用和组织相对简单，便于管理。由于高速动车组的维修中心技术水平高，设备昂贵，只能采用集中配置方式。当动车组在不设有综合维修中心区段里固定运行，需要维修时，不仅要由备用动车组代替其运行，而且本身需要专程送往综合维修中心，事后还要专程返回固定运行的区段，这给运输组织和维修带来极大的不便，同时该运转方式所需动车数量大，动车组的利用率低。

1) 固定方式的优点

（1）可以根据区段内特点采用不同的编组方案。

（2）动车组的运用组织比较容易。

（3）有利于动车组的管理。

2) 固定方式的缺点

（1）不能很好地解决动车组的维修问题。

（2）在距离检修基地较远的区段运行的动车组需要维修时，特别是高级别修程的维修时，不仅需要备用动车组替代其运行，而且需要专程回送。

（3）动车组利用率较低；非生产时间长。

（4）需要使用较多数量的动车组。

2. 不固定方式

采用的动车组类型差别不大时，假定各动车组之间无差别，可以在任何高速区段内运行，便于安排动车组在综合维修中心区段上运行的变路，可灵活解决运行与维修相配合的问题，提高动车组的利用效率。在高速铁路运营初期，动车组数量相对较少，类型较单一时，此方式较为合理。

　　周期性运用方式是不固定运行区段运用方式的一种特殊情况。假设各种不同型号的动车组运行区段不固定，即可以在任何客运区段运行，仅当动车组回到其始发站，且保证在此过程中至少有一次经过具有一级或者二级维修条件的车站，并且在车站停留时间不小于其相应的作业时间标准，称这一封闭循环的运用过程为动车组周期性运用方式。

　　放射式运用方式也是不固定运行区段运用方式的特殊情况，它是以一个动车段或区域调度所为中心，发散式地运用动车组。在这种运用方式下，动车组围绕所隶属的动车段或调度所进行不固定方式的运用，因为从动车组检修场所的作业性质看，动车运用所与动车段的区别在于修程上，即动车段主要承担动车组的三级、四级、五级修程作业；动车运用所主要承担动车组的一级、二级修程作业。因此，每当所配属的动车组进行一次三级维修时，就相当于本动车组完成了一次运用循环，从这个意义上讲，可以将动车组运用问题在三级维修层面上转换为 TSP（travelling salesman problem）问题，循环周期变大。

　　1）不固定方式的优点

　　（1）可以连续运行于不同运行线，并能满足动车组转线、整备等接续时间要求。

　　（2）提高动车组的使用效率，减少动车组的数量。

　　（3）在任何区段间运行，只要满足接续时间要求，动车组就可运行不同的运行线。

　　（4）对进检修基地进行维修的动车组，可以预先安排运行交路，使其通过检修基地所在地，从而实现动车组运用计划和维修计划的一体化。

　　2）不固定方式的缺点

　　（1）由于周转接续安排得较紧密，当出现一些大的随机干扰时，运用计划比固定方式更容易受到影响。

　　（2）动车组的编组不能根据区段客流特点改变。

　　（3）因为不固定方式是事先假定了各动车组之间无差别，因此对检修基地的兼容性提出了很高的要求，要求能检修不同型号的动车。

　　3. 半固定方式

　　半固定方式所运用的动车组数量介于固定式和不固定方式之间，即部分动车组采用固定运行方式，而另一部分动车组采用不固定运行的方式。

　　1）半固定方式的优点

　　（1）既便于管理，又可以灵活解决维修的问题。

　　（2）乘务员基地附设于维修中心，基地负责乘务员的工作安排与管理。

　　（3）乘务员值乘安排在固定的区段内。

　　2）半固定方式的缺点

　　（1）京沪高速铁路，在运用和维修计划统一编制时，采用固定方式所需动车组数量比不固定方式动车组多 31.7%~60.7%。

　　（2）京津、沪宁高速铁路使用固定方式，其他区段使用不固定方式，所需动车组数量也多于不固定方式。

1.2.2　动车组运转交路

　　1. 机车运转交路

　　1）机车交路

　　我国铁路机车牵引列车基本上是按区段接续进行的。机车固定担当运输任务的周转

（往返）区段称机车交路，又称机车牵引区段。

一个机务段担当机车交路的数量根据机务段在路网中的位置及运输任务可为一个或几个。在图 1-2 中，乙、丙为机务段甲的折返段，所以说甲机务段担当两个机车交路。显而易见，机务段担当的交路数多、交路长则对减少铁路建设投资和铁路运输费用及提高机车运用效率是非常有益的。但是确定机车交路是一个比较复杂的工作，必须同时考虑到现有线路情况、牵引动力的种类、机型，编组站的分布及分工，行车组织的特点及货流方向，沿线的自然条件和生活条件等因素。

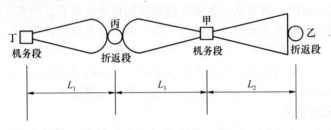

图 1-2 机车交路示意图

机车在交路上从事列车牵引作业的方式称为机车运转制。它是组织机车运用、确定机车整备设备布置，决定机车全周转时间并影响铁路运输工作效率的重要因素。机车运转制可分为：循环、半循环、肩回、环形运转交路。

机车交路应从以下几个方面综合考虑，进行设置。

（1）充分发挥电力动车组的优势和运输设备条件，根据列车编组站分工，推行"长交路、乘务区段化"运用模式，实行动车组集中配置，乘务分段担当，向同方向或多方向延伸覆盖，提高运用效率。

（2）依据动车组续行能力和路网结构，科学、合理确定动车组交路，统筹安排机车乘务员休息和劳动时间，满足运输生产需求。

（3）充分利用各型动车组性能，提高动车组运用效率。

（4）坚持近期计划与远期目标相结合，适应铁路发展的远期规划。

2）机车周转图

列车运行图和机车周转图是组织运输生产的依据。机车周转图分为：基本机车周转图、分号式机车周转图、日（班）计划机车周转图和实际机车周转图。

基本机车周转图与列车运行图同时编制。机车周转图编制完成后，应同时查定机车运转方式、乘务制度、乘务方式、机车乘务员使用人数等技术指标。分号式机车周转图，是在基本列车运行图的基础上，根据运量波动抽线后选定的列车对数编制而成。编制机车周转图，要以铁路运输生产信息化建设为平台，铁路局和机务段应统一配备和使用系统软件，实现资源共享。

2. 动车组运转交路

动车组运转交路是动车组担当运输任务的固定周转区间，即动车组从动车段或运用所所在站到折返站（点）往返运行的线路区间。

按动车组在交路上从事列车运输作业的方式，动车组运转交路分为循环运转制、半循环运转制、肩回运转制和环形运转制交路等。

1）肩回运转交路

肩回运转交路指动车组从本段所在站执行列车运输任务到达折返站（点），进行整备及检查作业，然后担当另一次运输任务返回本段所在站，进行整备及检查作业。

双肩回运转交路是担当两个方向相反的交路的列车牵引任务的肩回运转交路。双肩回运转交路如图 1-3 所示。

2）循环运转交路

循环运转交路——动车组担当与基本段相邻两个区段的列车牵引任务，除需进折返站（点）整备及因中间技术检查需入基本段外，每次返回基本段所在站，都在车站上进行整备作业。循环运转交路如图 1-4 所示。

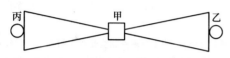

图 1-3　双肩回运转交路示意图

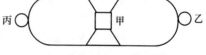

图 1-4　循环运转交路示意图

循环运转交路的优点是运用效率较高，能够加速动车组的周转，并减轻车站咽喉的负担。它的缺点是占用到发线时间较长，对动车组质量要求较高。

3）半循环运转交路

如图 1-5 所示，动车组在两个牵引区段上周转循环一次就入本段进行整备、检查一次，就叫半循环运交路。

4）环形运转交路

如图 1-6 所示，动车组在一个区段或枢纽内担当两个及以上往返的列车牵引任务之后，才入段进行整备、检修作业。

循环、环形运转交路的动车组运用效率优于其他方式。

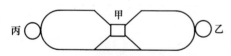

图 1-5　半循环运转交路示意图

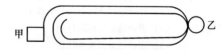

图 1-6　环形运转交路示意图

任务实施与评价

（1）教师下发任务单，学生明确学习任务、学习内容、知识目标、能力目标、素质目标要求。

（2）学生按任务单要求制订学习计划，完成预习任务及相关知识准备。

（3）教师通过动车组司机人员交路表进行认知引入。

（4）学生查阅资料解释动车组运用方式与运转交路。

（5）学生对比说明动车组运用方式的特点。

（6）教师组织学生识别动车组运转交路示意图。

（7）学生学习机车交路的定义、分类及制定原则，学生以个人或学习小组方式进行学习小结及反思，教师辅导答疑。

（8）学生通过动车组运转交路设计方案比较，确定动车组运转交路的制定程序。

（9）学生进行学习自我评价及学习小组成员互评，小组长（副组长）进行小组整体评价，教师检查任务完成情况。

【任务3】 动车组运用计划与乘务计划

📋 任务单

任务名称	动车组运用计划与乘务计划					
任务描述	在学习列车运行图的基础上，掌握动车组运用计划的特点与分类，了解动车组运用计划的编制方法与审核步骤。了解动车组乘务计划的意义及分类，熟悉根据动车组交路、乘务制度和工作条件编制乘务计划的方法及步骤					
任务分析	动车组运用计划是动车组周转接续和维修的综合计划，动车组乘务制度是动车组乘务人员使用动车组的制度。运用计划的编制、乘务计划的确定，都必须遵循不断提高运用效率和劳动生产率的原则。为此，我们需要学习列车运行图和动车组运转交路的技术要求；熟悉动车组和机车乘务员的配置、使用办法；了解根据乘务制度和工作条件，合理确定乘务管理模式，实现一体化专业管理的办法					
学习任务	【子任务1】 动车组运用计划 在学习列车运行图的基础上，掌握动车组运用计划的特点与分类，了解动车组运用计划的编制方法与审核步骤 【子任务2】 动车组乘务计划 学习动车组乘务组人员的岗位职责，熟悉根据动车组交路、乘务制度和工作条件编制乘务计划的方法及步骤					
劳动组合	各组长讨论交流，根据任务单列出列车运行图编制方法及步骤。学习乘务人员岗位职责，熟悉运用计划、乘务计划的编制与审核办法。各组评判小组成员学习情况，并作出小组评价					
成果展示	（1）列车运行图的分类与解读 （2）识读动车组运用计划 （3）识读动车组乘务计划					
学习小结						
自我评价	项目	A—优	B—良	C—中	D—及格	E—不及格	综合
	安全纪律（15%）						
	学习态度（15%）						
	专业知识（30%）						
	专业技能（30%）						
	团队合作（10%）						
教师评价	简要评价						
	教师签名						

学习引导文

1.3　动车组运用计划与乘务计划

1.3.1　动车组运用计划

1. 列车运行图

1）列车运行图

列车运行图规定了各种列车占用区间的秩序，列车由每一个车站出发、通过、到达和交会的时刻；列车在各区间的运行时分；列车在车站的停留时间标准等。这样的列车运行图不仅规定了列车的运行，而且也规定了铁路技术设备（线路、站场、机车、动车组、车辆等）的运用；同时还规定了与列车运行有关的保证部门（如车站、车务段、客运段、机务段、车辆段、供电段等）的工作。因此，列车运行图是行车组织工作的基础，也是铁路运输工作的综合计划。

2）列车运行图的作用

列车运行图的作用是将所有与列车运行有关的铁路部门（如机务、车务、车辆、电务、供电等单位）的工作人员同铁路的运输生产活动统一组织起来，并按照规定的程序协调一致地工作，保证列车按运行图运行。列车运行图如图 1-7 所示。列车运行图应表明如下内容。

（1）根据客、货运量确定列车对数和列车车次。

（2）规定各次列车占用区间的时间。

（3）列车出发、到达和通过各分界点的时刻。

（4）列车在区间内的运行时分和站停时间标准。

（5）列车运行速度、牵引重量和长度标准。

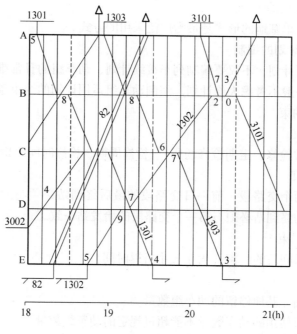

图 1-7　列车运行图

3）列车运行图的编制要求

我国列车运行图是根据国家运输计划编制的，这种根据基本运量进行编制的列车运行图是基本运行图。基本运行图规定的行车量能满足一定时期内的最大客、货运输任务。然而，由于客、货运输量在一年之中难以保持稳定，为了适应这种变化，必须在基本运行图的基础上，根据各种行车方案再编制几个运输方案的运行图，这种列车运行图称为分号运行图。例如：某列车运行图用 30 对列车编制，而行车密度最高达 34 对列车，最低只有 26 对列车，则可在 26～34 对列车之间，按每相差一对列车再编制 8 个方案，或按每相差 M 对列车再编制 4 个方案，我们称以 30 对列车编制的运行图为基本运行图，其他 8 个（或 4 个）运行图为分号运行图。

有了基本运行图和分号运行图，运输部门就可随着运量的变化，特殊运输的需要及工程施工等情况，选用相应的分号运行图。最后应当指出，列车运行图不是固定不变的，必须根据铁路客、货运量的不断增长，铁路技术设备的更新、运输组织工作的改善，牵引定数和旅行速度的提高，在一定时间后重新编定。原则上列车运行图每两年定期编制一次。

2. 运用计划

1）运用计划

动车组运用计划是动车组周转接续和维修的综合计划。运用计划根据给定的列车运行图、动车组修程修制及检修基地的条件等因素，对动车组在什么时分，哪个车站，担当哪个车次，在何时何地，进行哪个级别的维修等做出具体的安排。

2）动车组运用计划的种类

（1）平日运用计划、节假日运用计划。

（2）单基地、多基地运用计划。

（3）单车种、多车种运用计划。

（4）各种运用计划的组合。

其中，单车种、单基地的形式是最为广泛采用的方式。

3）动车组运用计划的编制

编制动车组运用计划，不仅要编制列车接续计划、动车组的日常维修计划，定期维修计划也要同时编制，一般不考虑大修计划。编制动车组运用计划的约束条件如下。

（1）运行图的约束。

（2）检修的约束。

检修场所（日常检修、定期检修场所）、检修周期、检修时间、检修时段。

（3）交路的约束。

交路中相邻的两个交路段，前一日交路段的最后终到站必须与后续日交路的始发站一致，后一个交路段的终到站必须与第一个交路段的始发站一致。

（4）交路段的约束。

地点的约束、时间段的约束（大于最小折返时间）。

（5）其他约束。

线路容量：车站、基地停留的动车组数量。

动车组数量：所使用的动车数量不能超过规定的动车组数量。

清扫周期：内部清扫的种类、周期、地点等。

（6）运用人员的意图。

① 希望某次和某次接续，确保某动车有足够的检修时间。

② 某一段时间内，希望在某站有备用动车。

③ 不希望某次和某次接续。

4）动车组运用计划的评价

（1）使用动车组的数量越少越好。

（2）定期检查次数和日常检查的次数越少越好。

（3）回送列车的次数和里程越少越好。

1.3.2　动车组乘务计划

1. 动车组乘务组人员岗位职责

1）本务司机

（1）认真执行规章制度，服从命令，听从指挥，切实履行规定职责。

（2）动车组在区间被迫停车时，负责指挥随车机械师、列车长处理有关行车、列车防护和事故救援等工作。

（3）出所后负责 CRH_1 型、CRH_3 型、CRH_5 型动车组的车门集控开关，负责通知 CRH_2 型动车组随车机械师集控开关车门。

（4）动车组发生故障时，按照规定程序独立处理或指挥随车机械师共同处理。

（5）负责在运用所内（动车组操纵端司机室）与地勤司机办理动车组驾驶、列控、LKJ-2000、CIR 设备及制动系统技术状态、主控钥匙交接。

2）随车机械师

（1）认真执行规章制度，服从命令听从指挥，切实履行规定职责。

（2）负责在运行途中监控动车组的技术状态，发现故障及时将有关信息通知司机，并采取措施，妥善处理。

（3）动车组出入所时，负责与动车所办理技术交接。

（4）在司机指挥下，处理有关行车、列车防护和事故救援等工作。

（5）发生危及行车安全故障或其他紧急情况时，及时通知司机采取停车措施或使用紧急制动阀停车。

（6）根据司机通知，负责动车组车门的开关。

3）客运乘务员

（1）在车站，确认旅客乘降情况并通知司机关闭车门。

（2）列车运行中，负责车内清洁卫生并为旅客提供质量良好的服务。

（3）发生危及行车或旅客安全的紧急情况时，及时通知司机采取停车措施或使用紧急制动阀。

（4）列车在区间非正常停车时，维持车内秩序，保护旅客安全。需要组织旅客撤离列车时，通知司机并转告调度或前方站。需要防护时，服从司机统一指挥。

4）地勤司机

（1）认真执行规章制度，服从命令听从指挥，切实履行规定职责。

（2）动车组出入动车所时，负责与本务司机办理动车组驾驶、列控、LKJ-2000、CIR 设备技术状态及主控钥匙交接。

（3）动车组出所时，负责与相关行车安全设备检修单位办理行车安全设备出所合格证交接。

（4）负责动车组的调车作业。

2. 动车组乘务计划

动车组乘务计划是根据给定的列车运行图、乘务规程、乘务基地等条件，对乘务员（组）在什么时间、什么地点出乘；什么时刻担当哪次列车，什么时间，什么地点退乘所做出的具体安排。分为乘务日计划和月计划。

1）乘务计划的编制步骤

（1）收集基础数据。

乘务员基地，换乘车站（公寓）及其服务范围，给定的列车运行图和动车组周转图，乘务时间标准，乘务规则，各乘务员基地的任务。

（2）乘务片段划分。

以乘务员可能换乘的车站为分割点，将运行图中的所有运行线分割为乘务片段。

（3）制定乘务交路。

按乘务员一次乘务总时间，乘务折返接续时间、连续乘务时间等标准，将各乘务片段组合成不同的可行乘务交路，作为备选方案。

（4）确定乘务交路的优化评价标准。

根据总乘务时间、纯乘务时间、连续乘务时间和乘务时间间隔的理想值和实际值的偏差，建立交路选择的评价准则。

① 使用乘务员数量越少越好。

② 各乘务组的平均劳动时间越接近给定值越好。

③ 月度计划间的差异性越小越好。

（5）确定乘务交路。

满足乘务规则的组合方案数量可能很多，可以构成不同的乘务计划交路。所有被选择的乘务交路集合，必须完全覆盖全部乘务片段。

（6）确定可行的乘务交路方案。

以乘务交路不能中断或中途更换乘务组为约束，乘务组与乘务交路不同组合方式构成各种乘务交路方案。

（7）确定月度乘务员运用计划。

（8）运用计划的调整。

在乘务交路方案中，各乘务组间的乘务时间、在外驻留待班次数有可能不均衡，需对确定乘务交路，确定可行的乘务交路方案，确定月度乘务员运用计划三个步骤长时间地调整。

2）乘务计划的自动编制

HASTUS 系统是在城市交通领域比较成功的系统，由加拿大的 GIRO 公司研制，目前已经有 13 个国家 40 多个城市采用。

（1）功能。

生成城市交通的车辆运用计划和乘务员运用计划。

生成车辆运用计划时，主要考虑服务的线路、服务的频率及主要站之间的旅行时间等因素而形成；并根据实际需要，生成 4 种类型的运用计划：一般工作日计划、星期六计划、星期日计划和节假日计划。

（2）原理。

使用了典型的网络流方法，目标函数为"车小时"最小。

（3）乘务员运用计划的生成。

乘务员运用计划将乘务员分配给已经编制好车辆运用计划的车辆，由于乘务员工作不同于车辆，在乘务员运用计划生成时必须严格遵守一些乘务规则。

这些主要规则有乘务时间必须在 7.5 ~ 12.5 h（全部工作时间）、乘务员换乘地点必须在规定的地点等。

延伸阅读：列车操纵示意图

安全是铁路生产永恒的主题！安全、正点、平稳、经济是铁路机车运用部门工作任务的宗旨目标。为此，《机务行车安全管理规则》明确指出：在每次列车运行图、机车周转图调图前机车运用部门必须完成本单位担当区段《行车提示卡》的制作，并在列车运行图实施后的三个月完成列车操纵示意图的编制工作。

列车运行图是铁路运输生产的运行计划，机车周转图是机车运用部门的生产计划，列车操纵示意图是铁路行车部门一项重要的行车技术资料。机车运用部门既要加强安全管理，也要结合机车周转图管好用好机车。机车运用部门在提高机车运用管理水平的基础上，应加强职工教育管理，开展《列车运行图》《机车周转图》调图前的培训工作，积极推广先进经验，不断提高职工的技术素质和专业水平。适应铁路快速发展的基础上，遵循经济规律，促进资产回报，优质高效地完成运输生产任务。

《铁路机车运用管理规程》明确规定：铁路机车运用部门应根据本机务段担当的牵引区段、使用机型、牵引定数、区间运行时分标准等编制列车操纵示意图。在编制过程中，应利用列车运行监控记录装置（LKJ）对其进行校核优化。

列车操纵示意图应包括以下内容：

（1）列车速度曲线；

（2）运行时分曲线；

（3）线路纵断面和信号机位置；

（4）站场平面示意图；

（5）提、回手柄（把）；

（6）动力制动使用和退回地点；

（7）空气制动减压和缓解地点；

（8）区间限制速度及区段内各站道岔的限制速度；

（9）机械间、走廊巡视时机；

（10）各区间注意事项。

同时，《铁路机车运用管理规程》明确规定：机车司机在运行中应依照列车操纵示意图操纵列车，并执行呼唤应答和车机联控制度。严格遵守每百吨列车重量换算闸瓦压力限制速度、列车限制速度，线路、桥隧、信号容许速度，机车车辆最高运行速度，道岔、曲线和慢行地段等限制速度，以及列车运行监控记录装置速度控制模式设定的限制速度的规定。操纵机车时，未缓解机车制动不得加负荷（特殊情况除外）；运行中或未停稳前，严禁换向操纵。设有速度工况转换装置的机车，车未停稳，不准进行速度工况转换。

机车运用部门应充分发挥列车操纵示意图的指导与示范作用，带领机车司机掌握机车运用状态、牵引性能，掌握担当区段的线路坡度、曲线，以及站场设施的特点，提升对本区段列车运行特点的综合认识，促进专业理论与实际操作技能的结合。从而不断改进提高机车司机队伍的工作水平，经济合理地运用机车，安全正点、平稳操纵，提高机车运用效率，质量良好地完成铁路运输任务。

列车操纵示意图如图 1-8 所示。

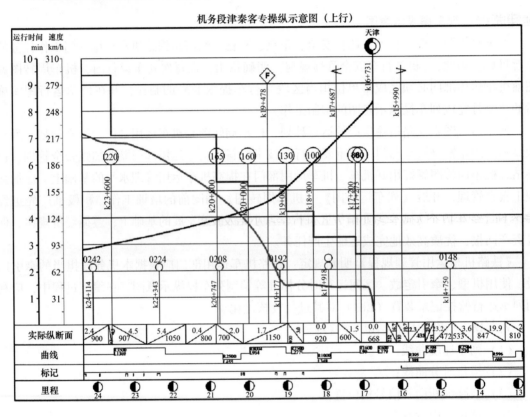

图 1-8　列车操纵示意图

任务实施与评价

（1）教师下发任务单，学生明确学习任务、学习内容、知识目标、能力目标、素质目标要求。

（2）学生按任务单要求制订学习计划，完成预习任务及相关知识准备。

（3）教师通过图 1-9 所示的某动车组司机人员交路表进行认知引入。

（4）学生查阅资料说明各种运用计划的特点。

（5）学生对比说明动车组各类乘务计划的特点。

（6）教师组织学生识别动车组人员交路等计划。

1	2	3
津-滨 C2287 13:33 滨-京 C2288 京-滨 C2289 滨-津 C2290 17:41	津-京 C2284 9:02 京-滨 C2285 滨-京 C2286 京-津 C2287 13:30 津-京 C2290 17:48 京-滨 C2291 滨-京 C2292 21:17 0C2291 21:38 21:56 入所	0C2284 出南所 6:28 6:46 京-滨 C2283 7:15 8:12 滨-津 C2284 8:41 8:58

图 1-9　人员交路表

（7）学生学习图 1-9 所示的人员交路表，以图示说明其运用方式与运转交路，教师辅导答疑，学生以个人或学习小组方式进行学习小结及反思。

（8）学生进行学习自我评价及学习小组成员互评，小组长（副组长）进行小组整体评价，教师检查任务完成情况。

项目2 动车组司机一次作业过程

项目描述

动车组司机一次作业过程是动车组司机担当动车组列车乘务工作的主要过程。本项目依据动车组列车驾驶任务，按照中国铁路总公司《CRH 系列动车组操作规程》的相关规定，从出勤及接车、出所作业、途中作业、终到与入段（所）作业几个不同阶段的工作过程中，描述动车组司机标准化、规范化的作业内容与岗位标准，并将遵章守纪、爱护动车、平稳操纵、安全正点的职业道德贯穿于乘务作业始终。

本项目要求学生模拟动车组列车牵引任务，完成动车组司机从出勤及接车、出所作业、途中作业、终到与入段（所）作业各个阶段的标准化、规范化操作。

本项目任务：

任务1　出勤及接车；

任务2　出所作业；

任务3　途中作业；

任务4　终到与入段（所）作业。

教学目标

1. 知识目标

（1）了解动车组司机出勤及接车的作业内容与标准。

（2）熟悉动车组司机驾驶动车组出所作业的标准与规范。

（3）了解动车组司机驾驶动车组列车途中作业内容与标准。

（4）熟悉动车组列车终到与入段（所）作业的标准与规范。

2. 能力目标

（1）模拟动车组司机一次作业过程标准作业。

（2）熟悉《铁路技术管理规程》高铁部分有关的内容。

（3）熟悉动车组等技术设备的组成、原理与性能。

3. 素质目标

（1）培养学生遵章守纪、爱护动车组、平稳操纵、安全正点的职业道德。

（2）在项目完成过程中培养学生学习新技术、勇于创新和开拓的意识。

（3）在项目完成过程中培养学生严谨认真的态度，提升应变与沟通能力。

（4）能客观、公正地进行学习效果的自我评价及对小组成员的评价。

【任务1】　出勤及接车

任务单

任务名称	出勤及接车					
任务描述	学习机车乘务员出乘前所执行的《铁路技术管理规程》等规章命令；熟悉按照标准结合乘务工作规律、线路特点和气候情况，制定安全措施的作业方法；掌握验收动车组制动系统等设备的技术性能，以及正确操纵动车组的措施					
任务分析	机车乘务员是铁路运输的主要技术工种，铁路运输任务完成的质量与机车乘务员的责任心、职业能力有着非常大的关系。机车乘务员作业过程标准化、规范化，是确保铁路运输安全正点，优质服务的一项重要措施。学生要按《CRH 系列动车组操作规程》的规定，形成规范化、标准化的作业习惯，值乘前根据乘务规律、线路特点和气候情况，结合动车组设备性能，制定安全预想；并按操规规定精心保养、细心验收，以做到平稳操纵、安全正点					
学习任务	【子任务1】出勤：领取运行揭示并校对 　领取 IC 卡，在验卡设备或微机上认真对照有效运行揭示，确保 IC 卡写入内容准确无误。根据担当区段、天气等情况，结合车型、编组等特点，制定运行安全注意事项，记录于司机手册，开展乘务工作安全预想 【子任务2】所内作业：掌握动车组运用状态 　按《CRH 系列动车组操作规程》的规定进行动车组检查及制动系统的性能试验，掌握动车组运用性能					
劳动组合	各组长讨论交流，根据任务单列出出勤时动车组司机必须遵守的有关条例。布置依据学习工作单制定模拟担当任务的安全预想，结合使用动车组机型完成设备交接并掌握其运用状态。各组评判小组成员学习情况，并作出小组评价					
成果展示	(1) 领取运行揭示并校对 (2) 模拟进行动车组制动系统的简略试验 (3) 学生根据担当的乘务任务制定安全措施					
学习小结						
自我评价	项目	A—优	B—良	C—中	D—及格	E—不及格	综合
	安全纪律（15%）						
	学习态度（15%）						
	专业知识（30%）						
	专业技能（30%）						
	团队合作（10%）						
教师评价	简要评价						
	教师签名						

学习引导文

2.1 出勤及接车

2.1.1 出勤

1. 按标准接受乘务任务

（1）动车组司机出乘前必须充分休息，精神状态良好。担当夜间22：00至早6：00开车交路的，出勤前必须按规定到机务段待班室或指定休息地点休息不少于 4 h。出勤调度员要严格把关。要求动车组司机距出乘时间不少于 5 min 到达调度室，如遇在车站站台接车时，于动车组到达时间不少于 10 min 前到达接车地点。

（2）动车组司机需携带动车组驾驶证，并按规定整洁着装，在规定时间到达出勤地点。接受酒精含量测试，领取司机报单、列车运行时刻表等有关资料；并将 IC 卡交出勤调度员进行写卡，按标准接受本次担当的乘务任务。

2. 领取运行揭示并校对

领取 IC 卡，在验卡设备或微机上认真对照有效运行揭示，确保 IC 卡写入内容准确无误。根据担当区段、天气等情况，结合车型、编组等特点，制定运行安全注意事项，记录于司机手册，开展乘务工作安全预想。

2.1.2 所内作业

2.1.2.1 掌握动车组运用状态

向地勤司机了解担当本次乘务的动车组前一次运用情况及段（所）内整备检修情况。在牵引、制动等设备运用状态符合规定的情况下，按《CRH 系列动车组操作规程》的规定进行制动系统的简略试验，掌握其运用性能。

2.1.2.2 动车组司机检查作业程序标准

1. CRH₁ 型动车组司机检查作业程序标准

1）适用范围

CRH₁ 型动车组司机检查作业程序标准可用于指导 CRH₁A 型、CRH₁B 型、CRH₁E 型动车组司机作业。

2）司机室检查作业程序

（1）非出库端（重联动车组重联端司机室除外）。

① 确认动车组型号正确。

② 进入非出库端司机室。

③ 检查 K1、K2 柜各开关按钮位置正确（DSD 在非旁路位、CCU/DSD 开关在非切除位、列控车载设备开关在非切除位、牵引回送开关在正常位），闭合蓄电池。

④ 检查司机室内各仪表、显示器外观良好，各手柄、开关位置正确。

⑤ 插入主控钥匙激活司机室，输入司机权限 ID 号登录 IDU，确认列车编组正确，发现当前故障信息及时通知随车机械师或动车所调度，升起受电弓确认主断路器闭合。

⑥ 确认 CIR、LKJ、列控车载设备启动正常，LKJ 显示屏、列控车载设备的 DMI 无"隔离"显示，将列控车载设备置于 C0 级。

⑦ 进行主控手柄试验（主菜单界面 – 手柄测试 – 启动试验，按照提示对手柄进行测试），正常通过会显示手柄测试已完成，如果发现故障（红色）及时通知随车机械师。

⑧ 按照动车组制动试验程序进行制动试验。

⑨ 进行 DSD、指示灯和蜂鸣器试验。

⑩ 将主控钥匙置于"0"位后拔出，退出司机室占用，确认操纵台各开关、手柄位置正确。

⑪ 离开司机室时确认侧窗、司机室门锁闭。

（2）出库端。

① 进入司机室，检查程序及作业参照非出库端。

② 输入 CIR、列控车载设备、LKJ 有关参数，并将 IC 卡数据载入 LKJ。

2. CRH$_2$ 型动车组司机检查作业程序标准

1）适用范围

CRH$_2$ 型动车组司机检查作业程序可用于指导 CRH$_2$A 型、CRH$_2$B 型、CRH$_2$E 型、CRH$_2$A 统型动车组司机作业。

2）司机室检查作业程序

（1）非出库端（重联动车组重联端司机室除外）。

① 确认动车组型号正确。

② 确认本端止轮器设置状态（CRH$_2$A 统型动车组装备停放制动，防溜办法由铁路局制定）。

③ 进入司机室，确认司机室配电盘（"保护接地""救援转换装置""机车电源""辅助制动""联解控制"开关在断开位，CRH$_2$A 统型动车组"救援指令器"开关在断开位）、司机控制开关盘、操纵台各开关、手柄位置正确；闭合"列车无线"开关。

④ 插入主控钥匙解锁制动控制器，激活司机室。

⑤ 确认操纵台各指示灯显示正常（"VCB""电气设备""紧急制动""单元"灯亮，其余均应熄灭；风压不足时"准备未完"灯亮，如"准备未完"灯点亮操作"辅助压缩机控制"旋钮并保持 3 s）。

⑥ 通过 MON 确认 EGS 断开，确认列车编组正确，发现当前故障信息及时通知随车机械师或动车所调度。

⑦ 根据随车机械师的要求选择相应的受电弓，升起受电弓后闭合主断路器，在进行升弓闭合主断操作前，应确认"准备未完"灯熄灭。

⑧ 确认网压在正常范围内，总风压力大于 780 kPa，复位紧急制动。

⑨ 确认 CIR、LKJ、列控车载设备启动正常，LKJ 显示屏、列控车载设备的 DMI 无"隔离"字样显示，确认 LKJ 版本号，将列控车载设备置于 C0 级。

⑩ 按照动车组制动试验程序进行制动试验。

⑪ 若设置，则撤除本端止轮器（CRH$_2$ 统型动车组"停放制动"开关置于释放位）。

⑫ 断开"列车无线"开关，将制动手柄置于拔取位，拔出主控钥匙，退出司机室占用，确认操纵台各开关、手柄位置正确。

⑬ 离开司机室时确认司机室门窗锁闭。

（2）出库端。

① 进入司机室，检查程序及作业参照非出库端。

② 输入 CIR、列控车载设备、LKJ 有关参数，并将 IC 卡数据载入 LKJ。

③ 若设置，则撤除本端止轮器（CRH₂ 统型动车组"停放制动"开关置于释放位）。

3. CRH380A、CRH₂C 型动车组

1）适用范围

CRH380A、CRH₂C 型动车组司机检查作业程序可用于指导 CRH₂C 型、CRH380A（L）、CRH380A 统型、CRH380AJ 动车组司机作业。

2）司机室检查作业程序

（1）非出库端（重联动车组重联端司机室除外）。

① 确认动车组型号正确。

② 确认本端止轮器设置状态（CRH380A 统型动车组装备停放制动，防溜办法由铁路局制定）。

③ 进入司机室，确认司机室配电盘（"保护接地""救援转换装置""机车电源""辅助制动""联解控制"开关在断开位，CRH380A 统型动车组"救援指令器"开关在断开位）、司机控制开关盘、操纵台各开关、手柄位置正确；闭合"列车无线"开关。

④ 投入主控钥匙解锁制动控制器，激活司机室。

⑤ 确认操纵台各指示灯显示正常（"VCB""电气设备""紧急制动""单元"灯亮，其余均应熄灭；风压不足时"准备未完"灯亮，如"准备未完"灯点亮操作"辅助压缩机控制"旋钮并保持 3 s）。

⑥ 通过 MON 确认 EGS 断开，确认列车编组正确，发现当前故障信息及时通知随车机械师或动车所调度。

⑦ 根据随车机械师的要求选择相应的受电弓，升起受电弓后闭合主断路器，在进行升弓闭合主断操作前，应确认"准备未完"灯熄灭。

⑧ 确认网压在正常范围内。

⑨ 闭合"列控车载设备系统电源"开关，确认列控车载设备上电，总风压力大于 780 kPa，复位紧急制动。

⑩ 车辆制动试验的时机。

300T 型列控车载设备，在上电后的待机状态下先进行车辆制动试验。车辆制动试验完毕后，再进行列控车载设备操作。

300S、300H 型列控车载设备，在上电后先进行列控车载设备制动测试。300S 型列控车载设备在上电后的待机状态下，进行车辆制动试验；300H 型列控车载设备须在 C2 级"调车"模式下进行车辆制动试验。

⑪ 按照动车组制动试验程序进行制动试验。

⑫ 撤除本端止轮器（CRH380A 统型动车组"停放制动"开关置于释放位）。

⑬ 断开 CIR 及"列控车载设备系统电源"开关，将制动手柄置于拔取位，拔出主控钥匙，退出司机室占用，确认操纵台各开关、手柄位置正确。

⑭ 离开司机室时确认司机室门窗锁闭。

（2）出库端。

① 进入操纵端司机室，检查及作业程序参照非操纵端。

② 制动手柄置于 B6 及以下级位，输入列控车载设备 、CIR 有关数据。

③ 撤除本端止轮器（CRH380A 统型动车组"停放制动"开关置于释放位）。

4. CRH₃C 型动车组

1）适用范围

CRH₃C 型动车组司机检查作业程序可用于指导 CRH₃C、CRH380B（L）/G、CRH380BJ 动车组司机作业。

2）司机室检查作业程序

（1）非出库端（重联动车组重联端司机室除外）。

① 确认动车组型号正确。

② 进入非出库端司机室。

③ 检查左侧安全保护开关柜内各开关均在闭合位（闭合"列控车载设备系统电源"开关），司机室操纵手柄及开关位置正确，检查故障开关柜内各开关位置正确（列控车载设备隔离开关在运行位、列控车载设备冗余开关在 1 系或 2 系、接地钥匙在开位）。

④ 开启蓄电池后，占用司机室，通过 HMI 显示确认配置正确，发现当前故障信息及时通知随车机械师或动车所调度。

⑤ 根据随车机械师的要求选择相应的受电弓，升起受电弓后闭合主断路器。

⑥ 根据需要选择"网侧电流限制"。

⑦ 确认列控车载设备、CIR 启动正常。

⑧ 按照动车组制动试验程序进行制动试验。

⑨ 确认停放制动施加，断开"列控车载设备系统电源"开关，方向开关、牵引手柄置"0"位，确认 HMI 屏换端标识后拔出主控钥匙，退出司机室占用。

⑩ 离开司机室时确认司机室门窗锁闭。

（2）出库端。

① 进入司机室，检查及作业程序参照非出库端。

② 输入列控车载设备 、CIR 有关数据。

5. CRH380CL 型动车组

1）适用范围

CRH380CL 型动车组司机检查作业程序可用于指导 CRH380CL 型动车组司机作业。

2）司机室检查作业程序

（1）非出库端（重联动车组重联端司机室除外）。

① 确认动车组型号正确。

② 进入非出库端司机室。

③ 检查左侧安全保护开关柜内各开关均在闭合位（闭合"列控车载设备系统电源"开关），司机室操纵手柄及开关位置正确，检查故障开关柜内各开关位置正确（列控车载设备隔离开关在运行位、列控车载设备冗余开关在 1 系或 2 系、接地钥匙在开位）。

④ 投入司机室主控钥匙，开启蓄电池开关。

⑤ 激活司机室，通过 HMI 显示确认配置正确，发现当前故障信息及时通知随车机械师或动车所调度。

⑥ 根据随车机械师的要求选择相应的受电弓，升起受电弓后闭合主断路器。

⑦ 确认列控车载设备、CIR 正常启动。

⑧ 车辆制动试验的时机：300H 型列控车载设备在 C2 级"调车"模式下进行车辆制动

试验。

⑨ 按照动车组制动试验程序进行制动试验。

⑩ 确认停放制动施加，断开"列控车载设备系统电源"开关，方向开关置"0"位，确认换端标志出现，退出司机室占用。

⑪ 离开司机室时确认司机室门窗锁闭。

（2）出库端。

① 进入操纵端司机室，检查程序及作业参照非操纵端。

② 输入列控车载设备、CIR 有关数据。

6. CRH₅ 型动车组

1）适用范围

CRH₅ 型动车组司机检查作业程序可用于指导 CRH₅A、CRH₅G、CRH₅AJ 型动车组司机作业。

2）检查作业程序

（1）非出库端（重联动车组重联端司机室除外）。

① 确认动车组型号正确。

② 进入非出库端司机室。

③ 确认司机室 QCA 柜各脱扣开关、旋钮开关位置正确。

④ 确认操纵台各开关位于定位，主手柄和方向手柄均在"0"位，恒速手柄在"＝"位，备用制动手柄在缓解位，备用制动开关阀在关闭位（操纵台左下部红色阀门在水平位）。LKJ、列控车载设备、CIR、TD、TS、BPS 外观良好。

⑤ 闭合动车组蓄电池、CIR、LKJ 电源，确认停放制动施加。

⑥ 投入主控钥匙、闭合主指令开关激活司机室，确认列车信息系统启动正常，列车编组正确，发现当前故障信息及时通知随车机械师或动车所调度。

⑦ 根据随车机械师的要求选择相应的受电弓，升起受电弓后闭合主断路器，在进行升弓合主断操作前应确认 ATP 自检完成，动车组保持安全环路闭合。

⑧ 通过 TD 屏确认辅助变流器工作正常、充电机工作正常。

⑨ 确认 CIR、LKJ、列控车载设备启动正常，LKJ 显示屏、列控车载设备的 DMI 无"隔离"字样显示，确认 LKJ 版本号。

⑩ 确认总风压力达到 850 kPa 后，进行制动系统简略试验。

⑪ 闭合"灯测试"扳键开关，确认各显示灯显示正常、蜂鸣器报警正常。

⑫ 进入换端保持模式后，拔取主控钥匙，断开 LKJ、CIR 电源。

⑬ 离开司机室时确认侧窗、司机室门锁闭。

（2）出库端。

① 进入操纵端司机室，检查程序及作业参照非操纵端。

② 输入 CIR、列控车载设备、LKJ 有关数据，并将 IC 卡内数据载入 LKJ。

2.1.2.3 动车组制动试验程序

1. CRH₁ 型动车组制动试验办法

CRH₁ 型动车组制动试验办法适用于指导 CRH₁A 型、CRH₁B 型、CRH₁E 型动车组的制动试验。

1) 全部制动试验办法

启动制动测试有两种方式。

(1) 通过激活司机室 IDU 上的"启动试验"按钮启动 (见图 2 – 1)。

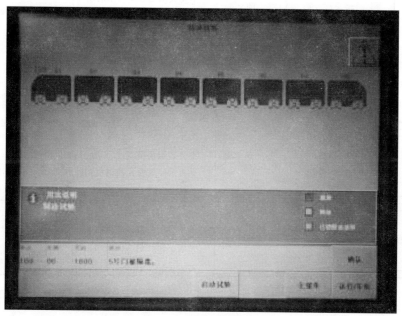

图 2 – 1 IDU 制动测试界面

(2) 通过操纵台上的"制动测试"按钮启动 (见图 2 – 2)。

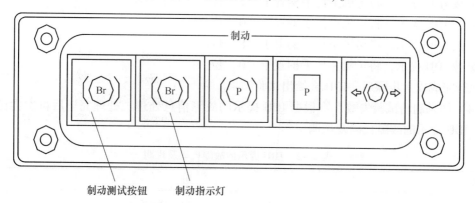

图 2 – 2 操纵台制动按钮

操纵台上的制动按钮的相关状态情况说明如表 2 – 1 所示。

表 2 – 1 操作台制动按钮状态情况说明

按钮	状态	具体情况说明
(Br)	按钮(绿色)亮,即"制动测试"	不亮表示制动测试未启动 亮表示测试期间制动被缓解 闪烁表示制动测试期间出现故障

续表

按钮	状态	具体情况说明
(Br)	指示灯（红色）亮，即"制动测试时实施制动"	不亮表示制动试验未启动 亮表示试验期间实施了制动 闪烁表示制动测试期间出现故障
(P)	按钮（绿色）亮，即"启动停放制动"	不亮表示停放制动未实施 亮表示停放制动实施 闪烁表示停放制动正在实施过程中或所有的停放制动均未实施
P	指示灯（黄色）亮，即"停放模式有效"	不亮表示司机室被启动或列车供电被切断 亮表示停放模式被司机钥匙启动，而且列车供电未被切断
←(O)→	按钮（绿色）亮，即"启动保持制动"	不亮表示保持制动未启动 亮表示保持制动被启动

（3）制动测试启动后，可以通过 IDU 提示信息进行操作。手柄操作顺序如下。

① 施加停放制动，按制动试验按钮开始试验。

② 按 IDU 提示，将司机主控手柄置于"0"位。

③ 按 IDU 提示，将司机主控手柄置于"7"位。

④ 按 IDU 提示，将司机主控手柄置于"0"位。

⑤ 按 IDU 提示，将司机主控手柄置于"8"位。

⑥ 按 IDU 提示，将司机主控手柄置于"0"位。

执行完成以上步骤后，IDU 会给出试验结果。

（4）如果制动试验失败，则根据 IDU 提示的故障信息处理，处理完毕后再次尝试制动测试。IDU 提示的故障代码及说明。

表 2-2　IDU 提示的故障代码及说明

代码	说　　明
0	
1	"制动测试条件未达到—主控手柄不在'0'位"
2	"制动测试条件未达到—主风缸压力低"
3	"制动测试条件未达到—紧急制动实施"
4	"制动测试条件未达到—停放制动未实施"
5	"制动测试条件未达到—至少一辆车内的制动被隔离，必须从 IDU 启动制动测试"
6	"制动测试条件未达到—停放制动功能不足以实施制动测试，检查停放制动，如可能，进行纠正，否则，实施手动制动测试"
7	"将主控手柄置于位置'7'"

代码	说　明
8	"将主控手柄置于'0'"位
9	"将主控手柄置于'8'位（紧急制动)"
10	"制动测试失败—制动不能正确缓解"
11	"制动测试失败—制动不能正确施加"
12	"制动测试已重复三次，均未成功—实施手动制动测试"
13	"制动测试失败—列车未处于静止状态"
14	"制动测试失败—制动测试时间用完，重新进行制动测试"
15	"制动测试失败—停放制动未实施"
16	"制动测试失败—主风缸压力低"
17	"制动测试失败—安全回路未打开"
18	"制动测试完成，至少有一辆车的制动被隔离"
19	"制动测试完成"

（5）当车组因故障导致部分单车制动被切除时，此时通过操纵台上的"制动测试"按钮无法启动制动测试，必须通过 IDU 上的"启动试验"按钮启动。

2）简略制动试验办法

简略制动试验采用启动制动试验方式，即通过激活司机室 IDU 上的"启动试验"按钮启动。

（1）施加停放制动，开始试验（按停放制动按钮施加停放制动，将司机主控手柄置于 0 位，按 IDU 上"启动试验"按钮开始测试)。

（2）施加最大常用制动（按 IDU 提示，将司机主控手柄置于"7"位)。

（3）缓解最大常用制动（按 IDU 提示，将司机主控手柄置于"0"位)。

（4）施加紧急制动（按 IDU 提示，将司机主控手柄置于"8"位)。

（5）缓解紧急制动（按 IDU 提示，将司机主控手柄置于"0"位)。

执行完成以上步骤后，IDU 会给出试验结果。

2. CRH₂ 型及 CRH380A 型动车组制动试验办法

CRH₂ 型及 CRH380A 型动车组制动试验办法适用于指导 CRH₂A 型、CRH₂A 统型、CRH₂B 型、CRH₂C 型、CRH₂E 型、CRH380A（L）型、CRH380A 统型、CRH380AJ 型动车组的制动试验。

1）全部制动试验办法

（1）动车组停车后，用主控钥匙打开制动控制器，将制动手柄移至"快速"位。

（2）按压紧急制动复位开关（UBRS），故障显示灯"紧急制动"灯熄灭。

（3）通过 MON 显示器确认总风压力（MR 压力）压力大于 780 kPa。

（4）进行制动试验。

① 制动手柄"快速"位，通过 MON 显示器确认制动缺压力（BC 压力）：各车 BC 压力不小于 210 kPa。

② 制动手柄移置"运行"位，通过 MON 显示器确认各车 BC 压力为 0 kPa。

③ 制动手柄移置"B7"位，通过 MON 显示器确认 BC 压力：各车 BC 压力不小于 140 kPa。

④ 制动手柄移置"B4"位，通过 MON 显示器确认 BC 压力：各车 BC 压力不小于 90 kPa。

⑤ 制动手柄移置"B1"位，通过 MON 显示器确认 BC 压力：各车 BC 压力不小于 40 kPa。

⑥ 试验完毕，将制动手柄移至"B4"位。

2）简略制动试验办法

（1）制动手柄"快速"位，通过 MON 显示器确认 BC 压力：各车 BC 压力不小于 210 kPa。

（2）制动手柄移置"运行"位，通过 MON 显示器确认各车 BC 压力为 0 kPa（区间停车，为了防止动车组溜逸，各局根据情况自定）。

（3）制动手柄移置"B7"位，通过 MON 显示器确认 BC 压力：各车 BC 压力不小于 140 kPa。

（4）制动手柄移置"B4"位，通过 MON 显示器确认 BC 压力：各车 BC 压力不小于 90 kPa。

（5）制动手柄移置"B1"位，通过 MON 显示器确认 BC 压力：各车 BC 压力不小于 40 kPa。

（6）试验完毕，将制动手柄移至"B4"位。

3. CRH₃ 型及 CRH380B/BL/CL 型动车组制动试验办法

CRH₃ 型及 CRH380B/BL/CL 型动车组制动试验办法适用于指导 CRH₃C 型、CRH380B 型、CRH380BG 型、CRH380BL 型、CRH380CL 型动车组的制动试验。

1）全部制动试验办法

（1）制动试验前提条件。

① 司机室需投入占用，并升弓送电，HMI 屏制动界面显示正常。

② 动车组管路未通过辅助装置充风。

③ 备用制动未激活。

④ 停放制动处于施加状态。

⑤ 列车空气制动处于缓解状态（确认 ATP 没有施加制动，如 ATP 输出制动时，隔离 ATP 或转换模式）。

⑥ ASC 设置为关闭，故障面板上各环路故障开关在正常位置。

⑦ 总风管风压大于 850 kPa，列车管风压大于 550 kPa。

（2）制动试验内容。

动车组制动试验包括直接制动试验、紧急制动试验、总风管（MRP）贯通性试验、列车管（BP）泄漏试验、间接制动试验。

（3）制动试验操作。

制动试验需在右屏进行，试验过程中应按照试验顺序执行，试验过程中不可进行其他影响制动试验的操作。

① 如图 2-3 所示，在制动界面，点击"制动试验"进入"制动试验"界面。

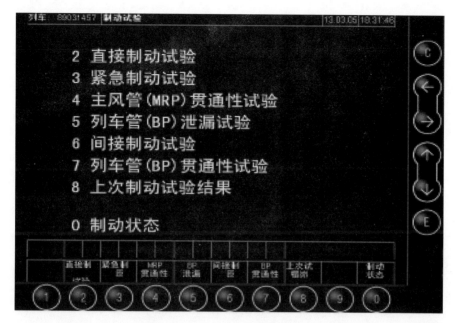

图 2-3　"制动试验"界面

② 直接制动试验。点击"直接制动试验"进入图 2-4 所示界面。

图 2-4　"直接制动试验"界面（1）

点击"开始试验"，根据屏幕提示将制动手柄置于 3 级，然后根据屏幕提示将制动手柄置于缓解位。待出现图 2-5 所示界面时，点击"制动试验"，完成此步试验。

③ 紧急制动试验：点击"紧急制动试验"进入图 2-6 所示界面。

点击"开始试验"，根据屏幕提示将制动手柄置于紧急位，然后根据屏幕提示将制动手

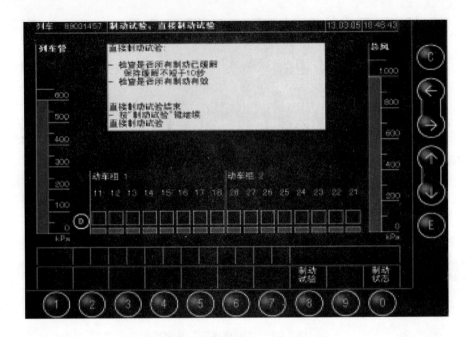

图 2－5　"直接制动试验"界面（2）

图 2－6　"紧急制动试验"界面（1）

柄置于"OC"位。列车管刚开始充风，HMI屏即提示进行下一步试验（见图 2－7）。此时需待列车管压力达到 600 kPa，车辆缓解后方可点击"制动试验"进行下一步试验。

④ 总风管（MRP）贯通性试验。点击"总风管（MRP）贯通性试验"进入图 2－8 所示界面。

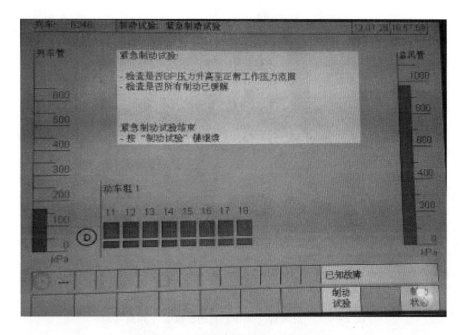

图 2 – 7 "紧急制动试验"界面（2）

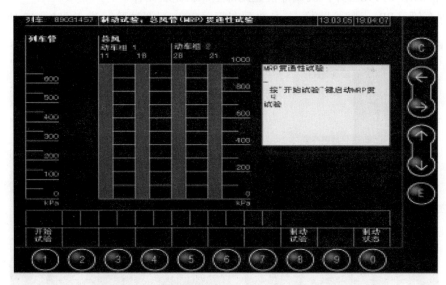

图 2 – 8 "总风管（MRP）贯通性试验"界面（1）

点击"开始试验"，出现图 2 – 9 所示界面。

如果提示图 2 – 9 框中所示内容，通过施加和缓解常用制动，降低总风压力，直至框中的内容消失。

注意：施加制动或缓解制动后，手柄在制动或运行位稍作停留，不应快速操作，框中的内容在总风压力约为 870 kPa 时消失，此步试验中不允许将总风压力降至 850 kPa 以下。降低总风压力时，各车的压力下降应同步。如无框中提示内容则无须进行任何操作。

之后等待总风管压力上升，直至系统提示，进行下一步试验，不进行任何操作，根据屏幕提示点击"制动试验"进行下一步试验。

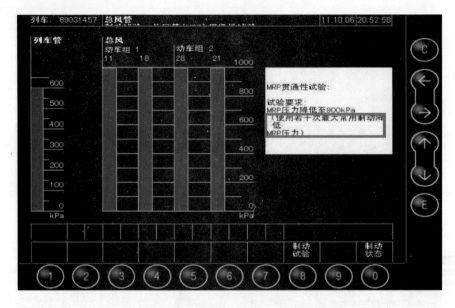

图 2 – 9 "总风管（MRP）贯通性试验"界面（2）

注意：如果压力无上升，机械师检查尾部空压机是否工作。

⑤ 列车管（BP）泄漏试验。点击"列车管（BP）泄漏试验"进入图 2 – 10 所示界面。

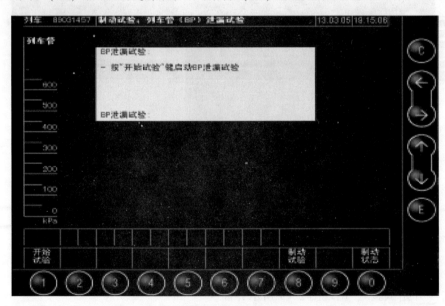

图 2 – 10 "列车管（BP）泄漏试验"界面

点击"开始试验"，根据屏幕提示点击"制动试验"进行下一步试验。

⑥ 间接制动试验。点击"间接制动试验"进入图 2 – 11 所示界面。

点击"开始试验"，根据屏幕提示点击"BP 排风"，待列车管排风结束后，再根据屏幕提示点击"停止排风"，待列车管压力达到 550 kPa 以上，空气制动缓解后，根据屏幕提示点击"制动试验"，完成制动试验。

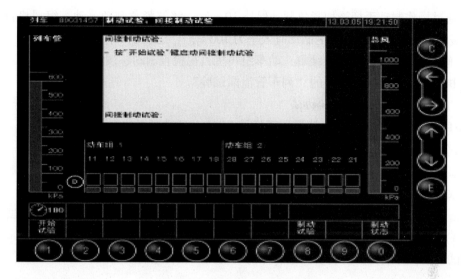

图 2-11　"间接制动试验"界面

（4）制动试验注意事项。

① 做制动试验时，必须严格按照 HMI 屏提示进行操作，切忌不能抢屏操作。

② 如果某项制动试验未通过，在此项试验结束后 HMI 将会显示"XX 试验失败…"，此时需根据 HMI 屏提示信息查看故障代码，根据故障代码排除故障，重做该项制动试验。试验通过后，可继续进行其他未完成的试验项目，无须重新进行全部制动试验。

③ 制动试验期间，不可进行其他影响制动试验的操作（例如：操作 ASC、ATP、切换 HMI、激活备用制动、意外触动制动手柄等）。如果某项制动试验中途因误操作终止或退出，需要重新进行该项制动试验，而无须重新进行全部制动试验。

④ 进行直接制动试验时，需要将手柄一次性置于 3 级制动级位，切勿将手柄置于 4 级制动后再回置于 3 级制动，同时必须在 HMI 提示将制动手柄置于缓解位时才能缓解 3 级制动。

⑤ 如遇紧急情况，试验时间不足以完成全部试验时，可先进行直接制动试验、紧急制动试验、间接制动试验。

⑥ 在进行试验时需在右侧 HMI 屏（制动系统默认显示屏）进行制动试验，可将左侧 HMI 屏调至制动试验显示时间界面进行查看，若每项制动试验完成时不显示最新试验时间或试验时间显示后自动消失，需将两侧 HMI 屏进行复位操作，并再次进行制动试验，如果复位后制动试验时间仍然不能正常显示，但制动有效率正常，不影响动车组制动性能，动车组可以投入运营。

2）简略制动试验办法

（1）运行中换端操作。

① 换端后，施加紧急制动，并保持 10 s 后，检查制动有效率为 100%，则制动简略试验完成。

② 若上述操作后，制动有效率不是 100%，则执行菜单指导制动试验中的"直接制动试验、紧急制动试验、间接制动试验"，完成后检查制动有效率为 100%，则制动简略试验完成。

（2）重联解编后操作。

解编后动车组司机在两端司机室的第一次占用均执行以下操作。

① 通过操作制动手柄施加紧急制动保持 10 s 后，缓解紧急制动，动车组司机目视检查制动、缓解功能正常；检查车辆制动有效率为 100%。

② 施加 3 级常用制动后，缓解；动车组司机目视检查制动、缓解功能正常。

③ 执行并完成制动试验中的"列车管泄漏试验"。

4. CRH₅ 型动车组制动试验办法

CRH₅ 型动车组制动试验办法适用于指导 CRH₅A 型动车组的制动试验。

1）全部制动试验办法

动车组升弓供电，总风压力在 600 kPa 以上，停放制动施加，没有制动关门车，牵引系统无故障。

点击司机台右侧的 TD 监测屏"C"键（见图 2－12），按方向键选择制动试验（见图 2－13），点击"E"键，可进入制动试验自动测试页面（见图 2－14）。制动试验主要有三个测试项目，分别为自动制动测试、导向制动测试、备用制动测试。

图 2－12　全部制动试验（1）　　图 2－13　全部制动试验（2）　　图 2－14　全部制动试验（3）

（1）自动制动试验（CRH₅A/CRH₅G）。

进入制动试验界面后，直接按"启动"键，自动制动试验激活框显示为绿色（见图 2－15），即进行自动测试，一个项目结束，其所对应的框格显示为绿色，当第六项结束，第七项"启动菜单导向制动试验"对应的框格显示为绿色时（见图 2－16），自动制动试验结束。点击屏幕左下方的"导向键"，进入导向制动测试界面。

 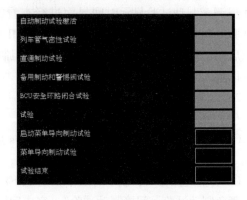

图 2－15　自动制动测试（1）　　　　　图 2－16　自动制动测试（2）

（2）导向制动测试。

CRH$_5$A 型动车组：进入导向制动测试界面，等制动完全缓解后，点击"启动"键，菜单导向制动试验框显示为绿色，即进行导向制动试验。进行一个测试项目时，其所对应的框格显示为绿色，同时司机台右侧的 TD 屏会显示具体的操作方法，测试结束后，绿色消失。下一个测试项目对应的框格会显示绿色，这时点击司机台右侧 TD 屏左下部的方向按键，即可看到该测试项目的试验方法。导向制动测试需进行四个方面的测试，具体操作方法如下。

① 第一次检测制动是否缓解。

将 TBC（主手柄）和 LINV（换向手柄）置于中立位（见图 2 – 17）。

② 检测制动是否施加。

将 TBC 手柄置于最大常用制动位（见图 2 – 18）。

③ 紧急制动试验。

将 TBC 手柄置于紧急制动位（见图 2 – 19）。

④ 第二次检测制动是否缓解。

将 TBC 手柄推回中立位。

紧急制动缓解后，试验结束对话框显示为绿色，导向制动试验结束（见图 2 – 20）。

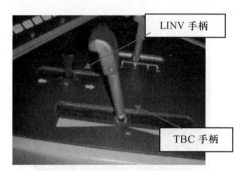

图 2 – 17　CRH$_5$A 型动车组
导向制动测试（1）

图 2 – 18　CRH$_5$A 型动车组
导向制动测试（2）

图 2 – 19　CRH$_5$A 型动车组
导向制动测试（3）

图 2 – 20　CRH$_5$A 型动车组
导向制动测试（4）

CRH$_5$G 型动车组：进入导向制动测试界面，等制动完全缓解后，点击"启动"键，菜单导向制动试验框显示为绿色，即进行导向制动试验。进行一个测试项目时，其所对应的框格显示为绿色，同时司机台右侧的 TD 屏会显示具体的操作方法，测试结束后，绿色消失。下一个测试项目对应的框格会显示绿色，这时点击司机台右侧 TD 屏左下部的方向按键，即可看到该测试项目的试验方法。导向制动测试需进行四个方面的测试，具体操作方法如下。

① 第一次检测制动是否缓解。

将 TBC（主手柄）和 LINV（换向手柄）置于中立位（见图 2 – 21）。

② 检测制动是否施加。

将 TBC 手柄置于最大常用制动位（见图 2 – 22）。

③ 紧急制动试验。

将 TBC 手柄置于紧急制动位（见图 2 – 23）。

④ 第二次检测制动是否缓解。

将 TBC 手柄推回中立位。

⑤ UB 制动试验。

按下司机室紧急制动手动按钮（见图 2 – 24）。

⑥ UB 制动缓解。

将司机室紧急制动手动按钮提起。

紧急制动缓解后，试验结束对话框显示为绿色，导向制动试验结束（见图 2 – 25）。

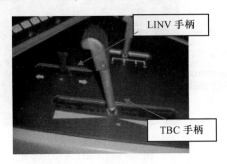

图 2 – 21　CRH₅G 型动车组
导向制动测试（1）

图 2 – 22　CRH₅G 型动车组
导向制动测试（2）

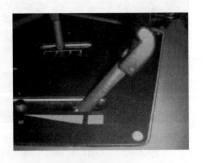

图 2 – 23　CRH₅G 型动车组
导向制动测试（3）

图 2 – 24　CRH₅G 型动车组
导向制动测试（4）

（3）备用制动测试（CRH_5A/CRH_5G）。

点击司机台左侧 TCMS 监测屏左下方的"备用"键，进入备用制动测试界面，备用制动需进行六个方面的操作，流程与导向制动测试相同，具体操作方法如下。

① 第一次检测制动是否缓解。

将 TBC（主手柄）和 LINV（换向手柄）置于中立位。

② 启用备用制动。

将 FBⅡ置于填充位（见图 2-26），打开 D03 旋塞（见图 2-27）。

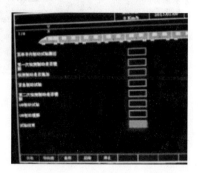

图 2-25　CRH_5G 型动车组
导向制动测试（5）

图 2-26　CRH_5A/CRH_5G 型动车组
备用制动测试（1）

③ 检测制动是否施加。

施加备用制动，使列车管压力降低到 450 kPa 以下。

④ 紧急制动试验。

将 FBⅡ置于紧急制动位。

⑤ 第二次检测制动是否缓解。

将 FBⅡ置于填充位。

⑥ 停用备用制动。

关闭 D03 旋塞（见图 2-28）。

图 2-27　CRH_5A/CRH_5G 型动车组
备用制动测试（2）

图 2-28　CRH_5A/CRH_5G 型动车组
备用制动测试（3）

试验结束对话框显示为绿色，备用制动试验结束（见图 2-29）。

（4）制动试验结束。

当三个测试项目都结束时，制动试验结束。自动制动测试页面显示状态见图 2 – 30。

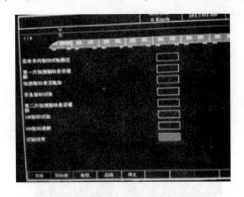

图 2 – 29　CRH₅A/CRH₅G 型动车
组备用制动测试（4）

图 2 – 30　自动制动测试结束界面

2）简略制动试验办法

（1）试验条件。

动车组 TD 屏制动状态显示栏（包括备用制动、直通制动、警惕装置紧急制动阀、安全环路、旅客紧急制动阀、制动控制单元、紧急制动电磁阀、抱轴、制动状态、无防护车轴和停放制动状态）应为正常状态，试验开始前施加停放制动，将 TS 屏置于电子仪器的第 2 页制动缸压力显示页面。

（2）试验方法。

① 将牵引制动手柄置于第一扇区末端，BPS 屏应显示制动施加，TD 屏第 3 页制动状态指示栏 1、2、4、7、8 车应显示红色，其余车应显示绿色。

② 牵引制动手柄从第一扇区末端逐渐拉到第二扇区末端，BPS 屏应显示制动施加，TD 屏第 3 页制动状态指示栏所有 8 个车均应显示红色，TS 屏显示的制动缸压力应逐步增大，并在第二扇区末端制动缸压力达到最大值。

③ 牵引制动手柄置于紧急制动位，BPS 屏应显示制动施加，TD 屏第 3 页制动状态指示栏所有 8 个车均应显示红色、安全环路显示断开。列车管压力表显示列车管压力为 0 kPa。观察显示屏上的制动缸压力，具体数值参见表 2 – 3。

表 2 – 3　制动缸压力表　　　　　　　　　　　　（单位：kPa）

	MC2	M2S	TP	M2	T2	TPB	MH	MC1
动轴制动缸压力	4.7~5.2	4.3~5.1		4.3~5.1			4.3~5.0	4.3~5.0
拖轴制动缸压力	3.4~3.8	3.1~3.7	3.1~3.7	3.1~3.7	2.6~3.2	3.3~3.6	3.1~3.6	3.1~3.6

2.1.2.4　行车安全设备交接

动车组司机在地勤司机处领取动车组司机钥匙，与地勤司机在出段（所）方向前部驾驶室办理电力动车组耗电交接，按规定进行该动车组运行技术状态合格证与行车安全设备合格证交接。之后将 IC 卡中的运行揭示读入列车运行监控记录装置并复核。如在 GSM – R 区段，必须确认 CIR 车次号输入正确。

任务实施与评价

（1）教师下发任务单，学生明确学习任务、学习内容、知识目标、能力目标、素质目标要求。

（2）学生按任务单要求制订学习计划，完成预习任务及相关知识准备。

（3）教师播放某动车组司机一次作业过程视频进行认知引入。

（4）学生查阅资料说明出勤、接车作业过程的有关规定。

（5）学生对比说明各型 CRH 系列动车组的运用特点。

（6）教师组织学生识别动车组操纵台设备符号。

（7）学生识别几种常用的制动系统简略试验方法，教师辅导答疑，学生以个人或学习小组方式进行学习小结及反思。

（8）学生讲述出勤及接车的标准、规范作业的程序。

（9）学生进行学习自我评价及学习小组成员互评，小组长（副组长）进行小组整体评价，教师检查任务完成情况。

【任务2】　出　所　作　业

任务单

任务名称	出所作业
任务描述	在调度人员指挥下，严格执行《铁路技术管理规程》等规定，按列车运行图和机车乘务人员交路的规定使用动车组，并保证出库牵引状态良好。与车站人员密切配合，遵章守纪，规范操纵
任务分析	为了保证铁路有序生产，熟悉在调度指挥下，按列车运行图和机车乘务人员交路的规定使用动车组，并保证出库牵引质量状态良好。本任务模拟动车组司机与车站人员的配合，使学生了解走行径路与车站线路状态，做到遵章守纪，标准操纵，能够按照操作规范与车辆机械师、列车人员积极配合，确保列车安全正点运行
学习任务	**【子任务 1】** 所内移动动车组操纵 　　所内移动动车组之前，按作业标准确认动车组防溜措施撤除。严格执行呼唤应答制度，确认出所信号或股道号码信号、道岔开通信号、道岔标志显示正确，厉行呼唤，标准鸣笛（限鸣区段除外），动车出段（所） **【子任务 2】** 操纵动车组出所 　　出所前司机需利用列车无线调度通信设备与车站联系，了解担当列车开车股道和走行径路，按信号显示出所 　　动车组运行时，司机必须在运行方向的最前端司机室操纵牵引运行 　　进入车站到发线，按停车标志线停车时，须做到一次稳准停妥
劳动组合	各组长讨论交流，根据任务单列出出所作业动车组司机的规范化、标准化作业程序与内容。依据学习工作单制定担当模拟任务的安全预想，结合站场、线路情况操纵动车组出所，并做好开车准备。各组评判小组成员学习情况，并作出小组评价

续表

成果展示	（1）所内移动动车组操纵确认呼唤演示 （2）操纵动车组出所规范化作业流程展示 （3）学生制定模拟任务的安全措施					
学习小结						
自我评价	项目	A—优	B—良	C—中	D—及格	E—不及格	综合
	安全纪律（15%）						
	学习态度（15%）						
	专业知识（30%）						
	专业技能（30%）						
	团队合作（10%）						
教师评价	简要评价						
	教师签名						

🔧学习引导文

2.2　出所作业

列车运行图规定了各种列车占用区间的秩序，列车由每一个车站出发、通过、到达和交会的时刻；列车在各区间的运行时分；列车在车站的停留时间标准等。列车运行图将所有与列车运行有关的铁路部门（如机务、车务、车辆、电务、供电等单位）的工作人员同铁路的运输生产活动统一组织起来，并按照规定的程序协调一致地工作，保证列车按运行图运行。

2.2.1　所内移动动车组操纵

1. 出所时间

根据所担当列车的开车时刻提前出所，出所时间按各铁路局规定执行。

2. 动车组段（所）内动车

移动动车组之前，按作业标准确认动车组防溜措施撤除。之后，严格执行呼唤应答制度，确认出所信号或股道号码信号、道岔开通信号、道岔标志显示正确，厉行呼唤，标准鸣笛（限鸣区段除外），动车出段（所）。

2.2.2　操纵动车组出所

1. 所内作业

出所前司机需利用列车无线调度通信设备与车站联系，了解担当列车开车股道和走行径路，按信号显示出所。如站所分界点设有闸楼时，在闸楼处停车与车站人员签认出所时分，并在司机报单上签章。

2. 车站作业

动车组运行（含转线、调车作业）时，司机必须在运行方向的最前端司机室操纵牵引运行。逐一确认呼唤调车信号，严守速度。

须进入尽头线时，应加强瞭望、确认，不得进入距尽头线或接触网终点标 10 m 内，遇特殊情况必须进入时，应严格控制速度。

进入车站到发线，按停车标志线停车时，须做到一次稳准停妥。停妥后司机使列车保持制动状态，集控开启乘客门（CRH$_2$ 型动车组由随车机械师操作）。

3. 本班司机车站换端作业

（1）施加停放制动，将主手柄置于"0"位。

（2）装备 LKJ 的动车组转储 LKJ 运行数据。

（3）注销 CIR、GSM – R 手持终端车次功能号，关闭 CIR 设备电源。

（4）退出司机室占用，确认操纵台各开关、手柄位置正确，锁闭司机室门窗。

（5）换端后投入主控钥匙激活司机室，进行制动试验。

（6）输入 CIR、列控车载设备数据参数。

（7）装备 LKJ 的动车组，输入 LKJ 参数并载入 IC 卡数据。

（8）确认司机室门窗锁闭，做好开车准备。

4. 车站同向换乘作业

1）交班司机

（1）保持列车制动状态。

（2）装备 LKJ 的动车组转储 LKJ 运行数据。

（3）填写《动车组运用技术状态交接簿（单)》。

（4）向接班司机交接调度命令、动车组技术状态、动车组钥匙、电务车载设备检测合格证。

（5）注销 GSM – R 手持终端车次功能号。

2）接班司机

（1）按规定与交班司机交接，对交接内容进行确认。

（2）修改列控车载设备司机代码等相关参数。

（3）装备 LKJ 的动车组，输入 LKJ 参数并载入 IC 卡数据。

（4）注册 GSM – R 手持终端车次功能号。

（5）确认司机室门锁闭，做好开车准备。

5. 车站换乘折返

1）交班司机

（1）保持列车制动状态。

（2）装备 LKJ 的动车组转储 LKJ 运行数据。

（3）填写《动车组运用技术状态交接簿（单)》。

（4）向接班司机交接调度命令、动车组技术状态、动车组钥匙、电务车载设备检测合格证。

（5）注销 GSM – R 手持终端车次功能号。

（6）离开司机室时确认司机室门窗锁闭。

2）接班司机

（1）按规定与交班司机交接，对交接内容进行确认。

（2）换端后投入主控钥匙激活司机室，根据不同列控车载设备型号，按照动车组制动试验程序进行制动试验。

（3）输入 CIR、列控车载设备数据参数。

（4）装备 LKJ 的动车组，输入 LKJ 参数并载入 IC 数据。

（5）注册 GSM - R 手持终端车次功能号。

（6）确认司机室门窗锁闭，做好开车准备。

✓ 任务实施与评价

（1）教师下发任务单，学生明确学习任务、学习内容、知识目标、能力目标、素质目标要求。

（2）学生按任务单要求制订学习计划，完成预习任务及相关知识准备。

（3）教师播放某动车组司机一次作业过程视频进行认知引入。

（4）学生查阅资料说明出所作业的有关规定。

（5）学生对比说明各型 CRH 系列动车组的编组特点。

（6）教师组织学生识别动车组出所作业确认呼唤用语。

（7）学生识别几种出所作业常用的行车信号显示方式，教师辅导答疑，学生以个人或学习小组方式进行学习小结及反思。

（8）学生讲述出所作业的标准、规范作业的程序。

（9）学生进行学习自我评价及学习小组成员互评，小组长（副组长）进行小组整体评价，教师检查任务完成情况。

【任务3】 途中作业

📋 任务单

任务名称	途中作业
任务描述	途中作业是动车组司机驾驶动车组列车完成铁路运输任务的重要环节，此过程囊括了发车、列车起车操纵、调速操纵、进站停车操纵多个重要阶段。通过多个阶段、多个任务的学习，熟悉《CRH 系列动车组操作规程》所规定的有关动车组操纵的制度，了解按列车操纵示意图认真操纵动车组列车的作业技能
任务分析	为了保证列车按照列车运行图安全运行，动车组司机不断地提高专业理论、技术能力外，应严格执行《铁路技术管理规程》的规章制度。学生要结合每个作业过程总结乘务工作规律、熟悉线路特点、掌握不同天气操作细节，依据各型动车组设备性能，根据安全预想，形成经济、科学的动车组操纵模式。学生在作业中要服从列车调度员指挥，标准化、规范化作业，操纵平稳、安全正点

续表

学习任务	**【子任务1】基本作业操纵规范** 参照列车操纵示意图认真操纵列车，严格执行呼唤等制度，做到"彻底瞭望、确认信号、高声呼唤、手比眼看"。并严格遵守动车组、线路、桥隧、信号允许速度，道岔、曲线和慢行地段等限制速度，车载列控设备或LKJ设定的限制速度。操纵动车组列车时司机应做到起车快、调速稳、停车稳准、规范操纵、安全正点 **【子任务2】发车操纵** 按照《铁路技术管理规程》规定，确认凭证、开车时间、关门信号后方可起动列车 **【子任务3】起车操纵** 列车起车时，按标准将主控手柄在离开"0"位后稍作停留。列车起动过程中，司机根据目标速度将主控手柄置于适当级位，做到起车稳、加速快。起动后，司机需确认各显示屏、仪表显示是否正常 **【子任务4】调速操纵** 应考虑列车速度、线路情况、限速要求、停车目标距离等条件，准确掌握制动时机和级位，保证动车组列车平稳制动 **【子任务5】进站停车操纵** 进站停车时，根据情况施行适当挡位的制动，保证速度的平稳降低，停车前逐渐回到制动1级，须做到一次稳准停妥 **【子任务6】在站交接与继乘** 交班司机与接班司机（无接班司机时与随车机械师）办理交接。交班司机应详细介绍运用状态，填写运行日志记录，办理交接手续
劳动组合	各组长讨论交流，根据任务单列出途中作业动车组司机的规范化、标准化作业程序与内容。依据学习工作单，结合站场、线路情况、天气状况等因素，规范化、标准化操纵动车组模拟设备，并执行确认呼唤制度。各组评判小组成员学习情况，并作出小组评价
成果展示	（1）发车与发车准备作业确认呼唤演示 （2）操纵动车组过分相规范化作业流程 （3）模拟动车组起动列车操纵流程 （4）模拟动车组进站停车操纵
学习小结	

	项目	A—优	B—良	C—中	D—及格	E—不及格	综合
自我评价	安全纪律（15%）						
	学习态度（15%）						
	专业知识（30%）						
	专业技能（30%）						
	团队合作（10%）						

教师评价	简要评价	
	教师签名	

📖 **学习引导文**

2.3 途中作业

2.3.1 基本作业操纵规范

2.3.1.1 基本要求

《CRH 系列动车组操作规程》规定了动车组司机驾驶动车组列车从发车与发车准备、列车起车操纵、调速操纵、进站停车操纵、在站交接与继乘所有环节的标准化、规范化作业内容。

1. 操纵规范

动车组司机在列车运行中应参照本单位制定的列车操纵示意图认真操纵列车，严格执行呼唤（应答）和车机联控制度（车次用语为"动车××次"），做到"彻底瞭望、确认信号、高声呼唤、手比眼看"。并严格遵守动车组、线路、桥隧、信号容许速度，道岔、曲线和慢行地段等限制速度，以及车载列控设备或 LKJ 设定的限制速度。

2. 运行时刻记事

司机应在始发站及局间分界站（越过车站最外方道岔时），在司机手册上记点。终到站待列车停妥后记点。非正常情况停车时，应记录原因及停、开车时间。

2.3.1.2 列车操纵

1. 操纵原则

操纵动车组列车时司机应做到起车快、调速稳、停车稳准，运行中，控制动车组贴限运行（在动车组允许运行速度下，保持与列车限速值匀速运行）。

2. 速度控制

运行中应选择适当的手柄位置使用恒速功能，保持列车恒速运行。如果恒速装置作用不良，司机应及时调整主控手柄级位，控制列车按规定速度运行。

3. 工况选择

正常情况下，增加或减少牵引力、制动力时，主控手柄应逐步进行，牵引、制动工况转换时应在"0"位稍作停留，牵引"1"位、制动"1"位与"0"位转换时，应在牵引"1"位、制动"1"位稍作停留。运行中或未停稳前，严禁换向操纵。

4. 制动操作要求

施行动车组列车的减速制动时，正常情况下应使用常用制动。遇危及行车安全时应采用快速（紧急）制动停车。动车组停车后，必须使列车保持制动状态。更换乘务组、换室操纵时必须进行制动系统简略试验。

5. 车载行车安全装备

动车组各安全保护装置不得盲目切除，行车安全装备必须全程运转，监控装置和列控车载设备的转换必须按规定操作。

CRH₁ 型动车组司机必须保持将脚踏板置于中间挡位，或在每 50 s 的间隔周期内踩动一次 DSD 按钮。

2.3.1.3 重联操纵

1. 重联编组运行规定

单列动车组为固定编组，运用状态下不得解编；两列同型动车组可重联运行。两列动车组重联时各升 1 架受电弓运行，但禁止采用前车升后弓、后车升前弓的方式。

2. 两列动车组重联或摘解时应遵守的规定

（1）两列动车组重联或摘解时，由动车组随车机械师负责引导，司机确认安全后进行连挂和摘解。重联或摘解后的动车组由随车机械师配合司机做相关试验。摘解操作时，主动车组必须一次移动 5 m 以上方可停车。

（2）连挂后，通过列车信息系统显示器确认两列动车组车钩、风管、电气连接状态正常，将所有非操纵司机室操纵设备置锁闭位。

2.3.1.4　过分相操纵

1. 过分相操纵规范

（1）自动过电分相装置良好时，使用自动过电分相装置。在经过乘务区段第一个电分相区时，需验证能否正常自动过电分相。动车组重联运行时，可采取提前将主控手柄退回"0"位，再通过电分相区。

（2）当自动过电分相装置故障时，应采用手动过电分相。手动过电分相时，动车组运行至过电分相绝缘区前，司机应提前确认升起受电弓的车号，运行至电分相绝缘区时，要集中精力，加强瞭望，及时切除牵引力并"断电"。确认网压上升并稳定后再"合电"。

（3）运行中每次过分相后，司机应对操纵台各仪表显示进行检查确认。

2. 各型动车组手动过分相时应遵守下列规定

1）CRH₁ 型

当司机面板 B2 上的"分相区"按钮灯"闪"，显示自动过分相装置故障时，必须进行手动过分相操作。在列车即将到达分相区时，司机按如下步骤操作：

（1）将主控制手柄退至"0"位；

（2）列车在分断标前，按动司机面板 B2 上的"分相区"按钮。

当列车使用后弓时，TCMS 从按下"分相区"按钮开始计算，列车运行 150 m 后，停止变流器模块，断开 5 个网侧断路器。当列车使用前弓时，TCMS 从按下"分相区"按钮后，立即停止变流器模块，断开 5 个网侧断路器。

列车通过"分相区"后，TCMS 检测到网压，自动闭合 5 个网侧断路器。

2）CRH₂ 型

（1）司机要掌握头车距升弓车厢的距离，及时将牵引手柄退回"切"位，运行至"断"电标前，要集中精力，加强瞭望，结合运行速度及时按压"VCB 断"按钮。

（2）司机室故障显示灯"VCB""电气设备"灯点亮，蜂鸣器鸣响。

（3）如 VCB 未断开，要立即按下"受电弓折叠"按钮，采取强制降弓措施。

（4）运行至"合"电标时，司机不要立即闭合 VCB，根据运行速度和头车距升弓车厢的距离，确认受电弓已通过分相绝缘区后，按压"VCB 合"按钮。两列动车组重联时，要确认全部受电弓已通过分相绝缘区后，按压"VCB 合"按钮。

3）CRH₅ 型

CRH₅ 型动车组必须距断电标 50 m 前断开主断路器，按下列要求进行断开、闭合主断路器：

（1）主控手柄回零位；

（2）断开主断路器；

（3）确认网压下降；

（4）确认网压上升并稳定后 10 s 闭合主断路器；

（5）确认诊断显示屏 GS 显示绿色，辅助变流器正常工作；

（6）操作主控手柄到"1"位稍作停留再逐步晋级。

2.3.1.5 故障行车

1. 操纵端的规定

列车司机必须在运行方向最前端的司机室操纵动车组列车。正常情况下，非操纵端各操纵开关、手柄、司机室门、窗均应置于断开位或锁闭位。特殊情况下，遇最前端司机室不能正常操纵，而最后端司机室操纵正常，双司机值乘或有具备乘务知识的机务干部添乘，前后端司机室通信设备作用良好及天气良好时，准许凭调度命令改为最后端司机室操纵维持运行，改按站间闭塞掌握行车。列车最高运行速度不得大于 120 km/h，前端司机或添乘干部用车载电台指挥后端司机操纵。

2. 区间的被迫停车

动车组列车在区间被迫停车时，立即使用列车无线调度通信设备报告列车调度员或车站值班员，报告被迫停车原因、停车地点；负责指挥随车机械师、客运乘务组，按有关规定处理有关行车、列车防护和事故救援等事宜。

为保障铁路旅客列车安全或者因特殊运输需要不宜停车的，在不影响本列车安全的前提下，可以不停车；司机应当用列车无线调度通信设备报告就近车站处理。

3. 被救援

动车组被救援时，过渡车钩、专用风管和电气连接线的连接和分解由随车机械师负责，动车组司机配合。具备升弓供电条件的，司机根据随车机械师的通知升弓供电，但必须与救援机车司机保持联系，防止发生弓网事故。

4. 临时限速运行

（1）被救援时，当动车组制动系统故障切除 25% 制动力时，限速 160 km/h 运行；切除 50% 制动力时，限速 120 km/h 运行。

（2）当空气弹簧故障时，限速 160 km/h 运行。

（3）车窗玻璃破损导致车厢密封失效时，限速 160 km/h 运行。

（4）动车组司机室前窗玻璃破损时，限速 160 km/h 运行。

（5）动车组在环境风风速不大于 25 m/s 时，可以正常速度运行。当环境风风速在 25～30 m/s 时，运行速度不大于 120 km/h。当环境风风速大于 30 m/s 时，严禁动车组进入风区。

司机应严格按限速调度命令控制列车运行，如调度命令的限速值低于列控车载设备显示的目标速度时，应按调度命令控制列车运行。

2.3.2 发车准备与发车

1. 发车准备

开车前，动车组司机确认操纵台各仪表、显示屏显示正常，各手柄位置正确，关门指示灯亮，司机室门处于锁闭状态。

2. 发车规范

发车时，动车组司机必须确认行车凭证、发车信号显示（含发车表示器或列车无线调度通信设备、发车用语）正确，厉行呼唤（应答）后鸣笛，起动列车。

2.3.3　起车操纵

1. 监控设备控制

CTCS - 2 级区段发车前，当地面信号变为进行信号，动车组司机缓解列车制动并施加牵引力后，起动列车。当列车运行至监控装置开车对标位置时，司机按压开车键对标。车载设备接收到应答器信息后，司机确认列控车载设备进入完全监控模式。

CTCS - 0 级区段，动车组列车运行至 LKJ 开车对标位置时，司机按压开车键，进入监控状态运行。

2. 起动动车组列车

列车起车时，司机需将主控手柄在离开"0"位后稍作停留。列车起动过程中，司机根据目标速度将主控手柄置适当级位，做到起车稳、加速快，避免强烈的"推背感"。起动后，司机再确认各显示屏、仪表显示是否正常。

在上坡道上起动动车组时，为防止动车组溜逸，CRH$_2$ 型动车组可将牵引手柄先置于适当级位，再缓解制动。CRH$_5$ 型动车组可使用保持制动，起动时将主控手柄置牵引位，使列车自动缓解。

2.3.4　调速操纵

1. 常用制动

施行常用制动时，动车组司机应考虑列车速度、线路情况、限速要求、停车目标距离等条件，准确掌握制动时机和级位，先使列车产生制动力再逐步增加，保持均匀减速（制动过程中过分相时，动力制动自动切除，全部转为空气制动）。

速度较高时应使用较高级位的制动。中速运行时应使用中级挡位的制动。

在正常情况下的调速或停车，增加或减少制动力时，手柄操纵应逐步进行，进行制动或缓解时应在制动"1"位稍作停留，确保平稳。

2. 紧急制动

遇紧急情况施行制动时，迅速将制动手柄置于"紧急（快速）"位，并解除牵引力。

3. 其他

在 CTCS - 2 级区段列控车载设备故障（机车信号故障除外）时及 CTCS - 0 级区段，司机应按调度命令的要求或 LKJ 的提示操纵列车通过慢行地点。

2.3.5　进站停车操纵

1. 进站停车

正常情况下，司机应稳定使用中级挡位以下的制动，随着速度的降低，停车前逐渐回到制动"1"级，按停车标志停车时，须做到一次稳准停妥。停车后，使列车保持制动状态。

动车组列车到站停稳后，司机开启集控乘客门（CRH$_2$ 型动车组由随车机械师集控开启）。CRH$_1$、CRH$_5$ 型动车组自动开关门装置故障时，司机应及时通知列车长、随车机械师处理。

2.中间站停留作业

中间站停留时，不得停止辅助电源及空气压缩机的工作，并保持列车制动状态。

（1）司机必须坚守岗位，不得擅自离开司机室。

（2）夜间等会列车时，应将前照灯灯光减弱或熄灭。

2.3.6 在站交接与继乘

1.乘务交接站换班

列车到达乘务交接站停车后，动车组司机不得缓解列车制动。各手柄、开关置规定位置，通过 CIR 将车次号注销。交班司机与接班司机（无接班司机时与随车机械师）办理交接。交班司机应详细介绍运用状态，填写运行日志记录，办理交接手续。

交班司机将 LKJ 运行记录数据进行转储；接班司机将 IC 卡中的运行揭示读入 LKJ 并复核。对 CTCS-2 区段的临时限速调度命令书面交接并复核。

2.继乘站换班

（1）交接动车组运用状态和耗电量。

（2）交接临时行车命令。

（3）交班司机将 LKJ 运行记录数据进行转储，接班司机将 IC 卡中的运行揭示读入 LKJ 并复核。

（4）对制动系统进行简略试验。

（5）换班后，通知随车机械师。

3.其他

本乘务组途中换乘时，交班司机应向接班司机交接临时调度命令和运用质量状态，并共同值乘不少于一个区间。

✍ 任务实施与评价

（1）教师下发任务单，学生明确学习任务、学习内容、知识目标、能力目标、素质目标要求。

（2）学生按任务单要求制订学习计划，完成预习任务及相关知识准备。

（3）教师通过某动车组司机一次作业过程视频进行认知引入。

（4）学生查阅资料说明《铁路技术管理规程》《CRH 系列动车组操作规程》中关于途中作业过程的有关规定。

（5）学生对比说明各型 CRH 系列动车组牵引、制动等性能特点。

（6）教师组织学生识别动车组途中运行作业确认呼唤用语。

（7）学生识别几种高铁线路行车信号的显示方式，教师辅导答疑，学生以个人或学习小组方式进行学习小结及反思。

（8）学生讲述起动列车作业、进站停车作业的标准、规范作业的程序。

（9）学生进行学习自我评价及学习小组成员互评，小组长（副组长）进行小组整体评价，教师检查任务完成情况。

【任务 4】　终到与入段（所）作业

📋 任务单

任务名称	终到与入段（所）作业					
任务描述	熟悉列车终到站相关规章及入所交接的作业内容。学会填写报单，并对本次列车情况进行分析、记录，办理退勤手续					
任务分析	《CRH 系列动车组操作规程》是机车乘务员乘务作业的标准，是机车乘务员正确驾驶、精心保养和平稳操纵列车的依据。学生通过本任务的学习，模拟终到站与退勤作业，熟悉动车组司机规范化、标准化的作业方法；了解终到站作业、入所作业、退勤作业等作业流程，防患于未然					
学习任务	【子任务 1】终到站作业 列车终到站停车后，到达司机遵守保持列车制动状态的有关规定。按信号指示，执行确认呼唤制度，严守速度，入所交接 【子任务 2】退勤作业 正确填写报单，并对本次列车情况进行分析、记录；交回司机手册和报单等，办理退勤手续					
劳动组合	各组长讨论交流，根据任务单列出终到站与入段（所）作业动车组司机必须遵守的有关条例。依据学习工作单制定担当任务的安全预想，结合使用机型完成设备的操作。各组评判小组成员学习情况，并作出小组评价					
成果展示	（1）动车入所确认呼唤制度展示 （2）模拟动车操纵报单分析 （3）模拟动车组司机一次作业过程的实训小结					
学习小结						
自我评价	项目	A—优	B—良	C—中	D—及格	E—不及格	综合
	安全纪律（15%）						
	学习态度（15%）						
	专业知识（30%）						
	专业技能（30%）						
	团队合作（10%）						
教师评价	简要评价						
	教师签名						

📖 **学习引导文**

2.4 终到与入段（所）作业

2.4.1 终到站作业

列车到达终点站后，途中运行作业即为结束，这个阶段的作业容易出现急躁和马虎，所以乘务员应坚持良好的精神状态，认真完成各项作业。

1. 终到操纵

列车终到站停车后，到达司机保持动车组列车的制动状态，并将各手柄、开关置于规定位置。

2. 入段（所）操作

入段（所）动车前，司机与随车机械师联系，确认关门灯点亮；确认入段（所）信号或股道号码信号、道岔开通信号、道岔标志显示正确，厉行呼唤，鸣笛动车入段（所）。如站段（所）分界点设有闸楼时，司机需在闸楼处停车，签认段（所）时分，并了解段（所）内走行径路。

3. 段（所）内作业

（1）段（所）内走行要严格控制速度，认真确认股道开通及信号显示正确。

（2）进入整备线指定位置停车后，到达司机使动车组保持制动状态，与地勤司机办理交接手续。

2.4.2 退勤作业

1. 行车回顾

退勤前，司机应正确填写报单，并对本次列车的早、晚点情况进行分析并作出记录。

2. 退勤

退勤时，司机向动车段（所）调度员汇报本次列车安全及运行情况，对监控装置检索分析的问题及运行等情况做出说明，对途中发生的非正常情况写出报告。交回司机手册和报单等，办理退勤手续。

✒️ **任务实施与评价**

（1）教师下发任务单，学生明确学习任务、学习内容、知识目标、能力目标、素质目标要求。

（2）学生按任务单要求制订学习计划，完成预习任务及相关知识准备。

（3）教师通过某动车组司机一次作业过程视频进行认知引入。

（4）学生查阅资料说明《铁路技术管理规程》《CRH 系列动车组操作规程》中关于退勤作业过程的有关规定。

（5）学生对比说明各型 CRH 系列动车组列车操纵示意图所含内容。

（6）教师组织学生学习司机手册、司机报单所设内容。

（7）学生识别高铁信号标志、线路标志，教师辅导答疑，学生以个人或学习小组方式进行学习小结及反思。

（8）学生讲述终到与入段（所）作业的标准，规范作业的程序。

（9）学生进行学习自我评价及学习小组成员互评，小组长（副组长）进行小组整体评价，教师检查任务完成情况。

项目 3　信 号 显 示

项目描述

《铁路技术管理规程》规定信号是指挥行车与调车作业的命令，信号具有保证列车运行安全，有效提高铁路运输效率，降低运输成本，大大改善行车人员劳动条件的作用。铁路信号装备就是铁路组织指挥列车运行，保证行车安全，提高运输效率，传递行车信息，改善行车人员劳动条件的关键设备。

本项目要求学生依据项目任务，深刻理解显示铁路行车信号的基本要求，掌握固定信号、移动信号及手信号显示的方式、时机及意义，掌握信号表示器、信号标志及线路标志的设置与意义、熟练掌握听觉信号的鸣示方式。

本项目任务：

任务 1　铁路行车信号的基本要求；

任务 2　固定信号；

任务 3　移动信号及手信号；

任务 4　信号表示器及标志；

任务 5　听觉信号。

教学目标

1. 知识目标

（1）掌握显示铁路行车信号的基本要求。

（2）掌握固定信号机显示的方式及意义。

（3）掌握移动信号及手信号显示的时机、方式及意义。

（4）掌握信号表示器及标志的意义。

（5）掌握听觉信号鸣示的方式及时机。

2. 能力目标

（1）掌握信号的显示方式、显示时机及意义。

（2）熟悉铁路行车信号的设计标准与原则。

（3）熟悉《铁路技术管理规程》中关于高速铁路信号显示的有关内容。

3. 素质目标

（1）培养学生遵章守纪、爱护动车组、平稳操纵、安全正点的职业道德。

（2）在项目完成过程中培养学生学习新技术、勇于创新和开拓的意识。

（3）在项目完成过程中培养学生严谨认真的态度，提升应变与沟通能力。

（4）能客观、公正地进行学习自我评价及对小组成员的评价。

【任务1】 铁路行车信号的基本要求

📋 任务单

任务名称	铁路行车信号的基本要求					
任务描述	铁路信号是保证行车安全，提高运输效益及组织列车运行及调车工作的技术设备。行车信号是指挥列车运行及调车作业的命令，有关行车人员必须严格执行。必须掌握显示信号的基本要求、信号显示的方式、含义与时机等有关规定，从而确保行车安全和正常的运输秩序					
任务分析	铁路行车信号是指挥列车运行及调车作业的命令，信号的显示方式通过一定的颜色、形状、位置、灯光、音响等表示信号的使用方法、时机，必须按照《铁路技术管理规程》的规定严格执行。本任务以动车组列车一次乘务作业过程引入，方便学生开展项目式学习，深刻理解铁路行车信号的基本要求，掌握信号颜色的意义，熟练掌握信号种类、显示距离及信号机定位等规定，并按规定认真执行					
学习任务	【子任务1】铁路行车信号的基本要求 深刻理解铁路行车信号的基本要求，掌握信号颜色的意义，熟练掌握信号种类、显示距离及信号机定位等规定，并按《铁路技术管理规程》的规定认真执行 【子任务2】无效信号机的处置办法 学习新建未使用无效信号机的处置方法及有关规定					
劳动组合	各组长讨论交流，根据任务单列出铁路行车信号的基本要求。依据学习工作单，结合信号的颜色、形状、位置、灯光、音响等表示特点，掌握《铁路技术管理规程》对铁路行车信号的基本要求。各组评判小组成员学习情况，并作出小组评价					
成果展示	（1）铁路行车信号的分类 （2）铁路信号的定位及关闭 （3）无效信号机的处置					
学习小结						
自我评价	项目	A—优	B—良	C—中	D—及格	E—不及格	综合
	安全纪律（15%）						
	学习态度（15%）						
	专业知识（30%）						
	专业技能（30%）						
	团队合作（10%）						
教师评价	简要评价						
	教师签名						

学习引导文

3.1　铁路行车信号的基本要求

3.1.1　铁路行车信号

《铁路技术管理规程》规定：信号是指示列车运行及调车作业的命令，有关行车人员必须严格执行。

铁路信号分为视觉信号和听觉信号。视觉信号基本颜色的意义如下：

（1）红色——停车；

（2）黄色——注意或减低速度；

（3）绿色——按规定速度运行。

听觉信号即为号角、口笛等发出的音响，以及机车、动车组、自轮运转特种设备等的鸣笛声。

3.1.2　铁路信号的使用方法

1. 视觉信号

视觉信号分为昼间、夜间及昼夜通用信号。在昼间遇降雾、暴风雨雪及其他情况，致使停车信号显示距离不足 1 000 m，注意或减速信号显示距离不足 400 m，调车信号及调车手信号显示距离不足 200 m 时，应使用夜间信号。隧道内只采用夜间或昼夜通用信号。

2. 信号显示方式及使用方法

信号显示方式及使用方法，应按《铁路技术管理规程》规定执行。各种信号机和表示器的灯光排列、颜色和外形尺寸，必须符合国家标准、铁道行业标准及铁路总公司规定的标准。

《铁路技术管理规程》以外的信号显示方式，须经铁路总公司批准，方可采用。地区性联系用的手信号，由铁路局批准。

3.1.3　关于信号机定位、关闭的规定

（1）区间不设通过信号机、在闭塞分区分界处设置区间信号标志牌的 CTCS–2/CTCS–3 级区段。

区间不设通过信号机、在闭塞分区分界处设置区间信号标志牌的 CTCS–2/CTCS–3 级区段，车站的进站、出站、进路信号机以及线路所的通过信号机常态灭灯，仅起停车位置作用。遇下列情况上述信号机应转为点亮状态：

① 接发未装设列控车载设备的列车时；

② 接发列控车载设备故障的动车组列车时；

③ 需越出站界调车时。

（2）常态灭灯的信号机转为点亮状态时，以及其他常态点灯的信号机的定位。

① 进站、出站、进路、调车信号机均以显示停车信号为定位。

② 线路所的通过信号机以显示停车信号为定位，其他通过信号机以显示进行信号为定位。

（3）常态点灯的信号机的关闭时机。

① 进站、进路、出站、通过信号机，当列车或动车组第一轮对越过该信号机后自动关闭。

② 调车信号机在调车车列全部越过调车信号机后自动关闭；当调车信号机外方不设轨

道占用检查装置或虽设轨道占用检查装置而占用时，应在调车车列全部出清调车信号机内方第一轨道区段后自动关闭，根据需要也可在调车车列第一轮对进入调车信号机内方第一轨道区段后自动关闭。

③ 引导信号应在列车头部越过信号机后及时关闭。

特殊站（场）执行上述规定有困难时，由铁路局规定。

（4）常态灭灯的进站、进路、出站、通过信号机转为点亮状态且开放允许信号或显示引导信号时，当列车或动车组第一轮对越过该信号机后自动关闭（点亮红灯），当其防护的进路解锁后红灯自动熄灭。

（5）常态点灯的进站、进路、出站、通过信号机，常态灭灯的进站、出站、进路信号机，以及线路所的通过信号机需转为点亮状态时，遇灯光熄灭、显示不明或显示不正确时，均视为停车信号。

（6）非列控车载设备控车的列车在高速铁路运行时，遇地面信号机显示一个黄色闪光和一个黄色灯光时，表示要求列车按限速要求（最高不超过 45 km/h）越过该信号机；遇机车信号机显示一个双半黄色闪光时，表示要求列车按限速要求（最高不超过 45 km/h）越过接近的地面信号机。

3.2 无效信号机的处置办法

新设尚未开始使用及应撤除尚未撤掉的信号机，均应装设信号机无效标，并应熄灭灯光。

信号机无效标为白色的十字交叉板，装在色灯信号机构上（见图 3-1）。

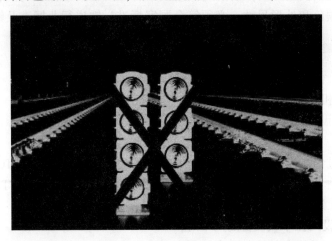

图 3-1 无效信号机

在新建铁路线上，新设尚未开始使用的信号机（进站信号机暂用作防护车站时除外），可将色灯机构向线路外侧扭转 90°，并熄灭灯光，作为无效。

📋 任务实施与评价

（1）教师下发任务单，学生明确学习任务、学习内容、知识目标、能力目标、素质目标要求。

（2）学生按任务单要求制订学习计划，完成预习任务及相关知识准备。

（3）教师播放某线路、站场设备视频进行认知引入。

（4）学生查阅资料说明《铁路技术管理规程》对行车信号的有关规定。

（5）学生对比说明铁路行车信号的分类及特点。

（6）教师组织学生识别行车信号设备。

（7）学生识别几种常用的铁路行车信号设备，教师辅导答疑，学生以个人或学习小组方式进行学习小结及反思。

（8）学生通过学习，确定信号分类、使用与《铁路技术管理规程》对信号的基本要求。

（9）学生进行学习自我评价及学习小组成员互评，小组长（副组长）进行小组整体评价，教师检查任务完成情况。

【任务 2】　固定信号

任务单

任务名称	固定信号
任务描述	进站、出站、进路、通过等固定信号机在常态点灯、常态灭灯转为点亮时以颜色、灯光、组合显示进行列车运行与调车作业的指挥，机车信号机、车载列控设备则通过指示灯的显示变化指挥司机依据车载设备运行，各种信号设备是保证行车安全，提高运输效率的关键设备。据此原因，熟练掌握进站信号机等固定信号的显示方式与意义，并按规定认真执行
任务分析	铁路信号设备就是铁路组织指挥列车运行，保证行车安全，提高运输效率，传递行车信息，改善行车人员劳动条件的关键设备。固定信号是指固定安装在一定位置上，指挥列车运行与调车作业的信号，如进站、出站信号机与车载设备等。本任务以动车组列车一次乘务作业过程引入，方便学生通过项目式学习，熟练掌握色灯信号机、车载信号的显示方式，深刻理解其显示含义，并按《铁路技术管理规程》规定认真执行
学习任务	【子任务 1】色灯信号机 　通过项目式学习，熟练掌握进站、出站、进路、通过等固定信号机在常态点灯、常态灭灯转为点亮时显示方式及含义，并按规定认真执行 【子任务 2】车载信号 　通过项目式学习，熟练掌握机车信号机、车载列控设备机车信号的显示方式与意义。以机车信号作为行车依据，以地面信号标志作为行车标准，并按规定认真执行
劳动组合	各组长讨论交流，根据任务单列出进站、出站、进路、通过等固定信号机在常态点灯、常态灭灯转为点亮时的显示方式及意义，列出机车信号机、车载列控设备的显示要求。结合站场、线路情况，依据模拟任务，熟练掌握各种信号的显示方式及意义。各组评判小组成员学习情况，并作出小组评价
成果展示	（1）进站等信号机常态灭灯转为点亮时的显示方式与要求 （2）连续式机车信号机的显示方式及要求 （3）列控车载设备机车信号的显示意义
学习小结	

	项目	A—优	B—良	C—中	D—及格	E—不及格	综合
自我评价	安全纪律（15%）						
	学习态度（15%）						
	专业知识（30%）						
	专业技能（30%）						
	团队合作（10%）						
教师评价	简要评价						
	教师签名						

学习引导文

3.2 固定信号

3.2.1 色灯信号机

3.2.1.1 进站信号机

1. 常态点灯的进站色灯信号机

（1）一个绿色灯光——准许列车按规定速度经道岔直向位置进入或通过车站，表示运行前方至少有三个闭塞分区空闲（见图 3 – 2）。

图 3 – 2　一个绿色灯光（进站色灯信号机）

（2）一个绿色灯光和一个黄色灯光——准许列车按规定速度经道岔直向位置进入站内，表示次一架信号机经道岔直向位置开放一个黄灯（见图 3 – 3）。

（3）一个黄色灯光——准许列车按限速要求经道岔直向位置进入站内正线准备停车（见图 3 – 4）。

（4）一个黄色闪光和一个黄色灯光——准许列车经 18 号及以上道岔侧向位置进入站内准备停车，且进路允许速度不低于 80 km/h（见图 3 – 5）。

图 3 - 3   一个绿色灯光和一个黄色灯光（进站色灯信号机）

图 3 - 4   一个黄色灯光（进站色灯信号机）

图 3 - 5   一个黄色闪光和一个黄色灯光（进站色灯信号机）

（5）两个黄色灯光——准许列车按限速要求越过该信号机，经道岔侧向位置进入站内准备停车（见图 3－6）。

图 3－6　两个黄色灯光（进站色灯信号机）

（6）一个红色灯光——不准列车越过该信号机（见图 3－7）。

图 3－7　一个红色灯光（进站色灯信号机）

2. 常态灭灯的进站色灯信号机转为点亮状态时

（1）一个绿色灯光——准许列车按规定速度经道岔直向位置通过车站，表示运行前方区间空闲；或准许列车按规定速度经道岔直向位置进入车站，表示运行前方至少有三个闭塞分区空闲（见图 3－2）。

（2）一个绿色灯光和一个黄色灯光——准许列车按规定速度经道岔直向位置进入站内，表示次一架信号机经道岔直向位置开放一个黄灯（见图 3－3）。

（3）一个黄色灯光——准许列车按限速要求经道岔直向位置进入站内正线准备停车（见图 3－4）。

（4）一个黄色闪光和一个黄色灯光——准许列车经 18 号及以上道岔侧向位置进入站内准备停车，且进路允许速度不低于 80 km/h（见图 3－5）。

（5）两个黄色灯光——准许列车按限速要求越过该信号机，经道岔侧向位置进入站内准备停车（见图 3－6）。

（6）一个红色灯光——不准列车越过该信号机（见图3-7）。

3.2.1.2 出站信号机

常态点灯的出站色灯信号机。

（1）一个绿色灯光——准许列车由车站出发，表示运行前方至少有三个闭塞分区空闲（见图3-8）。

图3-8 一个绿色灯光（常态点灯的出站色灯信号机）

（2）一个绿色灯光和一个黄色灯光——准许列车由车站出发，表示运行前方有两个闭塞分区空闲（见图3-9）。

图3-9 一个绿色灯光和一个黄色灯光（常态点灯的出站色灯信号机）

（3）一个黄色灯光——准许列车由车站出发，表示运行前方有一个闭塞分区空闲（见图3-10）。

（4）两个绿色灯光——准许列车由车站出发，开往半自动闭塞或自动站间闭塞区间（见图3-11）。

（5）一个红色灯光——不准列车越过该信号机（见图3-12）。

（6）在兼作调车信号机时，一个月白色灯光——准许越过该信号机调车（见图3-13）。

图 3 - 10　一个黄色灯光（常态点灯的出站色灯信号机）

图 3 - 11　两个绿色灯光（常态点灯的出站色灯信号机）

图 3 - 12　一个红色灯光（常态点灯的出站色灯信号机）

3.2.1.3　常态灭灯的出站色灯信号机转为点亮状态时

（1）一个绿色灯光——准许列车由车站以站间闭塞方式出发，表示运行前方区间空闲（见图 3 - 14）。

（2）一个红色灯光——不准列车越过该信号机（见图 3 - 15）。

图 3 – 13　一个月白色灯光（常态点灯的出站色灯信号机）🔍

图 3 – 14　一个绿色灯光（常态灭灯的出站色灯信号机）🔍

图 3 – 15　一个红色灯光（常态灭灯的出站色灯信号机）🔍

（3）在兼作调车信号机时，一个月白色灯光——准许越过该信号机调车（见图 3 – 16）。

3.2.1.4　动车段（所）的出站色灯信号机

（1）一个黄色灯光——准许列车由动车段（所）出发，表示发车进路建立且出站第一离去区段空闲（见图 3 – 17）。

图 3 – 16　一个月白色灯光（常态灭灯的出站色灯信号机）

图 3 – 17　一个黄色灯光（动车段的出站色灯信号机）

（2）一个红色灯光——不准列车越过该信号机（见图 3 – 15）。

（3）在兼作调车信号机时，一个月白色灯光——准许越过该信号机调车（见图 3 – 16）。

3.2.1.5　进路色灯信号机

（1）接车进路及接发车进路色灯信号机的显示与进站色灯信号机相同。

（2）常态点灯的发车进路色灯信号机。

① 一个绿色灯光——表示该信号机列车运行前方至少有两架信号机经道岔直向位置在开放状态（见图 3 – 8）。

② 一个绿色灯光和一个黄色灯光——表示该信号机列车运行前方次一架信号机经道岔直向位置在开放状态（见图 3 – 9）。

③ 一个黄色灯光——准许列车运行到次一架信号机之前准备停车（见图 3 – 10）。

④ 一个红色灯光——不准列车越过该信号机（见图 3 – 12）。

（3）常态灭灯的发车进路色灯信号机转为点亮状态时。

① 一个绿色灯光——表示该信号机列车运行前方的发车进路或出站信号机显示一个绿色灯光（见图 3 – 14）。

② 一个红色灯光——不准列车越过该信号机（见图 3 – 15）。

（4）接车进路、发车进路及接发车进路色灯信号机兼作调车信号机时，一个月白色灯光——准许越过该信号机调车（见图 3 – 18）。

图 3 – 18　一个月白色灯光（进站色灯信号机）

3.2.1.6　通过色灯信号机

（1）一个绿色灯光——准许列车按规定速度运行，表示运行前方至少有三个闭塞分区空闲（见图 3 – 19）。

（2）一个绿色灯光和一个黄色灯光——准许列车按规定速度运行，要求注意准备减速，表示运行前方有两个闭塞分区空闲（见图 3 – 20）。

图 3 – 19　一个绿色灯光
（通过色灯信号机）

图 3 – 20　一个绿色灯光和一个
黄色灯光（通过色灯信号机）

（3）一个黄色灯光——要求列车减速运行，按规定限速要求越过该信号机，表示运行前方有一个闭塞分区空闲（见图3－21）。

（4）一个红色灯光——列车应在该信号机前停车（见图3－22）。

图3－21　一个黄色灯光　　　　　　　图3－22　一个红色灯光
（通过色灯信号机）　　　　　　　　（通过色灯信号机）

3.2.1.7　线路所防护分歧道岔的色灯信号机

（1）常态点灯的线路所防护分歧道岔的色灯信号机。

①一个黄色闪光和一个黄色灯光——准许列车经分歧道岔侧向位置运行，表示分歧道岔为18号及以上且进路允许速度不低于80 km/h（见图3－5）。

②两个黄色灯光——准许列车经分歧道岔侧向位置运行，表示分歧道岔为18号以下或进路允许速度低于80 km/h（见图3－6）。

（2）常态灭灯的线路所防护分歧道岔的色灯信号机转为点亮状态时。

①一个绿色灯光——准许列车按规定速度经道岔直向位置以站间闭塞方式运行，表示前方区间空闲（见图3－2）。

②一个黄色闪光和一个黄色灯光——准许列车经分歧道岔侧向位置以站间闭塞方式运行，表示分歧道岔为18号及以上且进路允许速度不低于80 km/h，前方区间空闲（见图3－5）。

③两个黄色灯光——准许列车经分歧道岔侧向位置以站间闭塞方式运行，表示分歧道岔为18号以下或进路允许速度低于80 km/h，前方区间空闲（见图3－6）。

④高速铁路区段防护分歧道岔的线路所通过信号机，其机构外形和显示方式，应与进站信号机相同。该信号机显示红色灯光时，不准列车越过。

3.2.1.8　引导信号

（1）进站及接车进路、接发车进路色灯信号机及自动闭塞区段防护分歧道岔的线路所通过信号机的引导信号显示一个红色灯光及一个月白色灯光——准许列车在该信号机前方不停车，以不超过 20 km/h（动车组列车不超过 40 km/h）的速度进站或通过接车进路，并须准备随时停车（见图 3 - 23）。

图 3 - 23　一个红色灯光及一个月白色灯光（进站色灯信号机）

（2）出站信号机的引导信号显示一个红色灯光及一个月白色灯光——准许列车由车站或动车段（所）以站间闭塞方式出发，发车进路列车速度不超过 20 km/h（动车组列车不超过 40 km/h），并须准备随时停车，表示前方区间空闲（见图 3 - 24）。

图 3 - 24　一个红色灯光及一个月白色灯光（出站色灯信号机）

（3）发车进路信号机的引导信号显示一个红色灯光及一个月白色灯光——准许列车越过该信号机，发车进路列车速度不超过 20 km/h（动车组列车不超过 40 km/h），并须准备随时停车（见图 3 - 24）。

3.2.1.9　调车色灯信号机

（1）一个月白色灯光——准许越过该信号机调车（见图 3 - 25）。

（2）一个蓝色灯光——不准越过该信号机调车（见图 3 - 26）。

不办理闭塞的站内岔线，在岔线入口处设置的调车信号机，可用红色灯光代替蓝色灯光

图 3-25　一个月白色灯光（调车色灯信号机）🔍

图 3-26　一个蓝色灯光（调车色灯信号机）🔍

［见图 3-27（a）］。

　　起阻挡列车运行作用的调车信号机，应采用矮型三显示机构，用红色灯光代替蓝色灯光［见图 3-27（b）］或增加红色灯光（见图 3-15）。当该信号机的红色灯光熄灭、显示不明或显示不正确时，应视为列车的停车信号。

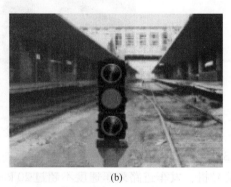

(a)　　　　　　　　　　　　　　　(b)

图 3-27　红色灯光代替蓝色灯光（调车色灯信号机）🔍

3.2.1.10　色灯复示信号机

进站、出站、进路及调车色灯复示信号机均采用方形背板，以区别于一般信号机。

1. 进站、接车进路、接发车进路信号机的色灯复示信号机

进站、接车进路、接发车进路信号机的色灯复示信号机采用灯列式机构，显示下列信号：

（1）两个月白色灯光与水平线构成60°角显示——表示主体信号机显示经道岔直向位置向正线接车的信号（见图3-28）。

（2）两个月白色灯光水平位置显示——表示主体信号机显示列车经道岔侧向位置接车的信号（见图3-29）。

（3）无显示——表示主体信号机在关闭状态（见图3-30）。

图3-28 两个月白色灯与　　　　图3-29 两个月白色　　　　图3-30 无显示（色灯
水平线构成60°角显示　　　　灯光水平位置显示　　　　复示信号机）
（色灯复示信号机）　　　　（色灯复示信号机）

2. 出站及发车进路信号机的色灯复示信号机

（1）一个绿色灯光——表示主体信号机在开放状态（见图3-31）。

图3-31 一个绿色灯光（色灯复示信号机）

（2）无显示——表示主体信号机在关闭状态。

图 3 – 32　一个月白色灯光
（色灯复示信号机）

3. 调车色灯复示信号机

（1）一个月白色灯光——表示调车信号机在开放状态（见图 3 – 32）。

（2）无显示——表示调车信号机在关闭状态。

3.2.2　车载信号

3.2.2.1　连续式机车信号机

（1）一个绿色灯光——准许非列控车载设备控车的列车按规定速度运行，表示列车运行前方至少有三个经直向进路的空闲闭塞分区（见图 3 – 33）。

（2）一个半绿半黄色灯光——准许非列控车载设备控车的列车按规定速度注意运行，表示列车运行前方有两个经直向进路的空闲闭塞分区（见图 3 – 34）。

（3）一个带"2"字的黄色闪光——要求非列控车载设备控车的列车减速到规定的速度等级越过接近的地面信号机，表示列车运行前方有一个经直向进路的空闲闭塞分区，并预告次一个闭塞分区所在的进路开通经 18 号及以上道岔侧向位置，且进路允许速度不低于 80 km/h（见图 3 – 35）。

图 3 – 33　一个绿色灯光（连续式机车信号机）

（4）一个带"2"字的黄色灯光——要求非列控车载设备控车的列车减速到规定的速度等级越过接近的地面信号机，表示列车运行前方有一个经直向进路的空闲闭塞分区，并预告次一个闭塞分区所在的进路开通经道岔侧向位置的进路，但不满足上述一个带"2"字的黄色闪光信号条件（见图 3 – 36）。

（5）一个黄色灯光——要求非列控车载设备控车的列车减速到规定的速度等级越过接近的地面信号机，表示列车运行前方仅有一个经直向进路的空闲闭塞分区（见图 3 – 37）。

（6）一个双半黄色闪光——要求非列控车载设备控车的列车限速运行（最高不超过 45 km/h），表示列车接近的地面信号机开通经 18 号及以上道岔侧向位置的进路，且进路允许速度不低于 80 km/h（见图 3 – 38）。

图 3 – 34　一个半绿半黄色灯光（连续式机车信号机）

图 3 – 35　一个带 "2" 字的黄色闪光（连续式机车信号机）

图 3 – 36　一个带 "2" 字的黄色灯光（连续式机车信号机）

图 3-37　一个黄色灯光（连续式机车信号机）🔍

图 3-38　一个双半黄色闪光（连续式机车信号机）🔍

（7）一个双半黄色灯光——要求非列控车载设备控车的列车限速运行（最高不超过45 km/h），表示列车接近的地面信号机开通经道岔侧向位置的进路（见图3-39）。

图 3-39　一个双半黄色灯光（连续式机车信号机）🔍

（8）一个半黄半红色闪光——表示列车接近的地面信号机开通引导进路（见图 3 - 40）。

图 3 - 40 一个半黄半红色闪光（连续式机车信号机）🔍

（9）一个半黄半红色灯光——表示列车接近的地面信号机处于关闭状态，要求及时采取停车措施（见图 3 - 41）。

图 3 - 41 一个半黄半红色灯光（连续式机车信号机）🔍

（10）一个红色灯光——表示列车已越过地面上处于关闭状态的信号机（见图 3 - 42）。

（11）一个白色灯光——不复示地面上的信号显示，机车乘务人员应按地面信号机的显示运行（见图 3 - 43）。

无显示时，表示机车信号机在停止工作状态。

3.2.2.2 列控车载设备的"机车信号"

列控车载设备的"机车信号"见图 3 - 44。

（1）一个带"5"字的绿色灯光表示列车运行前方至少有七个闭塞分区空闲。

（2）一个带"4"字的绿色灯光表示列车运行前方有六个闭塞分区空闲。

（3）一个带"3"字的绿色灯光表示列车运行前方有五个闭塞分区空闲。

（4）一个带"2"字的绿色灯光表示列车运行前方有四个闭塞分区空闲。

（5）一个绿色灯光表示列车运行前方有三个闭塞分区空闲。

图 3 - 42　一个红色灯光（连续式机车信号机）🔍

图 3 - 43　一个白色灯光（连续式机车信号机）🔍

图 3 - 44　列控车载设备的"机车信号"

（6）一个半绿半黄色灯光表示列车运行前方有两个闭塞分区空闲。

（7）一个带"2"字的黄色闪光表示列车运行前方有一个经直向进路的空闲闭塞分区，并预告次一个闭塞分区所在的进路开通经 18 号及以上道岔侧向位置，且进路允许速度不低于 80 km/h。

（8）一个带"2"字的黄色灯光表示列车运行前方有一个经直向进路的空闲闭塞分区，并预告次一个闭塞分区空闲且开通经道岔侧向位置的进路，但不满足一个带"2"字的黄色闪光条件。

（9）一个黄色灯光表示列车运行前方仅有一个经直向进路的空闲闭塞分区。

（10）一个双半黄色闪光表示列车接近的地面信号机开通经 18 号及以上道岔侧向位置的进路，且进路允许速度不低于 80 km/h。

（11）一个双半黄色灯光表示列车接近的地面信号机开通经道岔侧向位置的进路，但不满足一个双半黄色闪光的条件。

（12）一个半黄半红色闪光表示列车接近的地面信号机开通引导进路。

（13）一个半黄半红色灯光表示列车运行前方进路未建立或信号未开放，要求及时采取停车措施。

（14）一个红色灯光表示列车已进入未建立的进路、已越过地面上的禁止信号或已越过作为停车点的区间信号标志牌，或表示列车所在区段有灾害发生。

（15）一个白色灯光不预告列车运行前方进路开通状态及地面信号开放状态。

无显示时，表示列控车载设备的"机车信号"在停止工作状态。

任务实施与评价

（1）教师下发任务单，学生明确学习任务、学习内容、知识目标、能力目标、素质目标要求。

（2）学生按任务单要求制订学习计划，完成预习任务及相关知识准备。

（3）教师播放某动车组司机一次作业过程视频进行认知引入。

（4）学生查阅资料说明固定信号、车载设备显示方式及意义。

（5）学生对比说明进站、出站等固定信号的作用与设置要求。

（6）教师组织学生识别固定信号的显示方式及要求。

（7）学生识别连续式机车信号、列控车载设备机车信号的显示方式，教师辅导答疑，学生以个人或学习小组方式进行学习小结及反思。

（8）学生介绍 C2 区段信号设备的显示方式及意义。

（9）学生进行学习自我评价及学习小组成员互评，小组长（副组长）进行小组整体评价，教师检查任务完成情况。

【任务3】　移动信号及手信号

任务单

任务名称	移动信号及手信号
任务描述	移动信号可以根据行车工作机动地进行列车运行与调车作业的防护工作；无线调车灯显信号可以根据调车作业任务，机动地指挥调车作业；手信号可以根据行车工作机动地指挥列车运行和调车作业，并可以联系和传达有关作业事项。通过本单元学习，熟练掌握移动信号、手信号的用途、显示时机与显示意义，标准化、规范化作业，达到提升安全生产作业效率的目的
任务分析	在铁路众多的信号中，移动信号、手信号是相对于固定信号而言的，可以根据行车工作机动地指挥列车运行和调车作业，并可以联系和传达有关作业事项。本任务以动车组列车一次乘务作业过程引入，方便学生通过本项目任务学习，熟练掌握移动信号的使用规定，掌握无线调车灯显信号的显示方式与有关要求，掌握手信号的用途、显示时机。深刻理解移动信号及手信号的显示含义，以达到提升安全生产作业效率的目的

学习任务	【子任务 1】移动信号 　　移动信号是用于线路故障、站内或区间施工时设立的信号，其作用是临时性禁止列车驶入或要求列车慢行通过。通过学习，掌握移动信号的防护办法，以及根据需要临时设置或撤除规定 【子任务 2】无线调车灯显信号 　　调车作业是铁路运输生产的重要组成部分，为了提高调车工作的作业效率，应使用无线调车灯显信号设备。通过项目式学习，掌握无线调车灯显信号的显示方式与有关要求，以便有序可控地完成作业任务 【子任务 3】手信号 　　手信号是铁路行车有关人员在作业中，进行指挥、联系等工作广泛采用的规范性视觉信号。根据行车工作的需要，可以机动地指挥列车运行和调车作业，并可以联系和传达有关作业事项。通过学习，熟练掌握手信号的用途、显示时机与显示意义
劳动组合	各组长讨论交流，根据任务单列出移动信号、手信号的显示方式、显示时机与意义等内容。依据工作单布置任务，结合站场、线路情况、天气状况等条件，规范、标准地完成移动信号、手信号的使用。各组评判小组成员学习情况，并作出小组评价
成果展示	（1）移动信号的防护与撤除 （2）无线调车灯显信号的显示方式与有关要求 （3）指挥列车运行、联系等手信号的显示与意义
学习小结	

自我评价	项目	A—优	B—良	C—中	D—及格	E—不及格	综合
	安全纪律（15%）						
	学习态度（15%）						
	专业知识（30%）						
	专业技能（30%）						
	团队合作（10%）						

教师评价	简要评价	
	教师签名	

学习引导文

3.3 移动信号及手信号

3.3.1 移动信号

1. 停车信号

停车信号在昼间使用表面有反光材料的红色方牌；在夜间使用信号柱上的红色灯光（见图 3-45）。

(a)昼间　　　　　　　　　　　(b)夜间

图 3 - 45　停车信号

2. 减速信号

（1）带"减速"字样的减速信号为表面有反光材料的黄底黑字圆牌，标明"减速"两字（见图 3 - 46）。

（2）施工及其限速区段，在减速信号牌外方增设的特殊减速信号牌为表面有反光材料的黄底黑"T"字圆牌（见图 3 - 47）。

（3）减速防护地段终端信号。

表面有反光材料的绿色圆牌（见图 3 - 48）。

图 3 - 46　带"减速"　　　图 3 - 47　"T"字　　　图 3 - 48　减速防护　
　字样的减速信号　　　　　减速信号　　　　　　　地段终端信号

（4）在站内线路上检查、修理、整备车辆时，应在两端来车方向的左侧钢轨上，设置固定或移动信号牌（灯）进行防护，前、后两端的防护距离均应不小于 20 m（见图 3 -49）；不足 20 m 时，应将道岔锁闭在不能通往该线的位置。

图 3 - 49　移动信号牌（灯）🔍

3.3.2　无线调车灯显信号

无线调车灯显设备的显示如图 3 - 50 所示。

（1）一个红灯——停车信号。

（2）一个绿灯——推进信号。

（3）绿灯闪数次后熄灭——起动信号。

（4）绿、红灯交替后绿灯长亮——连结信号。

（5）绿、黄灯交替后绿灯长亮——溜放信号。

（6）黄灯闪后绿灯长亮——减速信号。

（7）黄灯长亮——十、五、三车距离信号。

① 十车距离信号（加辅助语音提示）；

② 五车距离信号（加辅助语音提示）；

③ 三车距离信号（加辅助语音提示）。

（8）两个红灯——紧急停车信号。

（9）先两个红灯后熄灭一个红灯——解锁信号。

图 3 - 50　无线调车灯显设备的显示🔍

红灯位
绿灯位
黄灯位
红灯位

3.3.3　手信号

在显示手信号时，凡昼间持有手信号旗的人员，应将信号旗拢起，左手持红旗，右手持绿旗（扳道员右手持黄旗），不持信号旗的人员徒手按规定方式显示信号。

3.3.3.1　列车运行

列车运行时，有关人员应遵守下列手信号的显示。

（1）停车信号：要求列车停车。

昼间——展开的红色信号旗；夜间——红色灯光（见图 3 - 51）。

昼间无红色信号旗时，两臂高举头上向两侧急剧摇动；夜间无红色灯光时，用白色灯光上下急剧摇动（见图 3 - 52）。

（2）减速信号：要求列车降低到要求的速度。

昼间——展开的黄色信号旗；夜间——黄色灯光（见图 3 - 53）。

昼间无黄色信号旗时，用绿色信号旗下压数次；夜间无黄色灯光时，用白色或绿色灯光

(a)昼间　　　　　　　　　　　(b)夜间

图 3 - 51　列车运行时的停车信号（1）

(a)昼间　　　　　　　　　　　(b)夜间

图 3 - 52　列车运行时的停车信号（2）

下压数次（见图 3 - 54）。

3.3.3.2　调车手信号

（1）停车信号。

昼间——展开的红色信号旗；夜间——红色灯光（见图 3 - 51）。

（2）减速信号。

昼间——展开的绿色信号旗下压数次；夜间——绿色灯光下压数次（见图 3 - 54）。

（3）指挥机车向显示人方向来的信号。

昼间——展开的绿色信号旗在下部左右摇动；夜间——绿色灯光在下部左右摇动（见图 3 - 55）。

(a)昼间　　　　　　　　　　　　(b)夜间

图 3 - 53　列车运行时的减速信号（1）🔍

(a)昼间　　　　　　　　　　　　(b)夜间

图 3 - 54　列车运行时的减速信号（2）🔍

（4）指挥机车向显示人方向稍行移动的信号。

昼间——拢起的红色信号旗直立平举，再用展开的绿色信号旗左右小动；夜间——绿色灯光下压数次后，再左右小动（见图 3 - 56）。

（5）指挥机车向显示人反方向去的信号。

昼间——展开的绿色信号旗上下摇动；夜间——绿色灯光上下摇动（见图 3 - 57）。

(a)昼间　　　　　　　　　　　(b)夜间

图 3-55　指挥机车向显示人方向来的信号 🔍

(a)昼间　　　　　　　　　　　(b)夜间

图 3-56　指挥机车向显示人方向稍行移动的信号 🔍

(a)昼间　　　　　　　　　　　(b)夜间

图 3-57　指挥机车向显示人反方向去的信号 🔍

（6）指挥机车向显示人反方向稍行移动的信号。

昼间——拢起的红色信号旗直立平举，再用展开的绿色信号旗上下小动；夜间——绿色灯光上下小动（见图3-58）。

(a)昼间　　　　　　　　　　　(b)夜间

图3-58　指挥机车向显示人反方向稍行移动的信号

对显示3.3.3.2中（2）、（3）、（4）、（5）、（6）中转信号时，昼间可用单臂，夜间可用白色灯光依式中转。

3.3.3.3　联系用的手信号

（1）道岔开通信号：表示进路道岔准备妥当。

昼间——拢起的黄色信号旗高举头上左右摇动；夜间——白色灯光高举头上（见图3-59）。

(a)昼间　　　　　　　　　　　(b)夜间

图3-59　道岔开通信号

机车出入段进路道岔准备妥当后，显示如下道岔开通信号。

昼间——展开的黄色信号旗高举头上左右摇动；夜间——黄色灯光高举头上左右摇动（见图3-60）。

(a)昼间　　　　　　　　　　　(b)夜间

图3-60　机车出入段进路道岔准备妥当后显示的道岔开通信号

（2）股道号码信号：要道或回示股道开通号码。

一道：昼间——两臂左右平伸；夜间——白色灯光左右摇动（见图3-61）。

(a)昼间　　　　　　　　　　　(b)夜间

图3-61　股道号码信号（一道）

二道：昼间——右臂向上直伸，左臂下垂；夜间——白色灯光左右摇动后，从左下方向右上方高举（见图3-62）。

(a)昼间　　　　　　　　　　　(b)夜间

图3-62　股道号码信号（二道）

三道：昼间——两臂向上直伸；夜间——白色灯光上下摇动（见图3-63）。

(a)昼间　　　　　　　　　　　(b)夜间

图3-63　股道号码信号（三道）

四道：昼间——右臂向右上方，左臂向左下方各斜伸45°角；夜间——白色灯光高举头上左右小动（见图3-64）。

五道：昼间——两臂交叉于头上；夜间——白色灯光做圆形转动（见图3-65）。

六道：昼间——左臂向左下方，右臂向右下方各斜伸45°角；夜间——白色灯光做圆形转动后，再左右摇动（见图3-66）。

七道：昼间——右臂向上直伸，左臂向左平伸；夜间——白色灯光做圆形转动后，左右摇动，然后再从左下方向右上方高举（见图3-67）。

85

(a)昼间

(b)夜间

图 3 – 64   股道号码信号（四道）

(a)昼间

(b)夜间

图 3 – 65   股道号码信号（五道）

(a)昼间

(b)夜间

图 3 – 66   股道号码信号（六道）

(a)昼间

(b)夜间

图 3 – 67   股道号码信号（七道）

八道：昼间——右臂向右平伸，左臂下垂；夜间——白色灯光做圆形转动后，再上下摇动（见图 3 – 68）。

(a)昼间　　　　　　　　　　　　　(b)夜间

图 3-68　股道号码信号（八道）🔍

九道：昼间——右臂向右平伸，左臂向右下斜 45°角；夜间——白色灯光做圆形转动后，再高举头上左右小动（见图 3-69）。

(a)昼间　　　　　　　　　　　　　(b)夜间

图 3-69　股道号码信号（九道）🔍

十道：昼间——左臂向左上方，右臂向右上方各斜伸 45°角［见图 3-10（a）］；夜间——白色灯光左右摇动后，再上下摇动做成十字形［见图 3-70（b）］。

(a)昼间　　　　　　　　　　　　　(b)夜间

图 3-70　股道号码信号（十道）🔍

十一至十九道，须先显示十道股道号码，再显示所要股道号码的个位数信号。

二十道及其以上的股道号码，铁路局根据需要自行规定。

（3）连结信号：表示连挂作业。

昼间——两臂高举头上，使拢起的手信号旗杆成水平末端相接；夜间——红、绿色灯光（无绿色灯光的人员，用白色灯光）交互显示数次（见图 3-71）。

(a)昼间 　　　　　　　　　　　(b)夜间

图 3 – 71　连结信号

（4）停留车位置信号：表示车辆停留地点。

夜间——白色灯光左右小摇动（见图 3 – 72）。

（5）十、五、三车距离信号：表示推进车辆的前端距被连挂车辆的距离。

昼间——展开的绿色信号旗单臂平伸，夜间——绿色灯光，在距离停留车十车（约110 m）时连续下压三次，五车（约 55 m）时连续下压两次，三车（约 33 m）时下压一次（见图 3 – 73）。

(a)昼间 　　　　　　　　　　(b)夜间

图 3 – 72　夜间停留车
　　　　位置信号

图 3 – 73　十、五、三车距离信号

（6）取消信号：通知将前发信号取消。

昼间——拢起的手信号旗，两臂于前下方交叉后，急向左右摇动数次；夜间——红色灯光做圆形转动后，上下摇动（见图 3 – 74）。

（7）要求再度显示信号：前发信号不明，要求重新显示。

昼间——拢起的手信号旗右臂向右方上下摇动；夜间——红色灯光上下摇动（见图 3 – 75）。

(a)昼间　　　　　　　　　　　　(b)夜间

图 3 - 74　取消信号

(a)昼间　　　　　　　　　　　　(b)夜间

图 3 - 75　要求再度显示信号

（8）告知显示错误的信号：告知对方信号显示错误。

昼间——拢起的手信号旗两臂左右平伸同时上下摇动数次；夜间——红色灯光左右摇动（见图 3 - 76）。

(a)昼间　　　　　　　　　　　　(b)夜间

图 3 - 76　告知显示错误的信号

3.3.3.4　试验列车自动制动机的手信号

（1）制动。

昼间——用检查锤高举头上；夜间——白色灯光高举（见图 3 - 77）。

（2）缓解。

昼间——用检查锤在下部左右摇动；夜间——白色灯光在下部左右摇动（见图 3 - 78）。

（3）试验结束。

昼间——用检查锤做圆形转动；夜间——白色灯光做圆形转动（见图 3 - 79）。

车站人员显示上述信号时，昼间可用拢起的信号旗代替。司机应注意瞭望试验信号，并

(a)昼间   (b)夜间

图 3 - 77 试验列车自动制动机制动的手信号 🔍

(a)昼间   (b)夜间

图 3 - 78 试验列车自动制动机缓解的手信号 🔍

按规定回答。

如列车制动主管未达到规定压力，试验人员要求司机继续充风时，按照缓解的信号同样显示。

发现接触网故障，需要机车临时降弓通过时，在具备上线条件时，发现的人员应在规定地点显示下列手信号。

(a)昼间　　　　　　　　　　　　(b)夜间

图 3 - 79　列车自动制动机试验结束的手信号

（1）降弓手信号。

昼间——左臂垂直高举，右臂前伸并左右水平重复摇动；夜间——白色灯光上下左右重复摇动（见图 3 - 80）。

(a)昼间　　　　　　　　　　　　(b)夜间

图 3 - 80　降弓手信号

（2）升弓手信号。

昼间——左臂垂直高举，右臂前伸并上下重复摇动；夜间——白色灯光做圆形转动（见图 3 - 81）。

(a)昼间　　　　　　　　　　　(b)夜间

图 3-81　升弓手信号 🔍

任务实施与评价

（1）教师下发任务单，学生明确学习任务、学习内容、知识目标、能力目标、素质目标要求。

（2）学生按任务单要求制订学习计划，完成预习任务及相关知识准备。

（3）教师通过某动车组司机一次作业过程视频进行认知引入。

（4）学生查阅资料说明移动信号、手信号的有关规定。

（5）学生对比说明移动信号的设置、防护与设置办法。

（6）教师组织学生识别无线调车灯显信号的显示方式与显示意义。

（7）学生识别指挥列车运行、调车、联系等手信号的显示方式与要求，教师辅导答疑，学生以个人或学习小组方式进行学习小结及反思。

（8）学生讲述移动信号、手信号的显示规范。

（9）学生进行学习自我评价及学习小组成员互评，小组长（副组长）进行小组整体评价，教师检查任务完成情况。

【任务4】　信号表示器及标志

任务单

任务名称	信号表示器及标志
任务描述	信号表示器及标志是用以表示某些与行车有关设备的位置和状态，或表示信号显示的某些附加意义的铁路信号机具。通过本项目任务学习，掌握信号表示器及标志的设置特点，熟知信号表示器及标志的具体作用与使用要求

任务分析	信号表示器及标志与固定信号有所不同，它不具有防护进路、区间等作用，是用以表示某些与行车有关设备的位置和状态，或表示信号显示的某些附加意义的铁路信号机具。本任务以动车组列车一次乘务作业过程引入，方便学生通过本项目任务学习，掌握信号表示器的显示方式与显示含义，熟悉信号标志、线路标志与线路安全保护标志的特点，掌握动车组列车标志的使用方法
学习任务	【子任务 1】信号表示器 了解进路表示器的设置方法与显示含义。理解车挡表示器的设置方法与显示含义 【子任务 2】线路标志及信号标志 了解高速铁路线路标志的分类、设置方法与线路标志的含义。理解信号标志用以表示线路所在地点的情况和状态的标志，用以指示行车人员依据信号标志的显示，及时正确地进行作业。并掌握信号标志的具体分类 【子任务 3】铁路线路安全保护标志 了解线路安全保护标志按《铁路安全管理条例》规定的设置办法与有关规定 【子任务 4】动车组列车标志 熟练掌握在动车组列车头部、尾部分别显示不同的标志，用以区分正、反向运行，以及站内、区间停留的列车标志
劳动组合	各组长讨论交流，根据任务单对信号表示器及标志进行分类。依据工作任务，结合信号表示器及标志的设置特点，掌握信号表示器及标志的作用与意义。各组评判小组成员学习情况，并作出小组评价
成果展示	（1）信号表示器的显示含义 （2）线路标志及信号标志的识别 （3）动车组列车标志的运用
学习小结	

自我评价	项目	A—优	B—良	C—中	D—及格	E—不及格	综合
	安全纪律（15%）						
	学习态度（15%）						
	专业知识（30%）						
	专业技能（30%）						
	团队合作（10%）						
教师评价	简要评价						
	教师签名						

📖**学习引导文** 📖

3.4 信号表示器及标志

3.4.1 信号表示器

3.4.1.1 信号表示器

进路表示器在其主体信号机开放时点亮，用于区别进路开通方向，不能独立构成信号显示。

（1）两个发车方向，当信号机在开放的条件下，分别按左、右两个白色灯光，区别进路开通方向（见图3-82）。

图3-82 信号表示器（1） 🔍

（2）三个发车方向，其显示方式如下。

① 信号机在开放状态及表示器左方显示一个白色灯光——表示进路开通，准许列车向左侧线路发车（见图3-83）。

图3-83 信号表示器（2） 🔍

② 信号机在开放状态及表示器中间显示一个白色灯光——表示进路开通，准许列车向中间线路发车（见图3-84）。

③ 信号机在开放状态及表示器右方显示一个白色灯光——表示进路开通，准许列车向右侧线路发车（见图3-85）。

图 3 – 84 信号表示器 (3)

图 3 – 85 信号表示器 (4)

（3）四个及其以上发车方向，进路表示器按灯光排列表示。

四个发车方向（A、B、C、D方向）显示方式如下。

① 信号机在开放状态及表示器左方横向显示两个白色灯光——表示进路开通，准许列车向左侧 A 方向线路发车（见图 3 – 86）。

② 信号机在开放状态及表示器左方斜向显示两个白色灯光——表示进路开通，准许列车向左侧 B 方向线路发车（见图 3 – 87）。

③ 信号机在开放状态及表示器右方斜向显示两个白色灯光——表示进路开通，准许列车向右侧 C 方向线路发车（见图 3 – 88）。

④ 信号机在开放状态及表示器右方横向显示两个白色灯光——表示进路开通，准许列车向右侧 D 方向线路发车（见图 3 – 89）。

（4）五个发车方向（A、B、C、D、E方向）显示方式如下。

① 同四个发车方向的第①项——表示进路开通，准许列车向左侧 A 方向线路发车（见图 3 – 86）；

图 3 - 86　信号表示器（5）

图 3 - 87　信号表示器（6）

图 3 - 88　信号表示器（7）

图 3 - 89 信号表示器 (8)

② 同四个发车方向的第②项——表示进路开通，准许列车向左侧 B 方向线路发车 （见图 3 - 87）；

③ 信号机在开放状态及表示器中间竖向显示两个白色灯光——表示进路开通，准许列车向中间 C 方向线路发车 （见图 3 - 90）；

图 3 - 90 信号表示器 (9)

④ 同四个发车方向的第③项——表示进路开通，准许列车向右侧 D 方向线路发车 （见图 3 - 88）；

⑤ 同四个发车方向的第④项——表示进路开通，准许列车向右侧 E 方向线路发车 （见图 3 - 89）。

（5）六个发车方向 （A、B、C、D、E、F 方向） 显示方式如下。

① 信号机在开放状态及表示器左方竖向显示两个白色灯光——表示进路开通，准许列车向左侧 A 方向线路发车 （见图 3 - 91）；

② 信号机在开放状态及表示器左方横向显示两个白色灯光——表示进路开通，准许列车向左侧 B 方向线路发车 （见图 3 - 92）；

③ 信号机在开放状态及表示器左方斜向显示两个白色灯光——表示进路开通，准许列车向左侧 C 方向线路发车 （见图 3 - 93）；

图 3 - 91　信号表示器（10）

图 3 - 92　信号表示器（11）

图 3 - 93　信号表示器（12）

④ 信号机在开放状态及表示器右方斜向显示两个白色灯光——表示进路开通，准许列车向右侧 D 方向线路发车（见图 3 – 94）；

图 3 – 94　信号表示器（13）

⑤ 信号机在开放状态及表示器右方横向显示两个白色灯光——表示进路开通，准许列车向右侧 E 方向线路发车（见图 3 – 95）；

图 3 – 95　信号表示器（14）

⑥ 信号机在开放状态及表示器右方竖向显示两个白色灯光——表示进路开通，准许列车向右侧 F 方向线路发车（见图 3 – 96）。

（6）七个发车方向（A、B、C、D、E、F、G 方向）显示方式如下。

① 同六个发车方向的第①项——表示进路开通，准许列车向左侧 A 方向线路发车（见图 3 – 91）；

② 同六个发车方向的第②项——表示进路开通，准许列车向左侧 B 方向线路发车（见图 3 – 92）；

③ 同六个发车方向的第③项——表示进路开通，准许列车向左侧 C 方向线路发车（见图 3 – 93）；

图 3-96　信号表示器（15）

④ 信号机在开放状态及表示器中间竖向显示两个白色灯光——表示进路开通，准许列车向中间 D 方向线路发车（见图 3-97）；

图 3-97　信号表示器（16）

⑤ 同六个发车方向的第④项——表示进路开通，准许列车向右侧 E 方向线路发车（见图 3-94）；

⑥ 同六个发车方向的第⑤项——表示进路开通，准许列车向右侧 F 方向线路发车（见图 3-95）；

⑦ 同六个发车方向的第⑥项——表示进路开通，准许列车向右侧 G 方向线路发车（见图 3-96）。

3.4.1.2　车挡表示器

车挡表示器设置在线路终端的车挡上，昼间一个红色方牌；夜间显示一个红色灯光（见图 3-98）。

安全线可不设置车挡表示器。

图 3-98 车挡表示器

3.4.2 线路标志及信号标志

3.4.2.1 线路标志

（1）高速铁路的线路标志包括：公里标、半公里标。

（2）线路、信号标志应设在其内侧距线路中心不小于 3.1 m 处（警冲标除外）。

（3）线路标志，按计算公里方向设在线路左侧。双线区段须另设线路标志时，应设在列车运行方向左侧。

（4）高速铁路的公里标、半公里标，设在一条线路自起点计算每一整公里、半公里处（见图 3-99）。在有接触网支柱的地段设置在距实际位置最近的接触网支柱上，在站内无接触网支柱的地段按标准式样标注在站台侧面，在桥梁地段可设置在线路一侧的防护墙上，在隧道地段设置在边墙上。其实际位置应在钢轨轨腰或无砟轨道底座上标注。

图 3-99 高速铁路的公里标、半公里标

3.4.2.2 信号标志

（1）高速铁路的信号标志包括：警冲标、预告标、电力机车禁停标和断电标、合电标、接触网终点标、减速地点标、轨道电路调谐区标志、动车组列车停车位置标、中继站标、区间信号标志牌、级间转换标、通信模式转换标，以及除雪机用的临时信号标志等。

101

（2）信号标志，设在列车运行方向左侧（警冲标除外）。双线区段的轨道电路调谐区标志设在线路外侧。

① 警冲标，设在两会合线路线间距离为4 m的中间。线间距离不足4 m时，设在两线路中心线最大间距的起点处（见图3-100）。在线路曲线部分所设道岔附近的警冲标与线路中心线间的距离应按限界的加宽增加。

图 3-100　警冲标 🔍

② 预告标，设在进站信号机及防护分歧道岔的线路所通过信号机外方900 m、1 000 m及1 100 m处（见图3-101），但在上述信号机外方设有同方向通过信号机的区段，均不设预告标。

③ 电力机车禁停标，设在站场、区间接触网不同供电臂间的电分段两端，电力机车在该标志提示的禁停区域内不得停留（见图3-102）。

图 3-101　预告标 🔍

图 3-102　电力机车禁停标 🔍

④ 在接触网电分相前方设断电标（见图 3 – 103），断电标设置在电分相中性区段起始位置前第 2 根支柱上（该支柱距电分相中性区段起始位置不小于 80 m）；在接触网电分相后方设合电标（见图 3 – 104），合电标设置在电分相中性区段终止位置后 400 m 处附近的接触网支柱上（该支柱距电分相中性区段终止位置不小于 400 m），合电标设置位置如图 3 – 105 所示。

图 3 – 103　断电标

图 3 – 104　合电标

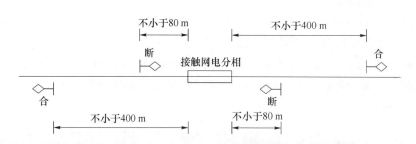

图 3 – 105　合电标设置位置

线路反方向按上述规定设置断电标、合电标。

⑤ 接触网终点标，设在接触网边界（见图 3 – 106）。

图 3 – 106　接触网终点标

⑥ 减速地点标，设在需要减速地点的两端各 20 m 处。正面表示列车应按规定限速通过地段的始点，背面表示列车应按规定限速通过地段的终点（见图 3 – 107）。

图 3 - 107　减速地点标 🔍

⑦ 轨道电路调谐区标志。

• Ⅰ型为反方向区间停车位置标，涂有白底色、黑框、黑"停"字、斜红道，标明调谐区长度的反光方形板标志（见图 3 - 108）。

• Ⅲ型用于反方向运行合并轨道区段之间的调谐区或因轨道电路超过允许长度而设立分隔点的调谐区，为涂有蓝底色、白"停"字、斜红道，标明调谐区长度的反光方形板标志（见图 3 - 109）。

图 3 - 108　Ⅰ型轨道电路调谐区标志 🔍　　　　图 3 - 109　Ⅲ型轨道电路调谐区标志 🔍

⑧ 在有动车组列车客运作业的车站应设置动车组列车停车位置标（见图 3 - 110），设置位置由铁路局规定。该标志为表面采用反光材料的蓝底白字牌，写有"动车组停车位置"。对于 8 辆编组及 16 辆编组的动车组停车位置不同，应分别写"8 辆动车组停车位置""16 辆动车组停车位置"。

图 3 – 110　动车组停车位置标 🔍

⑨ 中继站标：在上下行线路靠近区间中继站控制的第一个有源应答器位置处设置中继站标志牌。该标志采用白底色、写有"××号中继站"标记的反光长方形板，装设于邻近的接触网支柱上（见图 3 – 111）。

图 3 – 111　中断站标 🔍

⑩ 区间信号标志牌：设在 CTCS – 2/CTCS – 3 级区段区间闭塞分区分界处。该标志标面采用蓝色反光膜、黄色三角图案，蓝底色与黄色三角形图案间填充白色图样，其对应的号码牌标面采用黑色反光膜、黄色边框、黄色字样，设于线路左侧时如图 3 – 112（a）所示、设于线路右侧时如图 3 – 112（b）所示。

⑪ 级间转换标：在 CTCS – 0/CTCS – 2 级、CTCS – 2/CTCS – 3 级区段转换边界一定距离前方的级间转换应答器组对应的线路左侧设级间转换标志。该标志采用涂有白底色、黑框、写有黑"C0""C2"或"C3"标记的反光菱形板，装设于邻近的接触网支柱上［见图 3 – 113（a）、图 3 – 113（b）、图 3 – 113（c）］。

(a)左侧   (b)右侧

图 3 - 112   区间信号标志牌 🔍

(a)   (b)   (c)

图 3 - 113   级间转换标 🔍

⑫ 通信模式转换标：在始发站列车停车标内方或需要转换通信模式的相应地点设机车综合无线通信设备通信模式转换提示标志，标志牌顶边距轨面 2.5 m。该标志标面采用涂有白底色、黑框、写有黑"通信转换"字样的方形板，如图 3 - 114（a）、图 3 - 114（b）所示。

(a)   (b)

图 3 - 114   通信模式转换标 🔍

3.4.2.3 通知操纵除雪机人员的临时信号标志

（1）除雪机工作阻碍标——表示前面有道口、道岔、桥梁等建（构）筑物，妨碍除雪机在工作状态下通过。

（2）除雪机工作阻碍解除标——表示已通过阻碍地点。

上述标志的设置如图3-115所示。

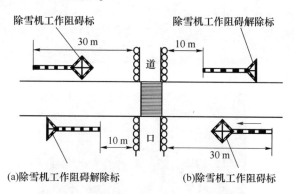

图3-115 通知操纵除雪机人员的临时信号标志

3.4.3 铁路线路安全保护标志

（1）铁路线路安全保护标志。

铁路线路安全保护区的范围按《铁路安全管理条例》的规定执行。铁路线路安全保护区标桩分为A型［见图3-116（a）］、B型［见图3-116（b）］两种。

A型标桩为基本型，沿铁路线路安全保护区边界每200 m左右设置一个，特殊地段可增加或减少设置数量，人烟稀少地区可不设置。

B型标桩为辅助型，适于在人员活动频繁地段的道口、桥隧两端、公路立交桥附近醒目地点、居民区附近和人身伤害事故多发地段的铁路线路安全保护区边界设置。

标桩在铁路线路两侧规定距离设置时，应与线路另一侧标桩相错埋设。

(a)A型铁路线路安全保护标志　　(b)B型铁路线路安全保护标志

图3-116 铁路线路安全保护标志

（2）在下列地点应设置警示、保护标志。

① 在铁路桥梁跨越河道上下游规定的地点，设严禁采砂标［见图3-117（a）］。

② 在铁路信号、通信光（电）缆埋设、铺设地点，设电缆标［见图3-117（b）］。

③ 在电气化铁路接触网、自动闭塞供电线路和电力贯通线路等电力设施附近易发生危险的地方，设严禁进入标［见图3-117（c）］。

(a)严禁采砂标

(b)电缆标

(c)严禁进入标

图 3 - 117　相关警示、保护标志

3.4.4　动车组列车标志

动车组列车应根据其种类及运行的线路和方向，在头部和尾部分别显示不同的列车标志。列车标志的显示方式，昼间与夜间相同，其显示方式如下。

（1）列车在双线区段正、反方向运行时，前端白色灯光（见图 3 - 118，并可根据需要切换近光、远光）；尾部向后显示两个红色灯光（见图 3 - 119）。

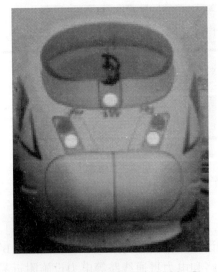

图 3 - 118　动车组列车前端标志

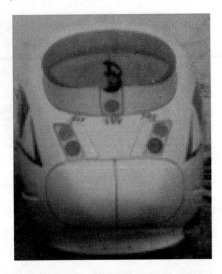

图 3 - 119　动车组列车尾部标志

（2）列车在站内或区间停留时，如两端司机台均未激活，则两端分别向前和向后显示两个红色灯光（见图 3 - 119）；如一端司机台激活（则为前端），其前端与尾部标志与上一条相同。

任务实施与评价

（1）教师下发任务单，学生明确学习任务、学习内容、知识目标、能力目标、素质目标要求。

（2）学生按任务单要求制订学习计划，完成预习任务及相关知识准备。

（3）教师播放某动车组司机一次作业过程视频进行认知引入。

（4）学生查阅资料说明《铁路技术管理规程》对信号表示器及标志的有关规定。

（5）学生对比说明各种进路表示器的含义。

（6）教师组织学生识别高铁信号标志，并说明其显示要求。

（7）学生解释高铁信号标志、线路标志的设置，教师辅导答疑，学生以个人或学习小组方式进行学习小结及反思。

（8）学生讲述动车组列车标志的标准使用方法。

（9）学生进行学习自我评价及学习小组成员互评，小组长（副组长）进行小组整体评价，教师检查任务完成情况。

【任务5】　听 觉 信 号

任务单

任务名称	听觉信号
任务描述	机车、动车组、自轮运转特种设备鸣笛信号，以及口笛、号角鸣示方式，是方便铁路行车工作联系的信号。通过本项目任务学习，掌握听觉信号的使用规定、使用时机与方法，理解听觉信号的鸣示含义
任务分析	听觉信号也称音响信号，是用音响表达的信号。如用口笛、机车或轨道车的鸣笛信号。由于铁路行车工作是由多工种联合进行的，彼此间有大量的工作需要进行联系，而许多工作又不能用口头传送，只能由电信设备及视觉信号所传递，所以规定了统一的听觉信号，便于共同执行。本任务以动车组列车一次乘务作业过程引入，方便学生通过本项目任务学习，掌握机车、动车组、自轮运转特种设备鸣笛鸣示方式，熟悉口笛、号角鸣示方式
学习任务	【子任务1】机车、动车组、自轮运转特种设备鸣笛鸣示方式 掌握机车、动车组、自轮运转特种设备鸣笛信号按照音节的长短、间隔及规定的标准进行鸣示的方法，熟悉其鸣示的时机及意义 【子任务2】口笛、号角鸣示方式 掌握口笛、号角信号按照音节的长短、间隔及规定的标准进行鸣示的方法，熟悉其鸣示的时机及意义

续表

劳动组合	各组长讨论交流，根据任务单列出听觉信号的有关规定。依据模拟任务进行各种听觉信号的学习，掌握鸣示方式、时机与各种听觉信号的意义。各组评判小组成员学习情况，并作出小组评价					
成果展示	（1）机车、动车组鸣笛鸣示方式 （2）口笛鸣示方式 （3）号角鸣示方式					
学习小结						
自我评价	项目	A—优	B—良	C—中	D—及格	E—不及格	综合
	安全纪律（15%）						
	学习态度（15%）						
	专业知识（30%）						
	专业技能（30%）						
	团队合作（10%）						
教师评价	简要评价						
	教师签名						

学习引导文

3.5 听觉信号

（1）听觉信号，长声为 3 s，短声为 1 s，音响间隔为 1 s。重复鸣示时，须间隔 5 s 以上。

（2）机车、动车组、自轮运转特种设备作业中提示注意、相互联系等应使用通信设备方式，遇联系不通或危及行车人身安全时，应采用鸣笛方式。

（3）机车、动车组、自轮运转特种设备鸣笛方式见表 3-1。

表 3-1　机车、动车组、自轮运转特种设备鸣笛方式表

名称	鸣示方式	使用时机
起动注意信号	一长声 （一）	1. 列车起动或机车车辆前进时（双机牵引或使用补机时，本务机车鸣笛后，补机应回答，本务机车再鸣笛一长声后起动） 2. 接近鸣笛标、桥梁、隧道、行人、施工地点或天气不良时 3. 电力机车、动车组、轨道车等在检修及整备中，准备降下或升起受电弓时

名称	鸣示方式	使用时机
退行信号	二长声 （——）	列车、机车车辆、单机开始退行时
召集信号	三长声 （———）	要求防护人员撤回时
牵引信号	一长一短声 （— ·）	途中本务机车要求补机牵引运行时（补机应以同样信号回答）
惰行信号	一长二短声 （— · ·）	本务机车要求补机惰力推进或要求补机断开主断路器时（补机应以同样信号回答）
途中降弓信号	一短一长声 （· —）	1. 电力机车双机牵引中，本务机车司机要求补机降下受电弓时（补机须以同样信号回答） 2. 电力机车司机在途中发现降弓手信号时，应鸣此信号回示
途中升弓信号	一短二长声 （· ——）	1. 电力机车双机牵引中，本务机车司机要求补机升起受电弓时（补机须以同样信号回答） 2. 电力机车司机在途中发现升弓手信号时，应鸣此信号回示
呼唤信号	二短一长声 （· · —）	机车要求出入段时
警报信号	一长三短声 （— · · ·）	发现线路有危及行车安全的不良处所时
试验自动制动机及复示信号	一短声 （·）	1. 试验制动机开始减压时 2. 接到试验制动结束的手信号，回答试风人员时 3. 调车作业中，表示已接受调车长所发出的手信号时
缓解信号	二短声 （· ·）	1. 试验制动机缓解时 2. 要求列车乘务组缓解人力制动机时
拧紧人力制动机信号	三短声 （· · ·）	1. 要求列车乘务组拧紧人力制动机时 2. 要求就地制动时
紧急停车信号	连续短声 （· · · · · · ·）	司机发现（或接到通知）邻线发生障碍，向邻线上运行的列车发出紧急停车信号时。邻线列车司机听到此种信号后，应紧急停车

注：—表示长声；·表示短声。

（4）口笛、号角鸣示方式见表 3 – 2。

表 3 – 2　口笛、号角鸣示方式表

用途及时机	鸣示方式
发车、指示机车向显示人反方向移动	一长声（—）
指示机车向显示人方向移动	一短一长声（· —）
试验制动机减压	一短声（·）

续表

用途及时机	鸣示方式
试验制动机缓解	二短声（··）
试验制动机结束及安全信号	一短一长二短声（·—··）
一道	一短声（·）
二道	二短声（··）
三道	三短声（···）
四道	四短声（····）
五道	五短声（·····）
六道	一长一短声（—·）
七道	一长二短声（—··）
八道	一长三短声（—···）
九道	一长四短声（—····）
十道	二长声（——）
二十道	二短二长声（··——）
十、五、三车距离信号：十车	三短声（···）
十、五、三车距离信号：五车	二短声（··）
十、五、三车距离信号：三车	一短声（·）
连结及停留车位置	一长一短一长声（—·—）
停车	连续短声（·······）
要求司机鸣笛	二长三短声（——···）
试拉	一短声（·）
减速	连续二短声（···）
取消	二长一短声（——·）
再显示	二长二短声（——··）
列车接近通报信号：上行	二长声（——）
列车接近通报信号：下行	一长声（—）

注：—表示长声；·表示短声。

☑ 任务实施与评价

（1）教师下发任务单，学生明确学习任务、学习内容、知识目标、能力目标、素质目标要求。

（2）学生按任务单要求制订学习计划，完成预习任务及相关知识准备。

（3）教师播放某动车组司机一次作业过程视频进行认知引入。

（4）学生查阅资料说明《铁路技术管理规程》对听觉信号的有关规定。

（5）学生对比说明机车、动车组鸣笛信号的运用特点。

（6）教师组织学生识别动车组各种鸣笛信号鸣笛方式与信号要求。

（7）学生识别几种常用口笛信号，教师辅导答疑，学生以个人或学习小组方式进行学习小结及反思。

（8）学生通过对作业联系、信息传递方案的比较，确定鸣笛作业方法。

（9）学生进行学习自我评价及学习小组成员互评，小组长（副组长）进行小组整体评价，教师检查任务完成情况。

项目4 行车组织

项目描述

行车组织是铁路运输工作的重要组成部分，是综合运用各种技术设备，合理组织列车运行，完成旅客运输的工作过程。高速铁路行车组织主要内容包括：编组列车、调度指挥、列车运行、限速管理、调车工作、施工维修，以及灾害天气、设备故障等。

本项目要求学生依据项目任务，深刻理解铁路行车组织基本原则，熟练掌握编组列车、调度指挥、列车运行、限速管理、调车工作、施工维修，以及灾害天气、设备故障等情况下的行车组织工作，并按《铁路技术管理规程》标准认真执行。

本项目任务：

任务1　行车组织基本要求；

任务2　编组列车；

任务3　调度指挥；

任务4　列车运行；

任务5　限速管理；

任务6　调车工作；

任务7　施工维修。

教学目标

1. 知识目标

（1）了解行车组织的基本要求。

（2）熟悉编组列车。

（3）了解调度指挥。

（4）熟悉列车运行。

（5）了解限速管理。

（6）了解调车工作。

（7）熟悉施工维修。

2. 能力目标

（1）模拟项目任务，完成动车组列车的行车组织工作。

（2）熟悉《铁路技术管理规程（高铁部分)》行车组织工作的有关内容。

（3）综合运用各种技术设备，合理组织列车运行，完成高速铁路运输工作。

3. 素质目标

（1）培养学生遵章守纪、爱护动车组、平稳操纵、安全正点的职业道德。

（2）在项目完成过程中培养学生学习新技术、勇于创新和开拓的意识。

（3）在项目完成过程中培养学生严谨认真的态度，提升应便与沟通能力。

（4）能客观、公正地进行学习自我评价及对小组成员的评价。

【任务1】 行车组织基本要求

📋 任务单

任务名称	行车组织基本要求
任务描述	行车组织是铁路运输工作的重要组成部分，是综合运用各种技术设备，合理组织列车运行，完成旅客运输的工作过程。通过学习掌握编组列车、调度指挥的高速铁路行车组织办法，深刻理解列车运行、限速管理、调车工作、施工维修等行车组织的主要内容，从而确保铁路运输生产的有序开展，确保行车工作的安全、准确与高效完成
任务分析	安全生产是铁路运输组织的一贯方针，也是对铁路职工职责的基本要求。铁路行车工作具有点多、线长、面广且多工种协同工作的特点。只有坚持高度集中、统一领导的原则，逐级负责，各尽其能，使各项工作环环相扣，紧密衔接，才能保证运输生产的有序进行。本任务以动车组列车一次乘务作业过程引入，方便学生开展项目式学习，深刻理解铁路行车组织基本原则，了解列车乘务组、车站值守人员岗位职责，熟知对行车有关人员的要求，并按规定认真执行
学习任务	【子任务1】行车组织基本原则 　　熟悉铁路行车组织工作，必须贯彻安全生产的方针，坚持高度集中、统一领导的原则。理解铁路各部门紧密联系，协同动作，不断提高效率，挖掘运输潜力，完成乃至超额完成运输任务的方法与措施 【子任务2】列车乘务 　　学习列车乘务组的组成；掌握动车组司机等列车乘务组人员的作业规范；熟悉紧急制动阀与登乘的有关规定 【子任务3】车站值守 　　学习高速铁路车站的分类与定义；掌握车站值守人员的作业规范 【子任务4】对行车有关人员上岗的要求 　　学习高速铁路行车人员的上岗标准及《铁路技术管理规程》关于行车设备操作的规定
劳动组合	各组长讨论交流，根据任务单列出行车组织基本原则及动车组司机等有关行车人员的岗位职责。按照动车组司机岗位职责，依据行车组织基本规则，模拟行车工作，掌握有关规定。各组评判小组成员学习情况，并作出小组评价
成果展示	（1）列车运行图的识别 （2）动车组列车规范操作 （3）紧急制动阀的使用

续表

学习小结							
自我评价	项目	A—优	B—良	C—中	D—及格	E—不及格	综合
	安全纪律（15%）						
	学习态度（15%）						
	专业知识（30%）						
	专业技能（30%）						
	团队合作（10%）						
教师评价	简要评价						
	教师签名						

学习引导文

4.1　行车组织基本要求

4.1.1　行车组织原则

1. 基本原则

铁路行车组织工作，必须贯彻安全生产的方针，坚持高度集中、统一领导的原则。运输、机务、车辆、工务、电务、供电、信息、房建等部门要发扬协作精神，主动配合，紧密联系，协同动作，不断提高效率，挖掘运输潜力，完成和超额完成运输任务。

（1）行车工作必须坚持集中领导、统一指挥、逐级负责的原则。

（2）局与局间由铁路总公司，局管内各区段间由铁路局，一个调度区段内由本区段列车调度员统一指挥。

（3）高速铁路列车调度台原则上应独立设置。高速铁路与普速铁路间联络线的行车调度指挥原则上纳入高速铁路调度指挥。

（4）集控站由该区段列车调度员直接指挥；转为车站控制时，根据列车调度员指示，由车站值班员指挥。非集控站由车站值班员统一指挥。

（5）列车和单机由司机负责指挥。列车或单机在车站时，所有乘务人员应按列车调度员（车站控制时为车站值班员）的指挥进行工作。

（6）司机等相关人员应直接向列车调度员报告有关行车工作；在非集控站及转为车站控制的集控站，应向车站值班员报告。

2. 列车运行图

列车运行图是铁路行车组织工作的基础。所有与列车运行有关的铁路各部门，必须按列车运行图的要求，组织本部门的工作，以保证列车按运行图运行。

列车运行图应根据客运量、区段通过能力等因素确定列车对数，并符合下列要求。

（1）列车运行、车站间隔、技术作业等时间标准。

（2）迅速、便利地运输旅客。

（3）充分利用通过能力，经济合理地运用机车车辆和安排施工、维修天窗。

（4）做好列车运行线与客流和旅客出行规律的结合。

（5）各站、各区段间的协调和均衡。

（6）合理安排乘务人员作息时间。

（7）机车周转图应与列车运行图同时编制。

3. 行车时间标准

高速铁路的行车时刻，均以北京时间为标准，从零时起计算，实行 24 小时制。

（1）铁路地面固定设备的系统时钟，当具备条件时，应接入铁路时间同步网；不具备条件时，可独立设置卫星授时设备。

（2）铁路行车房舍内和办理行车工作的有关人员均应备有钟表。钟表的时刻应与调度所的时钟校对。

（3）调度所的时钟及各系统的时钟须定期校准。钟表的配置、校对、检查、修理及时钟校准办法，由铁路局规定。

4. 行车指挥模式

调度集中分散自律控制模式分为中心操作方式、车站调车操作方式和车站操作方式。

（1）在中心操作方式下，调度终端具有信号设备的全部控制权，列车调度员对列车及调车进路均有操作权，车站对列车及调车进路均无操作权。

（2）在车站调车操作方式下，列车调度员对列车进路有操作权，对调车进路无操作权。而车站对调车进路有操作权，对列车进路无操作权。

（3）在车站操作方式下，车务终端具有信号设备的全部控制权，车站对列车及调车进路均有操作权，列车调度员对列车及调车进路均无操作权。

车站控制是指调度集中区段车站在车站操作方式或非常站控模式下，由车站值班员负责办理列车及调车进路的状态。

5. 非常站控模式的转换

遇下列情况可转为非常站控模式。

（1）调度集中设备故障。

（2）行车设备施工、维修需要时。

（3）发生危及行车安全的情况需要时。

6. 行车方向的确定

（1）列车运行，原则上以开往北京方向为上行，反之为下行。

（2）各线的列车运行方向，以铁路总公司的规定为准，但枢纽地区的列车运行方向，由铁路局规定。

（3）列车须按规定编定车次。上行列车编为双数，下行列车编为单数。在个别区间，使用直通车次时，可与规定方向不符。

7. 行车处理

（1）遇发生影响行车的设备故障时，原则上应先处理故障，后组织行车。设备故障暂时无法修复，确需组织行车时，应根据有关行车限制条件组织行车。

（2）遇有暴风雨雪天气或地震，工务、电务、供电等设备管理单位应加强对重点地段和设备的检查。在天窗时间外，检查人员不得进入路肩和桥面范围内，必要时应封锁或限速，并做好防护后再检查。发现影响行车安全现象时，须及时通知列车调度员限速运行或封锁线路。

4.1.2　列车乘务

1. 基本要求

列车是指编成的车列，并挂有机车及规定的列车标志。

动车组列车为自走行固定编组列车。单机、大型养路机械及重型轨道车，虽未完全具备列车条件，亦应按列车办理。旅客列车的尾部标志应使用电灯，动车组以外的旅客列车尾部标志灯的摘挂、保管，由车辆部门负责。对中途转向的动车组以外的旅客列车应有备用标志灯，以备转向时使用。

2. 列车乘务组

（1）动车组列车应有动车组司机，其他列车应有机车乘务人员。

（2）动车组列车应有随车机械师，其他旅客列车应有车辆乘务人员。

（3）旅客列车应有客运乘务组。

3. 动车组列车司机作业规范

（1）开车前司机要选定机车综合无线通信设备通信模式和运行线路，机车综合无线通信设备、GSM-R 手持终端按规定注册列车车次，并确认正确。装备列车运行监控装置的动车组列车还应按规定输入监控装置有关数据。

（2）遵守列车运行图规定的运行时刻和各项允许及限制速度。彻底瞭望，确认信号，认真执行呼唤应答制度，严格按信号显示要求行车，确保列车安全正点。遇有信号显示不明或危及行车和人身安全时，应立即采取减速或停车措施。

（3）机车信号、机车综合无线通信设备、列车运行监控装置、列控车载设备必须全程运转，严禁擅自关机、隔离。

（4）起动稳，加速快，精心操纵，停车准确，按规定鸣笛。

（5）注意操纵台各种仪表及车载信息监控装置的显示。

（6）正常情况在列车运行方向最前端司机室操纵，非操纵端司机室门、窗及各操纵开关、手柄均应置于断开或锁闭位。关闭非操纵端司机室机车综合无线通信设备电源。

（7）动车组列车停车后，必须使列车保持制动状态。更换动车组司机（同向换乘除外）或司机室操纵端、使用紧急制动停车、重联或解编后再开车前，必须进行相关试验。

（8）等会列车时，不准关闭辅助电源装置，并应按规定显示列车标志。

（9）向列车有关乘务人员传达列车调度员的有关命令、指示。

（10）将列车运行中发生的问题及使用紧急制动装置的情况，及时报告列车调度员。

4. 列车司机作业规范（动车组列车除外）

（1）列车在出发前输入监控装置有关数据；按规定对列车自动制动机进行试验，在制动保压状态下列车制动主管的压力 1 min 内漏泄不得超过 20 kPa，确认列尾装置作用良好。

装备机车综合无线通信设备的机车，开车前司机要选定机车综合无线通信设备通信模式和运行线路。在 GSM-R 区段运行时，机车综合无线通信设备、GSM-R 手持终端按规定注册列车车次，并确认正确。

（2）遵守列车运行图规定的运行时刻和各项允许及限制速度。彻底瞭望，确认信号，认真执行呼唤应答制度，严格按信号显示要求行车，确保列车安全正点。遇有信号显示不明或危及行车和人身安全时，应立即采取减速或停车措施。

（3）机车信号、列车无线调度通信设备、列车运行监控装置（轨道车运行控制设备）和列尾装置必须全程运转，严禁擅自关机。

（4）起动稳，加速快，精心操纵，停车准确，按规定鸣笛，防止列车冲动和断钩。

（5）随时检查机车总风缸、制动主管的压力。检查内燃机车柴油机的润滑油压力、冷却水的温度及其转数等情况。注意电力机车的各种仪表的显示及接触网状态。

（6）在区间内列车停车进行防护、分部运行、装卸作业或使用紧急制动阀停车后再开车时，司机必须检查试验列车制动主管的贯通状态，确认列车完整，具备开车条件后，方可起动列车。

（7）单机、自轮运转特种设备在自动闭塞区间紧急制动停车或被迫停在调谐区内后，司机须立即通知后续列车司机、向列车调度员（两端站车站值班员）报告停车位置（具备移动条件时司机须先将机车移动不少于 15 m），并在轨道电路调谐区外使用短路铜线短接轨道电路。

（8）等会列车时，不准关闭空气压缩机，并应按规定显示列车标志。

（9）将列车运行中发生的问题及使用紧急制动阀的情况，及时报告列车调度员。

5. 动车组随车机械师作业规范

（1）随车机械师应按技术作业过程的规定检查动车组。

（2）在列车运行途中，应监控动车组设备技术状态，及时处理车辆故障，经处置确认无法正常运行时，通知司机选择维持运行或停车。

（3）列车发生紧急制动停车后，联系司机，检查车辆技术状态，可继续运行时通知司机开车。

（4）向司机通报使用紧急制动装置的情况，并协助司机处理有关行车事宜。

按《铁路技术管理规程》规定随车机械师应配备 GSM－R 手持终端和无线对讲设备及响墩、火炬、短路铜线、信号旗、信号灯等防护用品。

6. 车辆乘务人员作业规范

（1）车辆乘务人员应按技术作业过程的规定检查车辆，并参加制动试验。

（2）在列车运行途中，应监控车辆运用状态，及时处理车辆故障，并将本身不能完成的不摘车检修工作，预报前方站列检。前方站列检应积极组织人力修复车辆故障，保持原编组运用。是否摘车检修，由当地列检决定并处理。

（3）列尾装置故障时，列车出发前、停车站进站前和出站后，应按规定与司机核对列车尾部风压。

（4）列车发生紧急制动停车后，联系司机，检查车辆技术状态，可继续运行时通知司机开车。

（5）向司机通报使用紧急制动阀的情况，并协助司机处理有关行车事宜。

按《铁路技术管理规程》规定，车辆乘务员应配备 GSM－R 手持终端和无线对讲设备及响墩、火炬、短路铜线、信号旗（灯）等防护用品。

7. 紧急制动阀（紧急制动装置）的使用

（1）车辆乘务员、客运乘务组等列车乘务人员发现下列危及行车和人身安全情形时，应使用紧急制动阀（紧急制动装置）使列车紧急停车。

① 车辆燃轴或重要部件损坏。

② 列车发生火灾。

③ 有人从列车上坠落或线路内有人死伤。

④ 发生其他危及行车和人身安全的事件，必须紧急停车时。

（2）使用车辆紧急制动阀时，不必先行破封，需立即将阀手把向全开位置拉动，直到全开为止，不得停顿和关闭。遇弹簧手把时，在列车完全停车以前，不得松手。在长大下坡道上，必须先看制动主管压力表，如压力表指针已由定压下降 100 kPa 时，不得再行使用紧急制动阀（遇折角塞门关闭时除外）。

（3）动车组列车遇上述情况时，随车机械师、客运乘务组等列车乘务人员应立即报告司机采取停车措施；来不及报告时，应使用客室紧急制动装置停车。

（4）列车乘务人员应将使用紧急制动阀（紧急制动装置）的情况报告司机。

8. 登乘规定

机车乘务组以外人员登乘机车时，除"铁路机车运用管理规则"指定的人员外，须凭登乘机车证登乘。登乘动车组司机室时须凭动车组司机室登乘证登乘。

登乘机车、动车组司机室的人员，在不影响乘务人员工作的前提下，经司机检验准许后方可登乘。

4.1.3 车站值守

（1）高速铁路车站分为集控站、非集控站。按调度集中基本操作方式，由列车调度员直接办理接发列车作业的车站（线路所）为集控站，其他车站（线路所）为非集控站。

（2）车站值守人员作业规范。

① 集控站设车务应急值守人员，由车务具有车站值班员职名的人员担任。车务应急值守人员在车站行车室（设置有调度集中车站控制终端的处所）值守。在正常情况下，车务应急值守人员不参与行车工作。

② 在设备故障、施工维修、非正常行车等情况下，根据列车调度员指示，车务应急值守人员负责办理以下行车作业。

• 向司机等相关人员递交书面调度命令。

• 组织相关人员现场准备进路。

• 组织相关人员对故障设备进行检查、确认。

• 按规定对站内到发线停留车辆的防溜措施进行检查、确认。

• 在特殊情况下与司机办理故障车、事故车有关随车运输票据和回送单据的交接、保管工作。

• 组织应急救援，完成信息传递和其他需现场了解、检查确认的工作。

③ 采用车站调车操作方式的车站，车务应急值守人员还应担当调车领导人并负责办理调车进路。

4.1.4 对行车有关人员上岗的要求

1. 行车人员岗位通用标准

（1）行车有关人员，在任职、提职、改职前，必须按照铁路职业技能培训规范和相应岗位培训规范要求，进行拟任岗位资格性培训，并经职业技能鉴定和考试考核，取得相应职业资格证书和岗位培训合格证书后，方可任职。

（2）在任职期间，须按规定参加岗位适应性培训和定期考核鉴定，考核不合格的，不得继续履职。

（3）行车有关人员在执行职务时，必须坚守岗位，穿着规定的服装，佩戴易于识别的证章或携带相应证件，讲普通话。

（4）行车有关人员，接班前须充分休息，严禁饮酒，如有违反，立即停止其所承担的任务。

2. 行车设备的操作

（1）驾驶机车、动车组、自轮运转特种设备的人员，必须持有国家铁路局颁发的驾驶证。变更驾驶机（车）型前，必须经过相应的技术培训并考试合格。

（2）实习和学习驾驶机车、动车组、自轮运转特种设备和操纵信号或重要机械、设备及办理行车作业的人员，必须在正式值乘、值班人员的亲自指导和负责下，方准操作。

任务实施与评价

（1）教师下发任务单，学生明确学习任务、学习内容、知识目标、能力目标、素质目标要求。

（2）学生按任务单要求制订学习计划，完成预习任务及相关知识准备。

（3）教师播放某动车组司机一次作业过程视频进行认知引入。

（4）学生查阅资料说明铁路行车组织的有关规定。

（5）学生对比说明动车组列车乘务组成员的岗位职责。

（6）教师组织学生进行动车组列车的规范操作。

（7）学生识别几种列车常用的紧急放风阀及其使用方法，教师辅导答疑，学生以个人或学习小组方式进行学习小结及反思。

（8）学生进行学习自我评价及学习小组成员互评，小组长（副组长）进行小组整体评价，教师检查任务完成情况。

【任务2】　编 组 列 车

任务单

任务名称	编组列车
任务描述	动车组列车为按照列车运行图，结合运输方案，由动车和拖车组成的固定编组。通过本项目的学习要掌握动车组列车编组的基本规定，熟悉连挂、解编的有关要求，理解《铁路技术管理规程》中关于列车车辆检查的有关规定
任务分析	本任务以动车组列车一次乘务作业过程引入，方便读者开展项目式学习，依据动车组列车编组特点，掌握动车组编组、连挂与解编的有关规定，结合动车组技术特点，掌握规定的车辆质量标准和检查范围，以及动车组检查和故障处理方法

学习任务	【子任务 1】列车编组 掌握动车组编组的基本要求及连挂、解编的有关规定 【子任务 2】列车中车辆的检查 　　为使车辆经常保持良好的技术状态，必须对列车中的车辆进行技术检查、制动机性能试验和故障修理工作。列检作业应根据列车技术性质，按规定的检查范围和质量标准进行检查和处理					
劳动组合	各组长讨论交流，根据任务单列出 CRH 动车组的编组特点与《铁路技术管理规程》的有关规定。依据工作任务制定动车组连挂、解编与车辆检查作业的安全预想，结合站场、线路情况进行模拟作业。各组评判小组成员学习情况，并作出小组评价					
成果展示	（1）动车组的连挂与解编 （2）列车制动机按规定试验 （3）学生阐述进行列车中车辆检查作业时的安全措施					
学习小结						
自我评价	项目	A—优	B—良	C—中	D—及格	E—不及格	综合
	安全纪律（15%）						
	学习态度（15%）						
	专业知识（30%）						
	专业技能（30%）						
	团队合作（10%）						
教师评价	简要评价						
	教师签名						

📖 学习引导文

4.2 编组列车

4.2.1 列车编组

1. 基本要求

（1）列车应按《铁路技术管理规程》和列车运行图规定的编挂条件、重量或长度编组。动车组为固定编组。动车组以外的旅客列车按列车编组表编组，行李车、邮政车、发电车等非乘坐旅客的车辆应分别挂于机车后第一位和列车尾部。

（2）单组动车组运用状态下不得解编，两组短编组同型动车组可重联运行。救援等特殊情况下，两组不同型号的动车组可重联运行。

（3）动车组禁止加挂各型机车车辆（无动力调车时的调车机车、救援机车、无动力回送时的本务机车及回送过渡车除外），禁止编入其他列车。

（4）超过检修期限的动车组禁止上线运行（经车辆部门鉴定的回送动车组除外）。

2. 车辆的连挂、解编

（1）列车中车辆的连挂，由调车作业人员负责。软管的连结，有列检作业的始发列车由列检人员负责；无列检作业的，由调车作业人员负责。

（2）动车组采用机车调车作业时，随车机械师或动车段（所）胜任人员负责过渡车钩和专用风管的安装与拆卸、电气连接线的连结与摘解并打开车门，调车人员负责车钩的连结与摘解、软管摘解。

（3）动车组无动力回送或被救援时，过渡车钩、专用风管的安装与拆卸由随车机械师负责，司机配合。

（4）两列动车组重联或解编时，由动车组机械师负责引导，司机确认。动车组重联时，被控动车组应退出占用，主控动车组使用调车模式与被控动车组连接。解编操作时，主控动车组转换为调车模式后，必须一次移动 5 m 以上方可停车。

（5）动车组以外的列车中相互连挂的车钩中心水平线的高度差，不得超过 75 mm。

4.2.2　列车中车辆的检查

1. 基本要求

（1）列检作业应按规定范围和技术作业过程进行。应建立车辆故障诊断指导组，对途中车辆故障进行远程诊断、指导和故障处置确认。

（2）动车组运行（含回送）途中不进行客列检作业。

（3）车辆编入列车须达到运用状态。主要部件必须作用良好，符合质量要求。自动制动机、人力制动机和货车的自动制动机空重车调整装置状态良好、位置正确。

2. 动车组试运行

上线运营的动车组须符合出所质量标准。遇下述情况时，须安排动车组试运行。

（1）新型动车组运营、新线开通前。

（2）动车组新造出厂、高级检修修竣后。

（3）临修更换转向架、轮对、万向轴、主变压器、牵引电机后。

（4）重要部件、软件加装、升级后。

3. 动车组制动试验规定

（1）动车组在出段（所）前或折返地点停留出发前需要进行全部制动试验，一级检修作业后的动车组在出发前不再进行全部制动试验。

（2）动车组列车在始发前需在操纵端进行简略制动试验。

（3）动车组列车更换动车组司机（同向换乘除外）或操纵端后，需进行简略制动试验。

（4）动车组列车在途中重联或解编后，开车前需在操纵端进行简略制动试验。

（5）动车组列车使用紧急制动停车后，开车前需进行简略制动试验。

（6）动车组在采用机车救援、无动力回送连挂机车或回送过渡车时，按动车组无动力回送作业办法进行制动性能确认。

4. 列车自动制动机试验规定

动车组以外的列车自动制动机应按下列规定进行试验。

（1）全部试验。

① 列检作业场对运行途中自动制动机发生故障的到达列车。

② 旅客列车库内检修作业。

③ 在有客列检作业的车站折返的旅客列车。

站内设有试风装置时，应使用列车试验器试验，连挂机车后只做简略试验。对装有空气弹簧等装置的旅客列车应同时检查辅助用风系统的泄漏。

（2）简略试验。

① 客列检作业后和旅客列车始发前。

② 更换机车或更换机车乘务组时。

③ 无列检作业的始发列车发车前。

④ 列车软管有分离情况时。

⑤ 列车停留超过 20 min 时。

⑥ 列车摘挂补机，或第一机车的自动制动机损坏交由第二机车操纵时。

⑦ 机车改变司机室操纵时。

⑧ 列车进行摘、挂作业开车前。

在站简略试验：有列检作业的由列检人员负责，无列检作业的由车辆乘务员负责，无车辆乘务员的由车站人员负责。挂有列尾装置的列车由司机负责（挂有列尾装置的旅客列车，始发前、摘挂作业开车前及在途中换挂机车站、客列检作业站，有列检作业的由列检人员负责，无列检作业的由车辆乘务员负责）。

（3）持续一定时间的全部试验。

旅客列车出库前应进行持续一定时间的全部试验，在接近长大下坡道区间的车站，是否进行持续一定时间的全部试验，由铁路局规定。

长大下坡道为：线路坡度超过 6‰，长度为 8 km 及以上；线路坡度超过 12‰，长度为 5 km 及以上；线路坡度超过 20‰，长度为 2 km 及以上。

5. 列车制动

动车组的长度、重量及最高运行速度见表 4 – 1 规定。

表 4 – 1　动车组长度、重量及最高运行速度表

动车组类型	换算长度	整备重量/t	计算重量/t	最高运行速度/（km/h）
$CRH_1A - 200$	19.4	430.9	490.6	200
$CRH_1A - 200$ 重联	38.8	861.8	981.2	200
$CRH_1A - 250$	19.4	424.6	484.4	250
$CRH_1A - 250$ 重联	38.8	849.2	968.8	250
CRH_1B	38.6	856	975	250
CRH_1E	38.8	887.7	955.2	250
CRH_2A	18.3	366.8	415.8	250
CRH_2A 重联	36.6	733.5	831.6	250
CRH_2B	36.5	724.1	822.5	250
CRH_2E	36.5	785.8	839.4	250
CRH_5A	19.2	369.7	469.7	250
CRH_5A 重联	38.4	739.3	939.4	250

动车组类型	换算长度	整备重量/t	计算重量/t	最高运行速度/ (km/h)
CRH$_2$C 一阶段	18.3	372.8	421.6	350
CRH$_2$C 一阶段 重联	36.6	745.6	843.2	350
CRH$_2$C 二阶段	18.3	392.5	441.3	350
CRH$_2$C 二阶段 重联	36.6	785	882.6	350
CRH$_3$C	18.2	431.9	482.6	350
CRH$_3$C 重联	36.5	863.8	965.2	350
CRH380A	18.5	402.4	446.9	380
CRH380A 重联	36.9	804.8	893.8	380
CRH380BG	18.2	488.5	535.5	380
CRH380BG 重联	36.5	977	1 071	380
CRH380B	18.5	494.6	542.2	380
CRH380B 重联	36.9	989.2	1 084.4	380
CRH380AL	36.6	818.5	906.4	380
CRH380BL	36.3	872.6	964.1	380
CRH380CL	36.4	889.4	981.7	380

6. 编组顺序表的交接

动车组不办理编组顺序表交接。动车组以外的旅客列车编组顺序表按以下规定办理交接。

（1）在始发站由车站人员按列车编组顺序表核对现车，无误后，与司机办理交接。

（2）中途换挂机车时，到达司机与车站间、车站与出发司机间办理交接。仅更换机车乘务组时，机车乘务组之间办理交接。

（3）途中摘挂车辆时，车站负责修改列车编组顺序表。

（4）列车到达终到站后，司机与车站办理交接。

车站与司机的交接地点均为机车停留位置。

任务实施与评价

（1）教师下发任务单，学生明确学习任务、学习内容、知识目标、能力目标、素质目标要求。

（2）学生按任务单要求制订学习计划，完成预习任务及相关知识准备。

（3）教师播放某动车组司机一次作业过程视频进行认知引入。

（4）学生查阅资料说明编组列车的有关规定。

（5）学生对比说明各型 CRH 系列动车组的编组特点。

（6）教师组织学生学习动车组连挂、解编的有关规定。

（7）学生识别动车组列车制动机的特点，教师辅导答疑，学生以个人或学习小组方式进行学习小结及反思。

（8）学生讲述列车自动制动机的试验标准并规范作业程序。

（9）学生进行学习自我评价及学习小组成员互评，小组长（副组长）进行小组整体评价，教师检查任务完成情况。

【任务3】 调度指挥

📋 任务单

任务名称	调度指挥					
任务描述	列车调度员是铁路日常运输工作的具体组织者、指挥者，负责组织行车以实现按图行车、安全正点。熟悉列车调度员的职责，了解调度命令的发布办法与基本规定非常重要					
任务分析	列车调度员是铁路日常运输工作的具体组织者、指挥者，有关行车人员必须贯彻落实，严格执行列车调度员的命令和口头指示。本任务以行车组织案例引入，方便读者通过项目式学习，熟悉列车调度员的日常运输组织，掌握调度命令的发布方法、规定，按照岗位标准，服从命令，听从指挥，操纵平稳					
学习任务	【子任务1】日常运输组织 了解列车调度员的岗位职责；熟练掌握列车的分类与等级顺序 【子任务2】调度命令 掌握调度命令的发布方法、调度命令的项目及关于调度命令发布的有关规定					
劳动组合	各组讨论交流，根据任务单列出列车调度员日常组织职责及发布调度命令的有关规定，做好安全预想，结合站场、线路情况、天气状况等情况，完成工作任务。各组评判小组成员学习情况，并作出小组评价					
成果展示	（1）日常行车组织 （2）调度命令的发布 （3）行车调度命令项目					
学习小结						
自我评价	项目	A—优	B—良	C—中	D—及格	E—不及格	综合
	安全纪律（15%）						
	学习态度（15%）						
	专业知识（30%）						
	专业技能（30%）						
	团队合作（10%）						
教师评价	简要评价						
	教师签名						

学习引导文

4.3　调度指挥

4.3.1　日常运输组织

1. 基本要求

有关行车人员必须执行列车调度员命令、口头指示，服从调度指挥。

2. 列车调度员岗位职责

列车调度员负责组织实现列车运行图、调度日计划，并应做到：

（1）检查列车运行图和调度日计划的执行情况，及时发布有关调度命令和口头指示；

（2）严格按列车运行图指挥行车，遇列车发生晚点时，应积极采取措施，组织有关人员恢复正点；

（3）注意列车运行情况，正确、及时地处理临时发生的问题。

3. 列车的分类与运行等级顺序

列车按运输性质分类和运行等级顺序如下。

（1）按运输性质分类。

① 旅客列车（动车组列车，特快、快速、普通旅客列车）；

② 路用列车。

（2）列车运行等级顺序。

① 动车组列车。

② 特快旅客列车。

③ 快速旅客列车。

④ 普通旅客列车。

⑤ 路用列车。

开往事故现场救援、抢修、抢救的列车，应优先办理。特殊指定的列车的等级，应在指定时确定。

4.3.2　调度命令

铁路总公司、铁路局调度在组织指挥日常运输工作中，应及时正确发布与运输有关的调度命令，下级调度及行车有关单位、人员必须执行。

1. 调度命令的发布

指挥列车运行的命令（运行揭示调度命令除外）和口头指示，只能由列车调度员发布。遇表 4 - 2 所列情况，须发布调度命令。

表 4 - 2　行车调度命令项目表

序号	命令项目	受令者	
		司机	车站值班员
1	封锁、开通区间		○
2	向封锁区间开行救援列车、路用列车	○	○
3	临时变更或恢复原行车闭塞法		○
4	停止使用基本闭塞法发出列车	○	○

续表

序号	命令项目	受令者	
		司机	车站值班员
5	双线反方向行车、由双线改为单线或恢复双线行车	○	○
6	变更列车径路	○	○
7	动车组列车在区间被迫停车后返回（退回）后方站	○	○
8	向区间发出停车作业的列车	○	○
9	在车站、区间临时停车上、下人员	○	○
10	列车需临时降弓运行	○	○
11	因行车设备故障、灾害或施工，以及列车中挂有限速的机车车辆等，需要使列车临时限速运行（纳入运行揭示调度命令或本务机车、动车组自身设备原因限速时除外）	○	○
12	动车组列车空调失效需打开部分车门限速运行	○	○
13	车站使用总辅助按钮		○
14	准许列车越过故障的进站、出站、进路信号机或线路所通过信号机（能开放引导信号时除外）	○	○
15	调度日计划以外，临时加开或停运列车（单机除外）	○	○
16	按地面信号显示运行的列车改按天气恶劣难以辨认信号的办法行车或恢复正常行车	○	○
17	动车组列车转入或退出隔离模式（被救援时除外）	○	○
18	动车组列车在列控车载设备控车和 LKJ 控车之间人工转换	○	○
19	越出站界调车	○	○
20	利用天窗施工、维修作业		○
21	施工、维修作业较指定时间延迟结束		○
22	运行揭示调度命令与实际限速、行车方式或设备不符时	○	○
23	正线、到发线接触网停电或送电（接触网倒闸、跳闸后试送电、向中性区送电或弓网故障排查除外）		○
24	正线、到发线接触网停电后准许登顶作业	○	○
25	动车组列车按隔离模式运行需以不超过 80 km/h 的速度越过接触网分相	○	
26	双管供风旅客列车运行途中改为单管供风	○	○
27	列车调度员认为有必要记录的上述以外的命令	有关人员	

注：1. 画○者为受令人员；

2. 受令者为车站值班员的调度命令，不发给集控站车务应急值守人员；集控站转为车站控制由车站值班员指挥行车时应发给车站值班员，并须将前发有关调度命令一并发给车站值班员；

3. 动车组列车改按 LKJ 方式运行需将列控车载设备隔离时，列车调度员仅发布改按 LKJ 方式行车的调度命令；

4. 仅发给车站值班员的命令只涉及集控站时不发布（转为车站控制时除外）。因调车作业动车组控车模式转换，不发布调度命令。

上述调度命令如涉及其他单位和人员时，应同时发给。

2. 发布调度命令的基本规定

（1）调度命令发布前，应详细了解现场情况，听取有关人员的意见，命令内容、受令处所必须正确、完整、清晰。

（2）使用计算机、传真机发布调度命令时，命令接受人员确认无误后应及时反馈回执。

（3）使用电话发收调度命令时，应填记《调度命令登记簿》，指定受令人员中一人复诵，并记明发收人员姓名及时刻。

（4）列车调度员应使用调度命令无线传送系统向司机发布书面调度命令，司机应及时签认接收，不再与列车调度员核对，有疑问时，须立即询问列车调度员。调度命令无线传送系统故障时，可按规定使用语音记录装置良好的列车无线调度通信设备发布，司机接到命令后，须与列车调度员核对。由车站交付的调度命令，车站值班员可使用调度命令无线传送系统或按规定使用语音记录装置良好的列车无线调度通信设备向司机转达。

（5）已发布的调度命令，遇有错、漏或变化时，必须取消前发命令，重新发布全部内容的调度命令。

3. 发布行车调度命令的规定

（1）调度命令必须在列车进入关系区间（站）前交付；在未确认司机已收到调度命令（得到回执）前，不得开放发接该次列车的出站或进站信号。

（2）作为行车凭证的调度命令，在接发列车进路准备妥当后，方可向司机发布（转达）。

（3）使用调度命令无线传送系统传送行车凭证，列车调度员办理接发列车时，由列车调度员传送，车站值班员办理接发列车时，由车站值班员传送。

（4）对跨铁路局（调度台）的列车，接车局（调度台）列车调度员可委托邻局（调度台）列车调度员转发调度命令，接车局（调度台）要将需转发的调度命令号码和内容发给邻局（调度台），邻局（调度台）将受令情况向接车局（调度台）列车调度员通报。

（5）遇调度命令需跨铁路局（调度台）执行时，发布调度命令的列车调度员须发布给列车担当全区段的调度命令，需要列车运行前方各调度指挥区段掌握和执行的调度命令，还应将调度命令抄知相关调度台。

（6）更换机车或变更限速条件时，应由有关铁路局列车调度员重新发给相关调度命令。途中乘务人员换班时，应将调度命令内容交接清楚。

4. 发布施工、维修作业调度命令的规定

（1）列车调度员根据施工、维修日计划及开始作业的请求，发布准许进行施工、维修作业调度命令。

（2）施工作业结束并销记后，列车调度员应及时发布施工作业结束的调度命令。天窗维修作业在指定时间内完成销记时，列车调度员不再发布维修作业结束的调度命令。

（3）施工开通后有第1、2、3…列限速要求的列车，由列车调度员单独发布限速调度命令，可不设置列控限速。

（4）因施工提前、延迟或其他原因造成运行揭示调度命令与实际限速、行车方式或设备不符时，列车调度员应取消前发运行揭示调度命令，向有关司机、车站值班员、施工负责人重新发布全部内容的调度命令；相符时仍按前发运行揭示调度命令执行。

5. 发布运行揭示调度命令的规定

（1）运行揭示调度命令是指由调度所施工调度发布的涉及限速、行车方式发生变化和设备变化的调度命令。

（2）运行揭示调度命令应包括时间、地点、因由、速度、行车方式变化、设备变化等内容，机务部门应根据运行揭示调度命令及时将有关内容写入 IC 卡。

（3）发布运行揭示调度命令，不得含有与受令处所无关的内容和命令。

任务实施与评价

（1）教师下发任务单，学生明确学习任务、学习内容、知识目标、能力目标、素质目标要求。

（2）学生按学习任务单要求制订学习计划，完成预习任务及相关知识准备。

（3）教师通过某行车组织案例进行认知引入。

（4）学生查阅资料说明列车调度员的日常运输组织。

（5）学生对比说明调度命令的发布办法。

（6）教师组织学生识别调度命令的发布时机。

（7）学生识别行车、施工、行车揭示几种调度命令，教师辅导答疑，学生以个人或学习小组方式进行学习小结及反思。

（8）学生讲述调度命令发布的作业程序标准。

（9）学生进行学习自我评价及学习小组成员互评，小组长（副组长）进行小组整体评价，教师检查任务完成情况。

【任务4】 列 车 运 行

任务单

任务名称	列车运行
任务描述	列车运行是以车站、线路所所划分的区间及自动闭塞区间的通过信号机或区间信号标志牌所划分的闭塞分区作间隔。为保证列车运行的安全，行车有关人员，按照《铁路技术管理规程》的有关规定，从接发列车、列车运行、跨线运行几个方面着手，标准化、规范化作业，平稳操纵
任务分析	列车运行是以车站、线路所所划分的区间及自动闭塞区间的通过信号机或区间信号标志牌所划分的闭塞分区作间隔。本任务以行车组织案例引入，方便读者通过项目学习，从接发列车、列车运行、跨线运行几个方面，掌握《铁路技术管理规程》的有关规定，规范作业流程，防患于未然

学习任务	【子任务 1】行车闭塞 　掌握列车运行区间、闭塞分区的划分办法；熟悉行车闭塞法的分类及所使用的行车凭证；深刻理解各种行车闭塞区段的行车组织办法 【子任务 2】接发列车 　掌握列车接车、发车的办法；熟悉站内停车、引导接车的有关要求；深刻理解非正常情况下的接发列车组织办法 【子任务 3】列车运行 　熟练掌握《铁路技术管理规程》关于列车运行限速的要求与有关规定 【子任务 4】跨线运行 　掌握《铁路技术管理规程》关于跨线运行的行车组织办法及有关规定 【子任务 5】车底回送 　熟练掌握《铁路技术管理规程》关于动车组回送的行车组织办法和具体要求
劳动组合	各组长讨论交流，根据任务单列出列车运行的有关条例。制定担当任务的安全预想，结合各种情况确认行车凭证及接车发车的作业流程。各组评判小组成员学习情况，并作出小组评价
成果展示	（1）行车闭塞法 （2）行车凭证的使用 （3）模拟接发列车作业 （4）模拟列车跨线运行作业
学习小结	

	项目	A—优	B—良	C—中	D—及格	E—不及格	综合
自我评价	安全纪律（15%）						
	学习态度（15%）						
	专业知识（30%）						
	专业技能（30%）						
	团队合作（10%）						
教师评价	简要评价						
	教师签名						

学习引导文

4.4 列车运行

4.4.1 行车闭塞

1. 行车闭塞法

1）区间及闭塞分区

列车运行是以车站、线路所所划分的区间及自动闭塞区间的通过信号机或区间信号标志牌所划分的闭塞分区作间隔。

区间及闭塞分区的界限，按下列规定划分。

（1）站间区间。

① 在单线上，车站与车站间以进站信号机柱的中心线为车站与区间的分界线；

② 在双线或多线上，车站与车站间分别以各该线的进站信号机柱或站界标的中心线为车站与区间的分界线。

（2）所间区间。

两线路所间或线路所与车站间，以该线上的通过信号机柱的中心线为所间区间的分界线。设有进站信号机的线路所，所间区间的分界方法与站间区间相同。

（3）闭塞分区。

自动闭塞区间同方向相邻的两架色灯信号机或区间信号标志牌间，以该线上的通过信号机或区间信号标志牌机柱的中心线为闭塞分区的分界线。

2）行车闭塞法

车站均须装设基本闭塞设备。行车基本闭塞法采用自动闭塞、自动站间闭塞。电话闭塞法是当基本闭塞法不能使用时所采用的代用闭塞法。

当基本闭塞法不能使用时，应根据列车调度员的命令采用电话闭塞法行车。

2. 自动闭塞

（1）自动闭塞区段，正方向行车，列车按自动闭塞运行；反方向行车，列车按自动站间闭塞运行。

使用自动闭塞法行车，动车组列车在完全监控、引导或部分监控模式下运行时，行车凭证为列控车载设备显示的允许运行的速度值。动车组列车按 LKJ 方式运行及动车组以外的列车，在信号机常态点灯的区段，进入闭塞分区的行车凭证为出站或通过信号机显示的允许运行的信号；在信号机常态灭灯的区段，进入区间的行车凭证为出站信号机或线路所通过信号机显示的允许运行的信号，信号机应点灯。

调度集中区段，一个调度区段内可不办理发车预告手续。两相邻调度集中的调度区段间或调度集中区段车站（线路所）向非调度集中区段车站（线路所）发车时，由系统自动办理发车预告，遇设备故障无法自动办理时，人工办理发车预告（相邻调度区段列车运行调整计划一致时可不办理发车预告）。非调度集中区段车站（线路所）向调度集中区段车站（线路所）发车时，车站值班员应向列车调度员（车站控制时为车站值班员）办理发车预告。

（2）在信号机常态点灯的 CTCS - 2 级自动闭塞区段，特殊情况下办理发车的行车凭证规定见表 4 - 3；CTCS - 3 级以及信号机常态灭灯的 CTCS - 2 级自动闭塞区段，特殊情况下办理发车的行车凭证规定见表 4 - 4。

表 4 - 3 信号机常态点灯的 CTCS - 2 级自动闭塞区段特殊情况下办理发车的行车凭证表

序号	特殊情况	控车方式	行车凭证	发给行车凭证的依据	附带条件
1	出站信号机（线路所通过信号机）故障时发出列车	LKJ（GYK）控车	调度命令	1. 确认第一个闭塞分区空闲 2. 确认道岔位置正确及进路空闲	以不超过 20 km/h（动车组列车为不超过 40 km/h）速度运行至第一架通过信号机，按其显示的要求执行
2		隔离模式运行		1. 确认区间空闲 2. 确认道岔位置正确及进路空闲	以不超过 40 km/h 速度运行至前方站进站信号机（线路所通过信号机）
3	发车进路信号机故障时发出列车	LKJ（GYK）控车	调度命令	1. 确认发车进路空闲 2. 确认道岔位置正确	以不超过 20 km/h（动车组列车为不超过 40 km/h）速度运行至次一信号机
4	发车进路信号机故障时发出列车	隔离模式运行	调度命令	1. 确认发车进路空闲 2. 确认道岔位置正确	以不超过 40 km/h 速度运行至次一信号机
5	区间一架及以上通过信号机故障时发出列车	CTCS - 2 级控车	列控车载设备显示的允许运行的速度值	确认区间空闲	
6		LKJ（GYK）控车	出站信号机（线路所通过信号机）显示的允许运行的信号		
7	反方向发出列车	CTCS - 2 级控车	列控车载设备显示的允许运行的速度值	1. 确认区间空闲 2. 反方向行车的调度命令	
8		LKJ（GYK）控车	出站信号机（线路所通过信号机）显示的允许运行的信号		

表4-4 CTCS-3级以及信号机常态灭灯的CTCS-2级自动闭塞区段特殊情况下办理发车的行车凭证表

序号	特殊情况	控车方式	地面信号机状态	行车凭证	发给行车凭证的依据	附带条件
1	开放引导信号发出列车	CTCS-3级控车 CTCS-2级控车	灭灯	列控车载设备显示的允许运行的速度值	1. 确认第一个闭塞分区空闲（发车进路信号机开放引导信号时，为确认至次一信号机间空闲） 2. 确认道岔位置正确及进路空闲	
2		LKJ（GYK）控车	点灯	出站信号机（发车进路信号机、线路所通过信号机）显示的允许运行的信号	1. 确认区间空闲（发车进路信号机开放引导信号时，为确认至次一信号机间空闲） 2. 确认道岔位置正确及进路空闲	
3	出站信号机（线路所通过信号机）故障且引导信号不能开放时发出列车	LKJ（GYK）控车	点灯	调度命令	1. 确认区间空闲 2. 确认道岔位置正确及进路空闲	
4		隔离模式运行				以不超过40 km/h速度运行至前方站进站信号机（线路所通过信号机）
5	发车进路信号机故障且引导信号不能开放时发出列车	LKJ（GYK）控车	点灯	调度命令	1. 确认发车进路空闲 2. 确认道岔位置正确	以不超过20 km/h（动车组列车为不超过40 km/h）速度运行至次一信号机
6		隔离模式运行				以不超过40 km/h速度运行至次一信号机
7	区间一个及以上闭塞分区轨道电路红光带时发出列车	CTCS-3级控车 CTCS-2级控车	灭灯	列控车载设备显示的允许运行的速度值	确认区间空闲	
8		LKJ（GYK）控车	点灯	调度命令	1. 确认区间空闲 2. 确认道岔位置正确及进路空闲	

序号	特殊情况	控车方式	地面信号机状态	行车凭证	发给行车凭证的依据	附带条件
9	反方向发出列车	CTCS - 3 级控车　CTCS - 2 级控车	灭灯	列控车载设备显示的允许运行的速度值	1. 确认区间空闲　2. 反方向行车的调度命令	
10		LKJ（GYK）控车	点灯	出站信号机（线路所通过信号机）显示的允许运行的信号		

3. 自动站间闭塞

（1）使用自动站间闭塞法行车，动车组列车在完全监控、引导或部分监控模式下运行时，行车凭证为列控车载设备显示的允许运行的速度值。动车组列车按 LKJ 方式运行及动车组以外的列车，进入区间的行车凭证为出站信号机或线路所通过信号机显示的允许运行的信号（在信号机常态灭灯的区段，信号机应点灯）。

自动站间闭塞须与集中联锁设备结合使用，自动检查区间空闲，发车站（线路所）办理发车进路后即自动构成站间闭塞。列车到达接车站（线路所）或返回发车站（线路所）并出清区间后，自动解除闭塞。

人工办理发车进路前，须确认区间空闲、接车站（线路所）未办理同一区间的发车进路。

一个调度区段内可不办理发车预告手续。两相邻调度集中的调度区段间或调度集中区段车站（线路所）向非调度集中区段车站（线路所）发车时，应由系统自动办理发车预告，遇设备故障无法自动办理时，人工办理发车预告（相邻调度区段列车运行调整计划一致时可不办理发车预告）。非调度集中区段车站（线路所）向调度集中区段车站（线路所）发车时，车站值班员应向列车调度员（车站控制时为车站值班员）办理发车预告。

（2）在信号机常态点灯的 CTCS - 2 级自动站间闭塞区段，特殊情况下办理发车的行车凭证规定见表 4 - 5；CTCS - 3 级以及信号机常态灭灯的 CTCS - 2 级自动站间闭塞区段，特殊情况下办理发车的行车凭证规定见表 4 - 6。

表 4 - 5　信号机常态点灯的 CTCS - 2 级自动站间闭塞区段特殊情况下办理发车的行车凭证表

序号	特殊情况	控车方式	行车凭证	发给行车凭证的依据	附带条件
1	出站信号机（线路所通过信号机）故障时发出列车	LKJ（GYK）控车	调度命令	1. 确认区间空闲　2. 确认道岔位置正确及进路空闲	
2		隔离模式运行			以不超过 40 km/h 速度运行至前方站进站信号机（线路所通过信号机）

续表

序号	特殊情况	控车方式	行车凭证	发给行车凭证的依据	附带条件
3	发车进路信号机故障时发出列车	LKJ（GYK）控车	调度命令	1. 确认发车进路空闲 2. 确认道岔位置正确	以不超过 20 km/h（动车组列车为不超过 40 km/h）速度运行至次一信号机
4		隔离模式运行			以不超过 40 km/h 速度运行至次一信号机
5	反方向发出列车	CTCS-2 级控车	列控车载设备显示的允许运行的速度值	1. 确认区间空闲 2. 反方向行车的调度命令	
6		LKJ（GYK）控车	出站信号机（线路所通过信号机）显示的允许运行的信号		

表 4-6　CTCS-3 级以及信号机常态灭灯的 CTCS-2 级自动站间闭塞区段特殊情况下办理发车的行车凭证表

序号	特殊情况	控车方式	地面信号机状态	行车凭证	发给行车凭证的依据	附带条件
1	开放引导信号发出列车	CTCS-3 级控车 CTCS-2 级控车	灭灯	列控车载设备显示的允许运行的速度值	1. 确认区间空闲（发车进路信号机开放引导信号时，为确认至次一信号机间空闲） 2. 确认道岔位置正确及进路空闲	
2		LKJ（GYK）控车	点灯	出站信号机（发车进路信号机、线路所通过信号机）显示的允许运行的信号		
3	出站信号机（线路所通过信号机）故障且引导信号不能开放时发出列车	LKJ（GYK）控车	点灯	调度命令	1. 确认区间空闲 2. 确认道岔位置正确及进路空闲	以不超过 40 km/h 速度运行至前方站进站信号机（线路所通过信号机）
4		隔离模式运行				

序号	特殊情况	控车方式	地面信号机状态	行车凭证	发给行车凭证的依据	附带条件
5	发车进路信号机故障且引导信号不能开放时发出列车	LKJ（GYK）控车	点灯	调度命令	1. 确认发车进路空闲 2. 确认道岔位置正确	以不超过20 km/h（动车组列车为不超过40 km/h）速度运行至次一信号机
6		隔离模式运行				以不超过40 km/h速度运行至次一信号机
7	反方向发出列车	CTCS - 3 级控车 CTCS - 2 级控车	灭灯	列控车载设备显示的允许运行的速度值	1. 确认区间空闲 2. 反方向行车的调度命令	
8		LKJ（GYK）控车	点灯	出站信号机（线路所通过信号机）显示的允许运行的信号		

4. 电话闭塞法

（1）基本闭塞法停用按电话闭塞法行车时，动车组列车司机应根据调度命令将列控车载设备转为 LKJ 方式运行，未装备 LKJ 的动车组列车转为隔离模式运行。

（2）遇下列情况，应停止使用基本闭塞法，改用电话闭塞法行车。

① 基本闭塞设备发生故障导致基本闭塞法不能使用时。

② 自动站间闭塞区间，出站信号机故障且引导信号不能开放时发车。

（3）自动闭塞区间，遇轨道电路发生故障等情况，需使用总辅助按钮改变闭塞方向，由车站办理接发列车时，车站值班员确认区间空闲后，根据列车调度员命令，使用总辅助按钮改变闭塞方向，并在《行车设备检查登记簿》内登记；由列车调度员办理接发列车时，列车调度员确认区间空闲后，使用总辅助按钮改变闭塞方向，并在《行车设备检查登记簿》内登记。

（4）电话闭塞法的办理。

① 使用电话闭塞法行车时，列车占用区间的行车凭证为调度命令。

列车调度员办理发车时，应查明区间空闲，接车站（线路所）为车站控制或邻台列车调度员控制时，还应取得其承认的电话记录号码（双线正方向首列后发车为取得前次列车到达的电话记录号码）；在发车进路准备妥当后，方可发布作为行车凭证的调度命令。

车站值班员办理发车时，应查明区间空闲，并取得接车站（线路所）承认的电话记录号码，但双线正方向首列后发车为取得前次列车到达的电话记录号码（办理发车及接车的车站、线路所为同一车站值班员指挥时不办理电话记录号码），在发车进路准备妥当后，方可向列车调度员报告，请求发布作为行车凭证的调度命令。

② 办理电话闭塞时，下列各项应发出电话记录号码（办理发车及接车的车站、线路所为同一车站值班员或列车调度员指挥时除外），并做好记录：

- 承认闭塞；
- 列车到达；
- 取消闭塞。

电话记录号码自每日 0 时起至 24 时止，按日循环编号，编号办法由铁路局规定。

4.4.2 接发列车

1. 列车接发

1）列车出发规定

动车组列车由列车长确认旅客上下完毕后，通知司机关闭车门；列车进站停车时，司机按动车组停车位置标停车，确认列车停稳、对准停车位置后开启车门。按钮不在司机操作台上的，由列车长通知随车机械师关闭车门；列车到站停稳后，由随车机械师开启车门。如自动开关门装置故障或特殊情况需单独开关车门时，由司机通知列车工作人员手动开关车门。

动车组列车在车站出发，动车组列车司机在确认行车凭证和开车时间，车门关闭后，即可起动列车。

动车组以外的其他列车在车站出发，司机确认行车凭证正确，发车条件完备后，直接起动列车；办理客运业务时，车站客运人员确认旅客乘降、上水、行包装卸完毕后，通过无线对讲设备通知司机，司机须得到车站客运人员的报告后，方可起动列车。

2）列车接发规定

进站信号机外制动距离内，进站方向为超过 6‰ 的下坡道，而接车线末端无隔开设备时，禁止办理相对方向同时接车和同方向同时发接列车（仅运行动车组列车的区段除外）。

在接发列车的同时，接入列控车载设备及列车运行监控装置均故障的动车组列车、制动力部分切除的动车组列车、列车运行监控装置或轨道车运行控制设备故障的其他列车，而接车线末端无隔开设备时，禁止办理相对方向同时接车和同方向同时发接列车。

相对方向不能同时接车时，应先接不适于在站外停车的列车、停车后起动困难的列车或后面有续行列车的列车。

遇两列车不能同时接发时，原则上应按列车运行计划顺序接发。

3）列车接发的办理

接发列车应在正线或到发线上办理，并应遵守下列原则：

（1）旅客列车应接入规定线路。

（2）动车组列车在车站办理客运业务时，须固定股道、固定站台、固定停车位置。动车组列车遇特殊情况需变更办理客运业务的固定股道时，须经调度所值班主任（值班副主任）准许。

（3）通过列车原则上应在正线办理。原规定为通过的旅客列车由正线变更为到发线接车及动车组列车、特快旅客列车遇特殊情况必须变更基本进路时，须经列车调度员准许，并预告司机；如来不及预告时，应使列车在站外停车后，开放信号机，再接入站内。

（4）动车组列车按列控车载设备方式行车时，禁止在未设置列控信息的股道及进路上接发。

4）特殊情况下的列车接车办理

列车调度员（车站控制时为车站值班员）应保证有不间断接车的空闲线路。

在站内无空闲线路的特殊情况下，只准许接入为排除故障、事故救援、疏解车辆等所需要的救援列车、不挂车的单机及重型轨道车。上述列车均应在进站信号机外停车，由列车调度员（车站控制时为车站值班员）指定的胜任人员向司机通知事由后，以调车手信号旗（灯）将列车领入站内。

5）列车进站停车

列车进站后，应停于接车线警冲标内方。在设有出站（进路）信号机的线路，列车头部不得越过出站（进路）信号机。

如列车尾部停在警冲标外方或压轨道绝缘时，列车调度员（车站控制时为车站值班员）应使用列车无线调度通信设备等通知司机，使列车向前移动。

6）引导接车

进站、接车进路信号机不能使用时，应使用引导信号。引导信号无法使用时，列车调度员应向司机发布调度命令，司机根据调度命令越过该信号机。

引导接车时，列车以不超过 20 km/h（动车组列车为不超过 40 km/h）速度进站，并做好随时停车的准备。

在无联锁的线路上接发列车时，除严格按接发车手续办理外，并应将进路上无联锁的道岔及邻线上防护道岔加锁。进路上无联锁的分动外锁闭道岔无论对向或顺向，均应对密贴尖轨、斥离尖轨和可动心轨加锁。具体加锁办法，由铁路局规定。

7）列车站内的临时停车

列车在站内临时停车，待停车原因消除且继续运行时，应按下列规定办理：

（1）司机主动停车时，自行起动列车；

（2）其他列车乘务人员使用紧急制动装置（紧急制动阀）停车时，由随车机械师（车辆乘务员）通知司机开车；

（3）列车调度员（车站值班员）使列车在站内临时停车时，由列车调度员（车站值班员）通知司机开车；

（4）其他原因的临时停车，列车调度员（车站值班员）应组织司机、随车机械师（车辆乘务员）等查明停车原因，在列车具备运行条件后，由列车调度员（车站值班员）通知司机开车。

上述第（1）、（2）、（4）项列车停车后，司机应立即报告列车调度员（车站值班员），并说明停车原因。

2. 非正常列车接发组织

1）车站集控转换

（1）在非正常情况下，集控站转为车站控制时，车务应急值守人员应报告站段指派胜任人员赶赴现场，协助做好非正常行车工作。

（2）除因危及行车安全必须立即转换为非常站控外，列车调度员提出需转为非常站控时，须经调度所值班主任（值班副主任）准许。

（3）转为非常站控时，车务应急值守人员和列车调度员须在《CTC 控制模式转换登记簿》内登记，记明转换的原因；车务应急值守人员与列车调度员核对设备状况、站内停留车情况、列车运行计划、邻站（线路所）控制模式及与本站（线路所）有关的调度命令等情况。转为非常站控后，应通知司机车站（线路所）转为非常站控。

（4）转为非常站控的原因消除后，双方在《CTC控制模式转换登记簿》内登记，并及时转回。

2）隔离模式行车

动车组列车按隔离模式由车站（线路所）开往区间时，须按站间组织行车，列车按地面信号显示运行，待该列车到达前方站（线路所）后方可放行后续列车。

3）路用、救援列车的运行

在动车组列车运行时段内，特殊情况需开行路用、救援列车（利用动车组、单机担当救援时除外）时，列车调度员口头通知邻线会车范围内运行的动车组列车司机限速160 km/h运行。

4.4.3 列车运行

（1）列车（动车组列车按列控车载设备方式行车时除外）运行限制速度规定见表4-7。

表4-7 列车运行限制速度表

项 目	速 度/（km/h）
四显示自动闭塞区段通过显示绿色黄色灯光的信号机	在前方第三架信号机前能停车的速度
通过显示黄色灯光的信号机	在次一架信号机前能停车的速度
通过显示一个黄色闪光灯光和一个黄色灯光的信号机	该信号机防护进路上道岔侧向的允许通过速度
通过减速地点标	标明的速度，未标明时为25
推进	30
退行	15
接入站内尽头线，自进入该线起	30

（2）列车在区间停车需下车处理时，列车调度员发布邻线列车限速160 km/h及以下的调度命令，限速位置按停车列车位置前后各1 km确定；司机在接到列车调度员已发布相关调度命令的口头指示后，通知有关作业人员办理。需组织旅客疏散时，必须扣停邻线列车；司机在接到列车调度员已扣停邻线列车的口头指示后，通知有关作业人员办理。第298条动车组列车按隔离模式运行时，运行速度不超过40 km/h。在越过接触网分相有困难的特殊情况下，列车调度员可根据司机请求发布调度命令，列车以不超过80 km/h的速度越过接触网分相。

（3）动车组一般情况下不得通过半径小于250 m的曲线，通过曲线半径为250 m曲线时，限速15 km/h；不得侧向通过小于9号的单开道岔和小于6号的对称双开道岔。

4.4.4 跨线运行

（1）高速铁路车站（线路所）向衔接的其他线路车站（线路所）发出列车时，有关行车凭证按高速铁路规定执行；高速铁路衔接的其他线路车站（线路所）向高速铁路车站（线路所）发出列车时，有关行车凭证按其他线路规定执行。

（2）当未装备LKJ的动车组列车在CTCS-0/1级区段按机车信号模式运行时，列车按地面信号机显示运行，最高运行速度不超过80 km/h。低于80 km/h的限速按调度命令执行，线路允许速度低于80 km/h的区段由司机控制列车运行速度。

（3）动车组列车在CTCS-2级区段与CTCS-0/1级区段级间自动转换失败时，司机应立即报告列车调度员（车站值班员），并按下述规定办理：

① 由CTCS-2级区段向CTCS-0/1级区段运行时，停车后根据调度命令手动转换。

② 由CTCS-0/1级区段向CTCS-2级区段运行时，可维持按LKJ方式继续运行。

（4）动车组列车在CTCS-3级区段与CTCS-2级区段级间自动转换失败时，司机应立即报告列车调度员（车站值班员），并按下述规定办理：

① 由CTCS-3级区段向CTCS-2级区段运行时，停车后手动转换。

② 由CTCS-2级区段向CTCS-3级区段运行时，维持CTCS-2级方式继续运行。

4.4.5 车底回送

（1）动车组回送按旅客列车办理，原则上采用自走行方式。无动力回送时可根据回送技术条件加挂回送过渡车，使用客运机车牵引，回送过渡车须挂于机后第一位。8辆编组的动车组可两列重联回送。未装备LKJ的动车组需在CTCS-0/1级区段回送时，应采取无动力回送方式。

（2）动车组回送运行时，须安排动车组司机及随车机械师值乘。有动力回送时，非担当区段应指派带道人员。

（3）动车组回送不进行客列检作业。

（4）动车组安装过渡车钩回送时，按规定限速运行，尽可能避免实施紧急制动。发生紧急制动后，本务司机必须通知随车机械师，经随车机械师检查过渡车钩状态良好后方可继续运行。

（5）动车组回送时，相关动车段（所）、造修单位应提出限速、回送方式（有动力、无动力）、可否折角运行等注意事项。

📋 任务实施与评价

（1）教师下发任务单，学生明确学习任务、学习内容、知识目标、能力目标、素质目标要求。

（2）学生按任务单要求制订学习计划，完成预习任务及相关知识准备。

（3）教师通过某动车组行车案例进行认知引入。

（4）学生查阅资料说明《铁路技术管理规程》关于列车运行的有关规定。

（5）学生对比说明各种行车闭塞法的特点。

（6）教师组织学生识别各种行车凭证的使用时机。

（7）学生识别列车运行的行车凭证，教师辅导答疑，学生以个人或学习小组方式进行学习小结及反思。

（8）学生讲述行车凭证的确认程序。

（9）学生进行学习自我评价及学习小组成员互评，小组长（副组长）进行小组整体评价，教师检查任务完成情况。

【任务5】 限 速 管 理

📋 任务单

任务名称	限速管理					
任务描述	列车调度员发布临时限速调度命令或通知司机限速运行，或由列控系统对某一范围（区段）内进行限速运行的控制。要熟练掌握临时限速管理、列控限速管理的有关规定，确保列车安全运行					
任务分析	列车调度员发布临时限速调度命令或通知司机限速运行，或由列控系统对某一范围（区段）内进行限速运行的控制时，司机须按列车调度员通知的限速要求控制列车运行。本任务以行车组织案例引入，方便学生通过项目式学习，熟练掌握临时限速管理、列控限速管理有关规定，规范作业流程，防患于未然					
学习任务	【子任务1】临时限速管理 学习临时限速的管理与调度命令的发布办法 【子任务2】列控限速管理 了解列控限速的办理方法；熟悉列控系统设置的规定；掌握列控限速的非常处置办法与列控限速设置不成功时的处理规定					
劳动组合	各组长讨论交流，根据任务单列出临时限速管理、列控限速管理的有关规定。结合临时限速、列控限速情况，模拟制定乘务作业的安全预想。各组评判小组成员学习情况，并作出小组评价					
成果展示	（1）临时限速调度命令管理 （2）列控限速设置 （3）列控限速设置不成功时的处理					
学习小结						
自我评价	项目	A—优	B—良	C—中	D—及格	E—不及格	综合
	安全纪律（15%）						
	学习态度（15%）						
	专业知识（30%）						
	专业技能（30%）						
	团队合作（10%）						
教师评价	简要评价						
	教师签名						

学习引导文

4.5 限速管理

4.5.1 临时限速管理

(1) 需临时限速时，应由有关单位（人员）提出限速申请或由自然灾害及异物侵限监测系统报警提示。列车调度员应按规定发布临时限速调度命令，并设置列控限速（针对某一列车的限速除外）；来不及时，应立即通知司机限速运行，司机按列车调度员通知的限速要求控制列车运行。

(2) 在同一处所（地段），当多个单位、自然灾害及异物侵限监测系统提出的限速要求不一致时，列车调度员按最低限速值发布临时限速调度命令。

(3) 对于24 h内不能取消的临时限速，限速登记单位或设备管理单位应提出限速申请，报告主管业务处，由主管业务处审核后提交调度所发布运行揭示调度命令。列车调度员确认在途列车司机已收到该运行揭示调度命令后，方可不再向该列车司机发布临时限速调度命令。

(4) 需变更已纳入运行揭示调度命令管理的限速时，设备管理单位应及时登记，同时向铁路局主管业务处提出新的限速条件或恢复常速申请，调度所根据主管业务处提出的申请，重新发布运行揭示调度命令。

4.5.2 列控限速管理

1. 列控限速办理

(1) 用于列车运行控制系统的限速设置（数据格式）称为列控限速。列控限速由列车调度员通过CTC进行设置或取消，并采用双重口令，由列控系统执行。

(2) 列控限速数据包括线路号、相关受令车站、限速位置、限速值、限速执行方式、限速开始和结束时间等，侧线列控限速应增加车站号信息。

(3) 列控中心控制的每个有源应答器只管辖一定范围内的限速，限速区可以设置在区间、站内正线、站内侧线或区间跨站内正线。

2. 列控限速设置

(1) 列控限速按挡分为不同的限速等级，最低为45 km/h。

(2) 设置列控限速时，应按照不高于限速值的原则选择相应限速等级进行设置，但低于45 km/h的限速按45 km/h设置。

(3) 列控限速的设置和取消按规定流程办理。

3. 非常情况处置

(1) 如调度命令的限速值低于列控车载设备显示的目标速度时，动车组列车司机应按调度命令控制列车运行。遇实际限速与运行揭示调度命令（临时限速调度命令）限速相符，而列控限速归挡造成列控限速与运行揭示调度命令（临时限速调度命令）限速不符时，列车调度员不再向动车组列车司机发布临时限速调度命令。

(2) 对低于45 km/h的限速，装备LKJ的动车组列车，限速命令已写入IC卡时，动车组列车司机应根据调度命令在限速地段前一站停车改按LKJ方式运行，司机按限速调度命令和LKJ设置控制列车通过限速地段；未写入IC卡时，动车组列车司机应根据限速调度命令人工控制列车通过限速地段。未装备LKJ的动车组列车，动车组列车司机应根据限速调度命令人工控制列车通过限速地段。

4. 列控限速设置不成功时的处理

（1）对装备 LKJ 的动车组列车，列控限速设置不成功时，列车调度员应关闭（车站控制时为通知车站值班员关闭）进入该限速地段前一站的出站信号，发布动车组列车改按 LKJ 方式行车的调度命令。司机在该站停车转换为 LKJ 方式，按以下方式运行。

① 动车组列车司机在出乘前已收到该限速的运行揭示调度命令时，列车调度员与司机核对限速的运行揭示调度命令无误后，方可放行列车，司机按运行揭示调度命令和 LKJ 设置控制列车运行速度，通过限速地段。

② 动车组列车司机在出乘前未收到该限速的运行揭示调度命令时，列车调度员应向司机发布限速调度命令（最高不超过 40 km/h），核对无误后，方可放行列车。司机按限速调度命令人工控制列车通过限速地段。

（2）对未装备 LKJ 的动车组列车，列控限速设置不成功时，列车调度员应关闭（车站控制时为通知车站值班员关闭）进入该限速地段前一站的出站信号，向司机发布限速调度命令（最高不超过 40 km/h），核对无误后，方可放行列车。司机按限速调度命令人工控制列车通过限速地段。

📝 任务实施与评价

（1）教师下发任务单，学生明确学习任务、学习内容、知识目标、能力目标、素质目标要求。

（2）学生按任务单要求制订学习计划，完成预习任务及相关知识准备。

（3）教师播放某动车组司机一次作业过程视频进行认知引入。

（4）学生查阅资料说明《铁路技术管理规程》中关于限速管理的有关规定。

（5）学生对比说明临时限速管理、列控限速管理的有关要求。

（6）教师组织学生识别车载设备、LKJ、GYK 的界面显示。

（7）学生识别高铁信号标志、线路标志，教师辅导答疑，学生以个人或学习小组方式进行学习小结及反思。

（8）学生讲述通过限速地点的呼唤应答作业程序。

（9）学生进行学习自我评价及学习小组成员互评，小组长（副组长）进行小组整体评价，教师检查任务完成情况。

【任务6】 调 车 工 作

📋 任务单

任务名称	调车工作
任务描述	调车工作包括动车组的转线、重联或解编作业等。通过学习掌握编组列车、调度指挥的高速铁路行车组织办法，深刻理解调车工作的一般要求，熟悉调车工作的领导及指挥、计划及准备有关内容，熟练掌握机车车辆防溜的具体措施，从而确保铁路运输任务的有序开展，确保行车工作的安全、准确与高效完成

任务分析	调车工作是铁路运输生产的基本环节，是车站、动车段（所）工作的主要内容之一。包括动车组的转线、重联或解编作业等，按需要调动机车车辆，完成列车技术检查、整备作业等工作。本任务以行车组织案例引入，方便学生通过项目式学习，了解调车工作领导及指挥、计划及准备的有关规定，掌握机车车辆防溜等调车作业的有关措施，规范作业标准，提高作业效率
学习任务	【子任务 1】一般要求 　　学习有关人员参加调车作业的基本原则；了解调车作业人员的联系方法；掌握调车作业时速度、距离等有关安全规定 　　【子任务 2】领导及指挥 　　了解调车作业领导与指挥的有关规定；熟悉调车长的作业规范；熟练掌握调车司机在作业中的具体要求 　　【子任务 3】计划及准备 　　了解《铁路技术管理规程》关于调车作业计划与准备的有关规定，熟练掌握动车组的调车作业的具体措施 　　【子任务 4】机车车辆防溜 　　为确保动车组列车运行安全和有关作业安全，对机车车辆的停留进行了规定，以确保铁路运输的安全
劳动组合	各组长讨论交流，根据任务单列出调车作业中，司机必须遵守的有关条例。模拟调车任务，做好安全预想，结合使用机型完成调车作业任务。各组评判小组成员学习情况，并作出小组评价
成果展示	（1）调车作业速度与距离的安全规定 　　（2）调车司机的工作职责 　　（3）机车车辆的防溜办法
学习小结	

	项目	A—优	B—良	C—中	D—及格	E—不及格	综合
自我评价	安全纪律（15%）						
	学习态度（15%）						
	专业知识（30%）						
	专业技能（30%）						
	团队合作（10%）						

教师评价	简要评价	
	教师签名	

学习引导文

4.6　调车工作

4.6.1　一般要求

（1）车站、动车段（所）的调车工作，应按列车运行图、车站或动车段（所）的技术作业过程及调车作业计划进行。参加调车作业有关人员应做到以下几点。

①及时办理动车组出入段（所）、转线及车底取送等作业，保证按列车运行图的规定时刻发车，不影响接车。

②充分运用一切技术设备，采用先进工作方法，用最少的时间完成调车任务。

③认真执行作业标准，保证调车有关人员的人身安全及行车安全。

（2）调车作业时，应使用机车综合无线通信设备、调度台（车站）FAS 终端或注册的 GSM – R 手持终端进行联系。

使用机车进行调车作业时，应使用无线调车灯显设备（机车摘挂、转线等不进行车辆摘挂的作业除外），并使用规定频率，其显示方式须符合有关要求。无线调车灯显设备应与列车运行监控装置配合使用，无线调车灯显设备的使用、维修及管理办法由铁路局规定。

无线调车灯显设备正常使用时停用手信号，对灯显以外的作业指令采用通话方式；无线调车灯显设备发生故障时，改用手信号作业。

（3）动车段（所）设动车组地勤司机，负责动车组在动车段（所）内调车、试运行等调移动车组的作业。

（4）禁止溜放调车、手推调车和跟踪出站调车作业。

（5）在作业中，调车作业人员须停车上下。

（6）调车作业必须连结全部软管。摘车时，必须停妥，按规定采取好防溜措施，方可摘开车钩；挂车时，没有连挂妥当，不得撤除防溜措施。

（7）调车作业要准确掌握速度及安全距离，并遵守下列规定。

①在空线上牵引运行时，不准超过 40 km/h；推进运行时，不准超过 30 km/h；动车组后端操作时，不准超过 15 km/h。

②调动乘坐旅客车辆时，不准超过 15 km/h。

③接近被连挂的车辆时，不准超过 5 km/h。

④在尽头线上调车时，距线路终端应有 10 m 的安全距离；遇特殊情况，必须近于 10 m 时，要严格控制速度。

⑤电力机车、动车组在有接触网终点的线路上调车时，应控制速度，距接触网终点标应有 10 m 的安全距离；遇特殊情况，必须近于 10 m 时，要严格控制速度。

⑥旅客未上下车完毕，除本务机车、补机摘挂作业外，不得进行旅客列车（车底）的连挂作业。

⑦遇天气不良等非正常情况，应适当降低速度。

（8）调车信号机故障不能开放时，进路准备人员应将相关道岔操纵至所需位置并单独锁闭，在调车进路准备妥当后通知调车指挥人（司机）准许越过故障的调车信号机。

4.6.2　领导及指挥

1. 调车作业领导工作

车站调车作业由列车调度员（由车站负责办理调车进路时为车站值班员或车务应急值守人员）担当调车领导人。分场时的调车工作，由负责该场调车进路的列车调度员（车站值班员或车务应急值守人员）领导。

动车段（所）调车作业的领导工作由铁路局规定。

2. 调车作业指挥工作

调车作业由调车长单一指挥，遇有特殊情况，可由经鉴定、考试合格的胜任人员担当指挥工作。动车组自走行调车作业、机车及自轮运转特种设备转线等作业由司机负责，不另设调车指挥人。

动车段（所）调车作业的指挥工作由铁路局规定。

3. 调车作业准备工作

调车长在调车作业前，必须亲自并督促组内人员充分做好准备，认真进行检查。在作业中应做到以下几点。

（1）组织调车人员正确及时地完成调车任务。

（2）正确及时地显示信号（发出指令），指挥作业。

（3）负责调车人员的人身安全和行车安全。

4. 司机在调车作业中的注意事项

（1）组织动车组（机车、自轮运转特种设备）乘务人员正确及时地完成调车任务。

（2）负责操纵动车组（机车、自轮运转特种设备），做好整备，保证机车、自轮运转特种设备质量良好。

（3）时刻注意确认信号，不间断地进行瞭望，认真执行呼唤应答制，正确及时地执行信号显示（作业指令）和调车速度的要求，没有信号（指令）不准动车，信号（指令）不清立即停车。

（4）负责调车作业的安全。

4.6.3　计划及准备

1. 计划的编制及下达

（1）调车领导人应正确及时地编制、布置调车作业计划。

（2）进行有车辆摘挂的调车作业时，应使用有示意图的调车作业通知单（示意图可另附）。

（3）变更调车作业计划时，调车领导人应通知调车指挥人（无调车指挥人时为司机）停止作业，重新编制调车作业计划并下达，待司机和有关人员清楚无误后，方可继续作业。

（4）调车指挥人应根据调车作业计划制定具体作业方法，连同注意事项，亲自向司机交递和传达；对其他有关人员，应亲自或指派连结员进行传达。

（5）调车指挥人确认有关人员均已了解调车作业计划后，方可开始作业。

2. 转线作业计划

动车组、路用列车及机车、自轮运转特种设备需转线时，司机根据需要向列车调度员（车站值班员或车务应急值守人员）提出申请。列车调度员（车站值班员或车务应急值守人员）可不编制书面调车计划，但须将作业办法、内容和注意事项向司机传达、布置清楚并听取复诵无误，在准备好进路后，通知司机开始作业。

3. 调车作业的准备

（1）提前核对计划及相关调度命令，确认进路。

（2）进行车辆摘挂、转线的作业，提前检查线路、道岔（集中联锁区除外）、停留车及车辆防溜等情况。

（3）准备足够的良好防溜器具。

（4）无线调车灯显设备试验良好。

动车段（所）调车工作的计划编制及下达办法由铁路局规定。

4. 动车组的调车作业

（1）动车组进行调车作业时，原则上采用自走行方式，凭地面信号机的显示运行。

（2）动车组禁止连挂其他机车车辆（救援机车、附挂回送过渡车以及动车组无动力调车时的调车机车、公铁两用牵引车除外）调车。

（3）动车组调车作业时，司机应在运行方向的前端操作，前方进路的确认由司机负责。在不得已情况下必须在后端操作时，应指派随车机械师或其他胜任人员站在动车组运行方向的前端指挥，发现危及行车或人身安全时，应立即使用紧急停车按钮（紧急制动装置）或通知司机停车。

4.6.4 机车车辆防溜

（1）动车组防溜。

① 动车组无动力停留时，有停放制动装置的动车组，由司机负责将动车组处于停放制动状态；动车组无停放制动装置或在坡度为20‰以上的区间无动力停留时，由司机通知随车机械师进行防溜，防溜时应使用止轮器牢靠固定。

② 重联动车组在设置止轮器防溜时，仅设置前列。

③ 如需在同一股道内停留两列不重联的动车组时，两列动车组间应间隔不小于20 m的安全防护距离（动车段、动车所内的股道除外），并分别做好防溜。

④ 动车段（所）内动车组防溜办法由铁路局规定。

（2）车辆防溜。

① 车辆在车站停留时，应连挂在一起，拧紧两端车辆的人力制动机，并以铁鞋牢靠固定。特殊情况下分组停放时，应分别采取防溜措施。

② 一批作业中临时停留的车辆，须拧紧两端车辆的人力制动机或以铁鞋止轮。

③ 调车作业实行"谁作业、谁防溜（撤除）"的原则，防溜措施的设置和撤除由调车人员（机车及自轮运转特种设备为司机，其他无调车人员的为设备使用单位人员）负责。

（3）机车及自轮运转特种设备在车站停留时，由司机负责将其保持制动（防溜）状态，并按规定采取止轮措施。

（4）施工路用车辆及自轮运转特种设备需在车站停留时，使用单位应派人负责看守。其他车辆在车站到发线停留时，由车站人员（车务应急值守人员或其他胜任人员）对其防溜措施进行检查、确认。

任务实施与评价

（1）教师下发任务单，学生明确学习任务、学习内容、知识目标、能力目标、素质目标要求。

（2）学生按任务单要求制订学习计划，完成预习任务及相关知识准备。

（3）教师通过某行车组织案例进行认知引入。

（4）学生查阅资料说明《铁路技术管理规程》关于调车作业的有关规定。

（5）学生对比说明调车作业速度距离的安全规定。

（6）教师组织学生学习动车组调车作业的具体措施。

（7）学生识别调车作业通知书，教师辅导答疑，学生以个人或学习小组方式进行学习小结及反思。

（8）学生讲述机车车辆防溜工作的作业标准。

（9）学生进行学习自我评价及学习小组成员互评，小组长（副组长）进行小组整体评价，教师检查任务完成情况。

【任务7】　施 工 维 修

📋 任务单

任务名称	施工维修
任务描述	坚持运输、施工兼顾的原则，加强施工计划管理、组织管理，按计划、有组织地进行各项施工，按规定设置防护，提高施工作业效率和质量。通过学习掌握施工作业要求与防护的有关规定，从而确保铁路运输任务的有序开展，确保行车工作的安全、准确与高效完成
任务分析	在铁路营业线开展施工是铁路行车组织工作的重要组成部分。施工维修工作要坚持运输、施工兼顾的原则，加强施工计划管理、组织管理，按计划、有组织地进行各项施工，按规定设置防护，提高施工作业效率和质量。本任务以动车组列车一次乘务作业过程引入，方便学生开展项目式学习，掌握施工作业要求，规范施工作业流程，提高作业效率
学习任务	【子任务1】施工维修防护要求 　　学习坚持运输、施工兼顾的施工作业原则，了解加强施工计划管理、组织管理，按计划、有组织地进行各项施工，提高施工作业效率和质量的施工作业具体要求 　　【子任务2】施工作业防护 　　了解《铁路技术管理规程》关于在施工或故障地段用移动停车信号、减速信号，按规定设置防护的具体措施 🔍
劳动组合	各组长讨论交流，根据任务单列出施工作业有关规定。依据模拟施工任务制定安全预想，使用停车信号、减速信号进行施工防护。各组评判小组成员学习情况，并作出小组评价
成果展示	（1）施工维修作业的邻线保护 （2）使用停车信号进行施工作业防护 （3）使用减速信号进行施工作业防护
学习小结	

续表

	项目	A—优	B—良	C—中	D—及格	E—不及格	综合
自我评价	安全纪律（15%）						
	学习态度（15%）						
	专业知识（30%）						
	专业技能（30%）						
	团队合作（10%）						
教师评价	简要评价						
	教师签名						

学习引导文

4.7　施工维修

4.7.1　施工维修防护要求

1. 基本要求

（1）凡影响行车的施工维修，均应设置防护。

（2）未设好防护，禁止开工。线路状态未恢复到准许放行列车的条件，禁止撤除防护、放行列车。施工维修防护的设置与撤除，由施工负责人决定。

（3）在区间或站内线路、道岔上维修时，现场防护人员应站在维修地点附近且瞭望条件较好的地点进行防护，在天窗内作业时，显示停车手信号。维修作业应在调度所（车站）与作业地点分别设驻调度所（驻站）联络员和现场防护人员，并保持联系。

2. 施工维修的计划准备

（1）封锁区间施工时，施工负责人应确认已做好一切施工准备，按批准的施工计划（临时抢修施工时除外），由驻调度所（驻站）联络员在《行车设备施工登记簿》内登记。列车调度员应保证施工时间，并及时发出实际施工调度命令。施工负责人接到调度命令，确认施工起止时刻，设好停车防护后，方可开工，并保证在规定时间内完成。

（2）施工单位及设备管理单位应严格掌握开通条件，经检查满足放行列车的条件，且设备达到规定的开通速度要求，办理开通登记后，向列车调度员申请开通区间。如因特殊情况不能按时开通区间或不能按规定的开通速度运行时，应提前要求列车调度员延长时间或限速运行。

3. 施工维修作业的防护安全

（1）施工维修作业时，应严格遵守作业人员和机具避车制度，采取措施保证邻线列车和作业人员安全。

（2）在区间或站内线路、道岔上施工维修作业时，应在列车调度台设驻调度所联络员或在车站行车室设驻站联络员，施工维修地点设现场防护人员。驻调度所（驻站）联络员和现场防护人员应由指定的、经过考试合格的人员担任。施工负责人可指派驻调度所（驻站）联络员负责在列车调度台（车站行车室）办理施工维修登、销记手续，驻调度所（驻站）联络员向施工负责人传达调度命令，通报列车运行情况。驻调度所（驻站）联络员和现场防护人员在执行防护任务时，应佩戴标志，携带通信设备；现场防护人员还应携带必备的防护用品，随时观察施工现场和列车运行情况。发现异常情况时及时通报列车调度员（车站值班员）和施工负责人。

驻调度所（驻站）联络员应与现场防护人员保持联系，如联系中断，现场防护人员应立即通知施工负责人停止作业，必要时将线路恢复到准许放行列车的条件。

4. 施工维修作业的邻线保护

（1）在线间距不足 6.5 m 地段施工维修而邻线行车时，邻线列车应限速 160 km/h 及以下，并按规定设置防护。施工单位在提报施工计划时，应提出邻线限速的条件。

（2）邻线来车时，现场防护人员应及时通知作业人员，机具、物料或人员不得在两线间放置或停留，并应与列车保持安全距离，物料应堆码放置牢固。

5. 线路轨料

线路备用轨料须在车站范围内码放整齐，线路两侧散落的旧轨料、废土废渣应及时清理。因施工等原因线路两侧临时摆放的轨料，要码放整齐，并进行必要的加固。有栅栏的地段要置于两侧的封闭栅栏内；需临时拆除封闭栅栏时，应设置临时防护设施并派人昼夜看守。

6. 养路设备

凡上道使用涉及行车安全的养路机械、机具及防护设备，须符合有关技术标准，满足运用安全的要求。养路机械、机具及防护设备应专管专用，加强日常检修和定期检查，经常保持良好状态。状态不良的，禁止上道使用。

7. 装卸路料

路用列车装卸路料时，装卸车负责人应指挥列车停于指定地点。装卸作业完毕后，其负责人应负责检查装卸货物的装载、堆码状态，确认限界，清好道沿，关好车门。在区间装卸时，装卸车负责人确认具备开车条件后通知司机开车。

8. 熟悉线路与施工条件

进入封锁区间的施工列车司机应熟悉线路和施工条件。

4.7.2　施工作业防护

（1）在区间线路上施工时，使用移动停车信号防护，防护办法如下。

① 单线区间线路施工时的施工作业防护如图 4－1 所示。

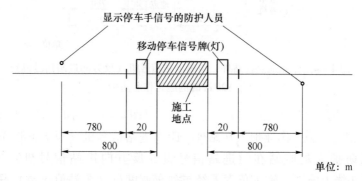

图 4－1　单线区间线路施工时的施工作业防护

② 双线区间一条线路施工时的施工作业防护如图 4-2 所示。

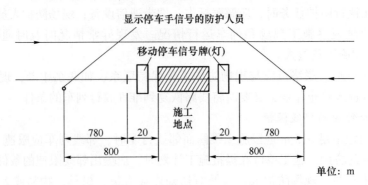

图 4-2　双线区间一条线路施工时的施工作业防护

③ 双线区间两条线路同时施工时的施工作业防护，如图 4-3 所示。

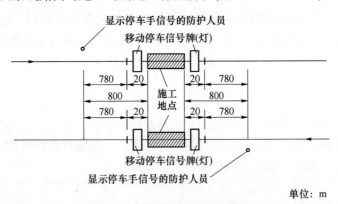

图 4-3　双线区间两条线路同时施工时的施工作业防护

④ 作业地点在站外，距离进站信号机（反方向进站信号机）小于 820 m 时的施工作业防护，如图 4-4 所示。

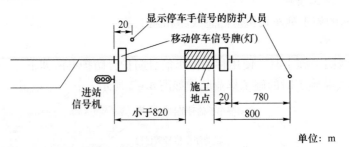

图 4-4　作业地点在站外，距离进站信号机（反方向进站信号机）
小于 820 m 时的施工作业防护

现场防护人员应站在距施工地点 800 m 附近（见图 4-1～图 4-3），且瞭望条件较好的地点显示停车手信号；施工作业地点在站外，距离进站信号机（反方向进站信号机）小于 820 m 时，现场防护人员应站在距进站信号机（反方向进站信号机）20 m 附近（见图 4-4）；在尽头线上施工，施工负责人经与列车调度员（车站值班员）联系确认尽头一端无列车、轨道车时，则尽头一端可不设防护。

（2）在站内线路上施工时，使用移动停车信号防护，防护办法如下。

① 将施工线路两端道岔扳向不能通往施工地点的位置，并加锁或紧固，可不设置移动停车信号牌（灯）。当施工线路两端道岔只能通往施工地点的位置时，在施工地点两端各50 m处线路上，设置移动停车信号牌（灯）防护，如图4-5所示；如施工地点距离道岔小于50 m时，在该端警冲标相对处线路上，设置移动停车信号牌（灯）防护，如图4-6所示。

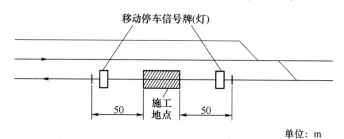

图4-5　在站内线路上施工时，使用移动停车信号进行施工作业防护（1）

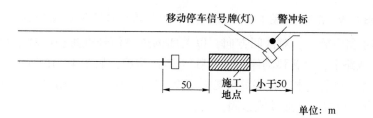

图4-6　在站内线路上施工时，使用移动停车信号进行施工作业防护（2）

② 在进站道岔外方线路上施工，对区间方向，以关闭的进站信号机防护；对车站方向，在进站道岔外方基本轨接头处（顺向道岔在警冲标相对处）线路上，设置移动停车信号牌（灯）防护，如图4-7所示。

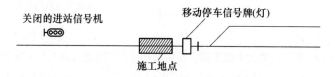

图4-7　在站内线路上施工时，使用移动停车信号进行施工作业防护（3）

③ 双线区段，在反方向进站信号机至出站道岔的线路上施工，对区间方向，以关闭的反方向进站信号机防护。对车站方向，在出站道岔外方基本轨接头处（对向道岔在警冲标相对处）线路上，设置移动停车信号牌（灯）防护，如图4-8所示。

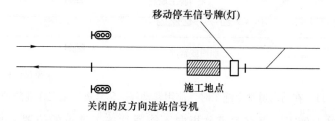

图4-8　在站内线路上施工时，使用移动停车信号进行施工作业防护（4）

（3）在站内道岔上（含警冲标至道岔尾部线路、道岔间线路）施工时，使用移动停车信号防护，防护办法如下。

① 在站内道岔上施工，一端距离施工地点 50 m，另一端两条线路距离施工地点 50 m（距出站信号机不足 50 m 时，为出站信号机处），分别在线路上设置移动停车信号牌（灯）防护，如图 4 – 9 所示；如一端距离外方道岔小于 50 m 时，将有关道岔扳向不能通往施工地点的位置，并加锁或紧固。

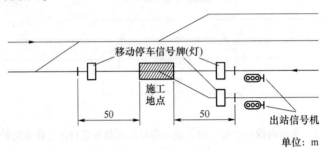

图 4 – 9　在站内道岔上施工时，使用移动停车信号进行施工作业防护（1）

② 在进站道岔上施工，对区间方向，以关闭的进站信号机防护；对车站方向，在距离施工地点 50 m 线路上，设置移动停车信号牌（灯）防护，如图 4 – 10 所示。距邻近道岔不足50 m 时，在邻近道岔基本轨接头处设置移动停车信号牌（灯）防护，将有关道岔扳向不能通往施工地点的位置，并加锁或紧固。

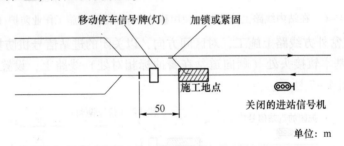

图 4 – 10　在站内道岔上施工时，使用移动停车信号进行施工作业防护（2）

③ 在出站道岔上施工，对区间方向，以关闭的反方向进站信号机防护；对车站方向，在距离施工地段不少于 50 m 线路上，设置移动停车信号牌（灯）防护，如图 4 – 11 所示。距邻近道岔不足 50 m 时，将有关道岔扳向不能通往施工地点的位置，并加锁或紧固。

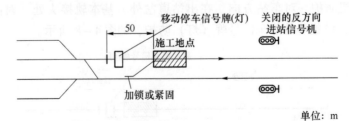

图 4 – 11　在站内道岔上施工时，使用移动停车信号进行施工作业防护（3）

④ 在交分道岔上施工，将有关道岔扳向不能通往施工地点的位置，并加锁或紧固，在距离施工地点两端 50 m 处线路上，设置移动停车信号牌（灯）防护，如图 4 – 12 所示。

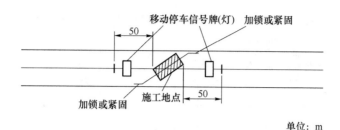

单位：m

图 4-12 在站内道岔上施工时，使用移动停车信号进行施工作业防护（4）

⑤ 在交叉渡线的一组道岔上施工，一端在菱形中轴相对处线路上，另一端在距离施工地点 50 m 处线路上，分别设置移动停车信号牌（灯）防护，将有关道岔扳向不能通往施工地点的位置，并加锁或紧固，如图 4-13 所示。

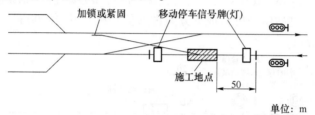

单位：m

图 4-13 在站内道岔上施工时，使用移动停车信号进行施工作业防护（5）

⑥ 在道岔上进行大型养路机械施工时，如延长移动停车信号牌（灯）防护距离后占用其他道岔时，对相关道岔应一并防护。

（4）仅运行动车组列车的区间正线不设置移动减速信号防护。在其余区间正线上，使用带"T"字和"减速"字的移动减速信号的防护办法如下。

① 单线区间施工，移动减速信号设立位置如图 4-14 所示。

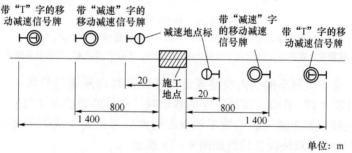

单位：m

图 4-14 单线区间施工时，移动减速信号的设置

② 双线区间在一条线上施工，移动减速信号设立位置如图 4-15 所示。

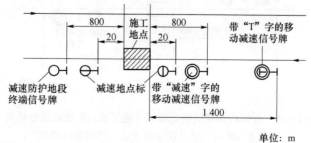

单位：m

图 4-15 双线区间在一条线上施工时，移动减速信号的设置

③ 双线区间两条线路同时施工，移动减速信号设立位置如图 4 – 16 所示。

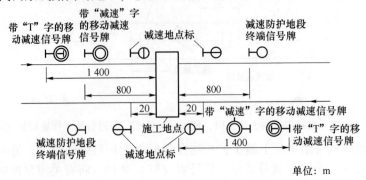

图 4 – 16 双线区间两条线路同时施工时，移动减速信号的设置

④ 施工地点距离进站信号机（或反方向进站信号机）小于 800 m 时，移动减速信号设立位置如图 4 – 17 所示。

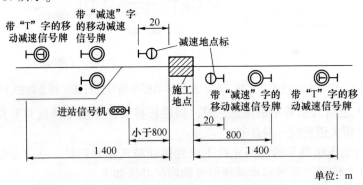

图 4 – 17 施工地点距离进站信号机（或反方向进站信号机）

小于 800 m 时，移动减速信号的设置

注：1. 当站内正线警冲标距离施工地点小于 800 m 时，按 800 m 设置移动减速信号牌；

2. 当站内正线警冲标距离施工地点大于或等于 1 400 m 时，不设置带 "T" 字的移动减速信号牌。

（5）仅运行动车组列车的站内线路或道岔不设置移动减速信号防护。在其余站内线路或道岔上，使用带 "T" 字和 "减速" 字的移动减速信号的防护办法如下。

① 在站内正线线路上施工，当施工地点距进站信号机大于或等于 800 m 时，单线设立位置如图 4 – 18 所示，双线设立位置如图 4 – 19 所示。

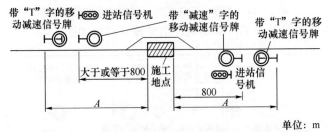

图 4 – 18 在站内正线线路上施工（施工地点距进站信号机大于

或等于 800 m）时，移动减速信号的设置（单线）

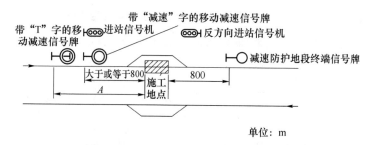

单位: m

图 4-19 在站内正线线路上施工（施工地点距进站信号机大于
或等于 800 m）时，移动减速信号的设置（双线）

注：当施工地点距进站信号机不足 800 m 时，自施工地点起至 800 m 处区间线路列车运行
方左侧，设移动减速信号牌防护；当施工地点距进站信号机大于或等于 A 时，不设置
带"T"字的移动减速信号牌，A 取 1 400 m；当施工地点距反方向进站信号机不足
800 m 时，自施工地点起至 800 m 处区间线路列车运行方左侧，设减速防护地段终端
信号牌；当施工地点距反方向进站信号机大于或等于 800 m 时，在反方向进站信号机
处，设减速防护地段终端信号牌。

② 在站内正线道岔上施工，当施工地点距进站信号机大于或等于 800 m 时，单线设立
位置如图 4-20 所示，双线设立位置如图 4-21 所示。

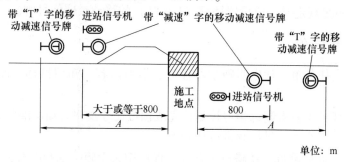

单位: m

图 4-20 在站内正线道岔上施工（施工地距进站信号机大于或
等于 800 m）时，移动减速信号的设置（单线）

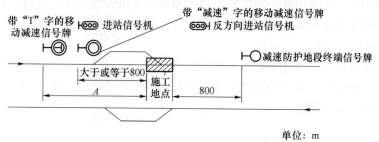

单位: m

图 4-21 在站内正线道岔上施工（施工地距进站信号机大于
或等于 800 m）时，移动减速信号的设置（双线）

注：当施工地点距进站信号机不足 800 m 时，自施工地点起至 800 m 处区间线路列车运行方左侧，
设移动减速信号牌防护；当施工地点距进站信号机大于或等于 A 时，不设置带"T"字的移动
减速信号牌，A 取 1 400 m；当施工地点距反方向进站信号机不足 800 m 时，自施工地点起
至 800 m 处区间线路列车运行方左侧，设减速防护地段终端信号牌；当施工地点距反方向进
站信号机大于或等于 800 m 时，在反方向进站信号机处，设减速防护地段终端信号牌。

③ 在站线线路上施工，移动减速信号设立位置如图 4 – 22 所示。

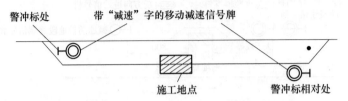

警冲标处　　　带"减速"字的移动减速信号牌

施工地点　　　　　警冲标相对处

图 4 – 22　在站线线路上施工时，移动减速信号的设置

④ 在站线道岔上施工，该道岔中部线路旁，设置两面黄色的带"减速"字的移动减速信号牌，移动减速信号设立位置如图 4 – 23 所示。

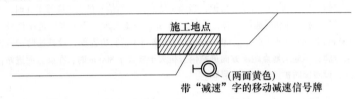

施工地点

（两面黄色）
带"减速"字的移动减速信号牌

图 4 – 23　在站线道岔上施工时，移动减速信号的设置

凡线间距离不足规定时，应设置矮型（1 m 高）的移动减速信号牌。

任务实施与评价

（1）教师下发任务单，学生明确学习任务、学习内容、知识目标、能力目标、素质目标要求。

（2）学生按任务单要求制订学习计划，完成预习任务及相关知识准备。

（3）教师播放某线路实景视频进行认知引入。

（4）学生查阅资料说明《铁路技术管理规程》中关于施工维修的有关规定。

（5）学生对比说明使用移动停车信号、减速信号的防护办法。

（6）教师组织学生学习在不同线路上使用减速信号进行施工作业的防护办法。

（7）学生识别高速铁路、普速铁路信号标志，教师辅导答疑，学生以个人或学习小组方式进行学习小结及反思。

（8）学生讲述施工作业防护的作业标准。

（9）学生进行学习自我评价及学习小组成员互评，小组长（副组长）进行小组整体评价，教师检查任务完成情况。

项目 5　非正常行车

项目描述

非正常行车是铁路行车组织的一项重要内容，是在遇到灾害天气、设备故障等非常情况下，综合运用各种技术设备，合理组织列车运行，完成旅客运输的工作过程。高速铁路非正常行车工作主要内容包括：非正常行车组织、救援、路用列车开行、灾害天气行车及设备故障行车等。

学生依据本项目各任务，熟练掌握非正常行车组织、救援、路用列车开行、灾害天气行车及设备故障行车等工作，并按《铁路技术管理规程》标准认真执行。

本项目任务：

任务 1　非正常行车组织；

任务 2　救援；

任务 3　路用列车开行；

任务 4　灾害天气行车；

任务 5　设备故障行车。

教学目标

1. 知识目标

（1）了解非正常行车组织的基本要求。

（2）熟悉救援、路用列车开行的规定与办法。

（3）了解灾害天气、设备故障行车的制度及办法。

2. 能力目标

（1）模拟进行动车组列车的非正常行车组织。

（2）熟悉《铁路技术管理规程》高铁部分有关的内容。

（3）按非正常行车的要求，完成对救援、路用列车、灾害天气及设备故障行车的组织工作。

3. 素质目标

（1）培养学生遵章守纪、爱护动车组、平稳操纵、安全正点的职业道德。

（2）在项目完成过程中培养学生学习新技术、勇于创新和开拓的意识。

（3）在项目完成过程中培养学生严谨认真的态度，提升应变与沟通能力。

（4）能客观、公正地进行学习自我评价及对小组成员的评价。

【任务1】 非正常行车组织

📋 任务单

任务名称	非正常行车组织
任务描述	非正常行车组织是在遇到灾害天气、设备故障等非常情况下，综合运用各种技术设备，合理组织列车运行，完成旅客运输的工作过程。高速铁路非正常行车工作主要内容包括：非正常行车组织、救援、路用列车开行、灾害天气行车及设备故障行车等
任务分析	高速铁路非正常行车组织工作必须坚持高度集中、统一领导的原则。逐级负责，各尽其能，使各项工作环环相扣，紧密衔接，才能保证运输生产的有序进行。本任务以非正常行车案例引入，方便读者开展项目式学习，深刻理解铁路行车组织基本原则，了解非正常行车组织、救援、路用列车开行、灾害天气行车及设备故障行车等组织工作，并按《铁路技术管理规程》的要求认真执行
学习任务	【子任务1】双线区间反方向行车 学习双线区间反方向行车的基本原则，掌握双线区间反方向行车的组织办法与限速要求 【子任务2】列车被迫停车后的处理 了解请求救援的办法，熟悉妨碍邻线时的处置办法及列车防护办法 【子任务3】列车在区间退行、返回 了解列车退行的办法，掌握动车组列车由区间返回的有关规定 【子任务4】列车分部运行 熟悉分部运行时的操作办法及禁止分部运行的有关规定 【子任务5】列车冒进信号 熟悉列车冒进信号后的处置办法，了解发生列车冒进信号事故后的行车组织办法 【子任务6】列车运行晃车 列车发生运行晃车后的处置及发生运行晃车后的行车组织 【子任务7】列车停在接触网分相无电区 发生列车停在接触网分相无电区后的处置办法及发生此事故的行车组织办法 【子任务8】列车碰撞异物 发生列车碰撞异物后的处置办法及发生此事故后的行车组织规定 【子任务9】列车发生火灾、爆炸 了解列车发生火灾、爆炸后的处置办法，掌握《铁路技术管理规程》关于发生此类事故后重联解编、分隔甩车的有关规定
劳动组合	各组长讨论交流，根据任务单列出非正常行车组织工作必须遵守的有关条例。布置任务，依据模拟任务制定担当任务的安全预想，掌握非正常行车工作的基本要求。各组评判小组成员学习情况，并作出小组评价

续表

成果展示	（1）列车被迫停车后的处理 （2）模拟动车组列车由区间返回 （3）分部运行的操作 （4）学生制定非正常行车组织的安全措施					
学习小结						

	项目	A—优	B—良	C—中	D—及格	E—不及格	综合
自我评价	安全纪律（15%）						
	学习态度（15%）						
	专业知识（30%）						
	专业技能（30%）						
	团队合作（10%）						

教师评价	简要评价	
	教师签名	

学习引导文

5.1　非正常行车组织

5.1.1　双线区间反方向行车

1. 行车组织

在双线区间，列车应按左侧单方向运行。仅限于整理列车运行时，方可使列车反方向运行；但旅客列车仅在正方向区间的线路封锁、发生自然灾害、因事故中断行车，以及正方向设备故障严重影响列车运行秩序而反方向自动站间闭塞设备良好等特殊情况下，经调度所值班主任（值班副主任）准许，方可反方向运行。

2. 调度指挥

列车反方向运行时，列车调度员应发布调度命令。列车调度员（车站控制时为车站值班员）确认反方向区间空闲。

3. 运行限速

动车组列车反方向运行时，在 CTCS-3 级区段，CTCS-3 级列控系统最高允许速度为 300 km/h，CTCS-2 级列控系统最高允许速度为 250 km/h；在 CTCS-2 级区段，在 250 km/h 线路上最高允许速度为 200 km/h，在 200 km/h 线路上最高允许速度为 160 km/h。

5.1.2　列车被迫停车后的处理

1. 救援请求

列车在区间被迫停车不能继续运行时，司机应立即使用列车无线调度通信设备通知列车调度员（两端站）及随车机械师（车辆乘务员），报告停车原因和停车位置，根据需要迅速请求救援。

（1）随车机械师（车辆乘务员）、客运乘务组均应听从司机指挥，处理有关行车、列车防护和事故救援等事宜。

（2）列车调度员（车站值班员）接到司机通知后，应将区间内列车运行情况通知司机，并立即使用列车无线调度通信设备通知区间内后续列车停车，在停车原因消除前不得再向区间内放行列车。

（3）对已请求救援的列车，不得再行移动，并按规定对列车进行防护。

（4）列车在区间被迫停车后，应保证就地制动，防止列车溜逸。如遇自动制动机故障，动车组以外的旅客列车司机应通知车辆乘务员立即组织列车乘务人员拧紧全列人力制动机；其他列车司机应立即采取安全措施，并向列车调度员报告。

（5）需要防护时，列车前方由司机负责，列车后方由随车机械师（车辆乘务员）负责，配备列车防护报警装置的列车应首先使用列车防护报警装置进行防护。单班单司机值乘的列车防护作业办法由铁路局规定。

2. 妨碍邻线的处置

列车被迫停车可能妨碍邻线时，司机应立即使用列车无线调度通信设备通知邻线上运行的列车和列车调度员（两端站），与随车机械师（车辆乘务员）分别在列车头部或尾部附近对邻线来车方向短路轨道电路，配备列车防护报警装置的列车应首先使用列车防护报警装置进行防护。司机应亲自或指派人员沿邻线一侧对列车进行检查，发现妨碍邻线时，应立即报告列车调度员（两端站）。如发现邻线有列车开来时，应鸣示紧急停车信号。列车调度员（车站值班员）接到列车被迫停车可能妨碍邻线的通知后，应立即通知邻线有关列车停车，在原因消除前不得向邻线放行列车。

单班单司机值乘的列车防护作业办法由铁路局规定。

3. 列车防护办法

（1）已请求救援时，从救援列车开来方面（不明时，从列车前后两方面），距离列车不小于300 m处放置响墩防护；在仅运行动车组列车的线路上，列车在区间被迫停车后已请求救援时，由随车机械师在救援列车开来方面，距离列车不小于300 m处人工进行防护，不再放置响墩防护。

（2）列车分部运行，机车进入区间挂取遗留车辆时，应从车列前方距离不小于300 m处放置响墩防护。

（3）防护人员设置的响墩在停车原因消除后，由防护人员撤除。

5.1.3　列车在区间退行、返回

1. 列车在区间退行

（1）在不得已情况下，列车必须在区间退行时，列车调度员须扣停后续列车，并确认退行距离内的闭塞分区空闲后通知司机允许退行。随车机械师（车辆乘务员）或指派的胜任人员应站在列车尾部注视运行前方，发现危及行车或人身安全时，应立即使用紧急制动装置（紧急制动阀）或通知司机，使列车停车。列车退行速度不得超过15 km/h。

（2）列车若需退行至站内，列车调度员还应确认列车至后方站间已空闲。列车调度员（车站控制时为车站值班员）根据线路占用情况，可开放进站信号机或按引导办法将列车接入站内。动车组列车若需退行至站内，列车调度员应发布调度命令。

（3）动车组列车退行时，改按隔离模式退行。

（4）在降雾、暴风雨雪及其他不良条件下，难以辨认信号时，列车不准退行。

2. 动车组列车由区间返回

动车组列车在区间被迫停车后须返回后方站时，列车调度员必须确认动车组列车至后方站间已空闲，方可发布调度命令。司机根据调度命令，在动车组列车运行方向（折返）前端操作，列车改按隔离模式返回，运行速度不得超过 40 km/h。

5.1.4　列车分部运行

（1）行车组织。

在不得已情况下，列车必须分部运行时，司机应报告列车调度员（车站值班员），并组织做好遗留车辆的防溜和防护工作，车站值班员立即报告列车调度员。司机在记明遗留车辆辆数和停留位置后，方可牵引前部车辆运行至前方站，在运行中仍按信号显示运行。列车调度员应封锁区间，待将遗留车辆拉回车站，确认区间空闲后，方可开通区间。

（2）列车分部运行时，司机必须检查试验列车制动主管的贯通状态，确认具备开车条件后，方可起动列车。

（3）列车不准分部运行的情况。

① 采取措施后可整列运行时。

② 对遗留车辆未采取防护、防溜措施时。

③ 遗留车辆无人看守时。

④ 司机与列车调度员及车站值班员均联系不上时。

⑤ 遗留车辆停留在超过 6‰ 坡度的线路上时。

5.1.5　列车冒进信号机

1. 事故发生后的处置

列车冒进信号机后，司机应立即停车报告列车调度员（车站值班员），并不得擅自动车，车站值班员报告列车调度员。列车调度员（车站值班员）接到司机冒进进站（接车进路）信号机报告后，立即通知已进入区间的后续列车停车，不再向该区间放行列车。

2. 列车调度员的行车组织

列车冒进进站（接车进路）、出站（发车进路）信号机时，列车调度员（车站控制时为车站值班员）得到报告后，在确认列车具备动车条件时，按以下规定处理。

（1）列车冒进进站（接车进路）信号机时，列车调度员（车站控制时为车站值班员）在确认接车进路准备妥当和列车运行条件具备后，使用列车无线调度通信设备通知司机进站。

（2）列车冒进出站（发车进路）信号机时，列车调度员（车站控制时为车站值班员）应在具备条件后，布置列车后退。但对出发或通过列车，列车调度员（车站控制时为车站值班员）根据实际情况，可在确认发车进路准备妥当、第一个闭塞分区空闲（自动站间闭塞区段为区间空闲）、列车运行条件具备后，使用列车无线调度通信设备通知司机继续运行。

5.1.6　列车运行晃车

1. 事故发生后的处置

运行途中列车司机发现晃车时，应立即减速运行并向列车调度员（车站值班员）报告晃车地点及晃车时列车运行速度，待本列无异常状况后恢复常速运行。车站值班员报告列车调度员。

2. 列车调度员的行车组织

（1）晃车时列车运行速度为 160 km/h 以下时，列车调度员（车站值班员）立即通知已进入区间的后续列车停车，不再向该区间放行列车，通知工务部门。列车调度员根据工务部门上道检查的申请，及时发布本线封锁、邻线限速 160 km/h 及以下的调度命令后，准许上道检查。工务检查设备后，根据现场具体情况，确定列车放行条件。

（2）晃车时列车运行速度为 160 km/h 及以上时，列车调度员应向后续首列发布限速 120 km/h 的调度命令，限速位置按司机汇报的晃车地点前后各 1 km 确定。列车通过晃车地点后，司机应立即向列车调度员报告运行情况。若仍晃车，列车调度员立即通知已进入区间的后续列车停车，不再向该区间放行列车，通知工务部门，根据工务部门上道检查的申请，及时发布本线封锁、邻线限速 160 km/h 及以下的调度命令后，准许上道检查；工务检查设备后，根据现场具体情况，确定列车放行条件。若不再晃车，则按 160 km/h、250 km/h、常速逐级逐列提速。

（3）在逐级逐列提速的过程中，再次发生晃车时，列车调度员应立即通知已进入区间的后续列车停车，不再向该区间放行列车，通知工务部门，根据工务部门上道检查的申请，及时发布本线封锁、邻线限速 160 km/h 及以下的调度命令后，准许上道检查。工务检查设备后，根据现场具体情况，确定列车放行条件。

5.1.7 列车停在接触网分相无电区

1. 事故发生后的处置

电力机车牵引的列车和动车组列车停在接触网分相无电区不能继续运行时，司机应立即降弓，并报告列车调度员（车站值班员），车站值班员报告列车调度员。列车调度员（车站值班员）立即通知已进入区间的后续列车停车，不再向该区间放行列车。

2. 行车组织

（1）具备采用换弓、退行闯分相等方式自救时，司机应准确报告电力机车（动车组）停车位置，由列车调度员、供电调度员、机车调度员（动车司机调度员）共同根据电力机车（动车组）类型、停车位置、牵引供电设备状况等确定自救方案，组织自救。

（2）不具备自救条件时，按以下规定处理。

① 具备向中性区远动送电时，可在该分相后方接触网供电臂办理停电后，由列车调度员向供电调度员办理向中性区远动送电手续，通知停在该分相的列车升弓，待该列车驶出分相区后，再通知供电调度员恢复原供电方式并向后方接触网供电臂送电，恢复后续列车正常运行。

② 不具备向中性区远动送电时，列车调度员发布邻线限速 160 km/h 及以下的调度命令，司机组织相关人员按规定对列车进行防护，并确认列车前、后方接触网无电区长度，向列车调度员报告。列车调度员根据司机有关前、后方接触网无电区长度的报告，确定救援方案，组织救援。

5.1.8 列车碰撞异物

1. 事故处置

列车运行中碰撞异物影响行车安全时，司机应立即采取停车措施，并向列车调度员

（车站值班员）报告碰撞异物地点、碰撞异物情况及停车地点，动车组列车司机还应通知随车机械师。车站值班员报告列车调度员。列车调度员（车站值班员）立即通知本线已进入区间的后续列车停车，不再向该区间放行列车。需下车检查时，列车调度员根据司机请求及时发布邻线限速 160 km/h 及以下的调度命令，司机在接到列车调度员已发布相关调度命令的口头指示后，下车检查（动车组列车为通知随车机械师下车检查）。

（1）经检查列车可以继续运行时，恢复运行（动车组列车按随车机械师的要求运行），司机向列车调度员报告检查情况。如检查未发现异常情况，列车调度员向本线后续首列发布口头指示限速 160 km/h 运行，限速位置按碰撞异物地点前后各 2 km 确定，列车司机应加强瞭望，确认线路和接触网有无异常状态，在通过限速地点后立即向列车调度员报告，列车调度员在得到司机无异常的报告后，组织本线后续列车恢复正常运行；有影响行车异常情况时，列车调度员根据司机报告，扣停后续列车或组织后续列车限速运行，及时通知有关部门按规定上道检查处理。

（2）经下车检查确认不能继续运行时应及时请求救援，并按规定进行防护。

2. 行车组织

（1）碰撞异物侵入邻线影响邻线行车安全时，列车调度员（车站值班员）接到报告后，应立即通知邻线尚未经过该地点的列车停车，不再向邻线该区间放行列车，并通知有关部门按规定上道检查处理。

（2）碰撞异物情况不明，不能确定是否影响邻线时，列车调度员接到报告后，应立即向邻线尚未经过该地点的首列发布口头指示限速 160 km/h 运行，限速位置按碰撞异物地点前后各 2 km 确定。

（3）邻线首列列车司机应加强瞭望，确认线路和接触网有无异常状态，在通过限速地点后立即向列车调度员报告，列车调度员在得到司机无异常的报告后，组织邻线后续列车正常运行。有影响行车异常情况时，列车调度员根据司机报告，扣停后续列车或组织后续列车限速运行，及时通知有关部门按规定上道检查处理。

（4）工务、电务、供电部门应利用天窗时间对碰撞异物地点前后 2 km 范围内的设备进行重点检查。

5.1.9　列车发生火灾、爆炸

1. 事故处置

司机发现列车发生火灾、爆炸或接到列车发生火灾、爆炸的通知及报警时，须立即停车（停车地点应尽量避开长大隧道等，选择便于旅客疏散的地点），报告列车调度员（车站值班员），车站值班员报告列车调度员。列车调度员（车站值班员）接到报告后，立即通知邻线相关列车及本线后续列车停车，不再向区间放行列车。现场需停电时，列车调度员通知供电调度员停电。需组织旅客疏散时，司机得到邻线列车已扣停的通知后，转告列车长组织列车乘务人员将旅客疏散到安全地带。

2. 重联解编

重联动车组列车需解编时，由随车机械师负责引导，司机确认并拉开安全距离。解编后，动车组应分别按规定采取防溜措施。

3. 分隔甩车

动车组以外的列车需要分隔甩车时，应根据风向等情况而定。一般为先甩下列车后部的未着火车辆，再甩下着火车辆，然后将机后未着火车辆拉至安全地段。对甩下的车辆，在车站由车站人员负责采取防溜措施；在区间由司机、车辆乘务员负责采取防溜措施。

任务实施与评价

（1）教师下发任务单，学生明确学习任务、学习内容、知识目标、能力目标、素质目标要求。

（2）学生按任务单要求制订学习计划，完成预习任务及相关知识准备。

（3）教师通过某行车事故案例进行认知引入。

（4）学生查阅资料说明《铁路技术管理规程》中关于非正常行车的有关规定。

（5）学生对比说明双线区间反方向行车、列车退行、列车由区间返回的非正常行车组织办法。

（6）教师组织学生识别调度命令所设内容。

（7）学生对行车凭证进行确认，教师辅导答疑，学生以个人或学习小组方式进行学习小结及反思。

（8）学生讲述非正常行车的组织程序。

（9）学生进行学习自我评价及学习小组成员互评，小组长（副组长）进行小组整体评价，教师检查任务完成情况。

【任务2】 救　　援

任务单

任务名称	救援
任务描述	保持铁路线路畅通是铁路行车组织工作的关键，一旦发生行车事故造成的运输中断必须积极地处理，将因故障中断时间降至最低限度。据此，须熟练掌握《铁路技术管理规程》中关于使用机车、救援列车救援，动车组救援动车组及启用热备动车组的有关规定
任务分析	高速铁路救援组织工作必须坚持高度集中、统一领导的原则。逐级负责，各尽其能，使各项工作环环相扣，紧密衔接，才能保证救援工作的有序进行，将事故中断时间降低至最低值，保证行车工作的可控。本任务通过行车事故案例引入，方便读者开展项目式学习，深刻理解铁路行车组织基本原则，了解使用机车、救援列车救援，动车组救援动车组及启用热备动车组等有关规定，并按《铁路技术管理规程》要求认真执行
学习任务	【子任务1】使用机车、救援列车救援 　　了解使用机车、救援列车救援的组织，熟悉调度命令的发布方法，掌握救援工作的领导及具体救援作业办法 【子任务2】动车组救援动车组 　　了解使用动车组救援动车组的组织，熟悉调度命令的发布方法，掌握救援工作的领导及具体救援作业办法 【子任务3】启用热备动车组 　　学习启用热备动车组的救援组织，了解救援命令的发布办法，掌握救援的具体作业办法

续表

劳动组合	各组长讨论交流，根据任务单列出救援时必须遵守的有关条例。依据模拟任务，制定事故救援的安全预想，并掌握《铁路技术管理规程》的有关规定。各组评判小组成员学习情况，并作出小组评价					
成果展示	（1）使用机车救援 （2）模拟动车组救援动车组 （3）启用热备动车组的安全措施					
学习小结						
自我评价	项目	A—优	B—良	C—中	D—及格	E—不及格	综合
	安全纪律（15%）						
	学习态度（15%）						
	专业知识（30%）						
	专业技能（30%）						
	团队合作（10%）						
教师评价	简要评价						
	教师签名						

学习引导文

5.2　救援

5.2.1　使用机车、救援列车救援

1. 救援组织

列车调度员接到救援申请，按规定发布调度命令封锁区间，并报告值班主任（值班副主任）。

列车调度员根据情况确定使用内燃（电力）机车或救援列车担当救援，并将救援方案通知车站值班员和请求救援列车司机。担当救援的列车需要跨区段担当救援任务时，列车调度员须通知机车调度员（动车司机调度员）指派带道人员。

2. 救援命令

（1）列车调度员及时发布有关调度命令。担当救援的司机接到救援命令后，必须认真确认。命令不清、停车位置不明确时，不准动车。

（2）向封锁区间发出救援列车时，不办理行车闭塞手续，以列车调度员的命令，作为进入封锁区间的许可。

（3）动车组由机车牵引继续运行时，列车调度员根据随车机械师提出的限速要求，向救援机车司机发布限速运行的调度命令。

（4）使用机车救援动车组时，动车组列控车载设备转入或退出隔离模式不发布调度命令。

（5）当故障列车处理后可继续运行时，列车调度员应根据司机请求，取消前发救援调度命令。

3. 救援领导

救援列车的出发或返回，均应通知列车调度员及对方站（与本站为同一人办理时除外）。如事故现场设有临时线路所时，列车调度员（车站控制时为车站值班员）应于发车前，商得线路所车站值班员的同意。

发生事故时，在事故调查组人员到达前，站长（副站长）应随乘发往事故地点的第一列救援列车（分部运行时挂取遗留车辆的机车除外）到事故现场，负责指挥列车有关工作。

4. 救援操作

（1）救援列车进入封锁区间后，在接近被救援列车或车列 2 km 时，要严格控制速度，同时，使用列车无线调度通信设备与请求救援的列车司机进行联系，或以在瞭望距离内能够随时停车的速度运行（最高不得超过 20 km/h），在防护人员处或压上响墩后停车，联系确认，并按要求进行作业。

（2）使用机车救援动车组时，应进行制动试验，制动主管压力采用 600 kPa。具备升弓供电条件时，允许动车组升弓供电。当使用电力机车担当救援机车，如动车组升弓，由动车组司机通知救援机车司机，救援机车司机在通过分相区前通知动车组司机断电并降弓。

（3）连挂前，司机须与列车调度员联系，在得到列车调度员已发布邻线限速 160 km/h 及以下的调度命令（妨碍邻线及组织旅客疏散时为已扣停邻线列车）的口头指示后，方可开始作业。

（4）救援机车司机在救援作业过程中，要严格遵守有关限速规定，与动车组司机保持联系。救援运行中尽可能避免实施紧急制动。

5.2.2　动车组救援动车组

1. 救援组织

列车调度员接到救援申请，按规定发布调度命令封锁区间，并报告值班主任（值班副主任）。

列车调度员将救援方案通知车站值班员和请求救援的动车组司机。担当救援的动车组列车需要跨区段担当救援任务时，列车调度员须通知机车调度员（动车司机调度员）指派带道人员。

2. 救援命令

（1）列车调度员及时发布有关调度命令。担当救援的动车组司机接到救援命令后，必须认真确认。命令不清、停车位置不明确时，不准动车。

（2）向封锁区间发出救援动车组时，不办理行车闭塞手续，以列车调度员的命令，作为进入封锁区间的许可。

（3）被救援动车组转入或退出隔离模式不发布调度命令。

（4）当故障动车组处理后可继续运行时，列车调度员应根据司机请求，取消前发救援调度命令。

3. 救援领导

救援列车的出发或返回，均应通知列车调度员及对方站（与本站为同一人办理时除外）。如事故现场设有临时线路所时，列车调度员（车站控制时为车站值班员）应于发车前，商得线路所车站值班员的同意。

发生事故时，在事故调查组人员到达前，站长（副站长）应随乘发往事故地点的第一列救援列车到事故现场，负责指挥列车有关工作。

4. 救援操作

（1）在故障动车组前部救援时，担当救援的动车组按隔离模式进入区间，在接近被救援列车 2 km 时，以在瞭望距离内能够随时停车的速度运行，最高不超过 20 km/h，在距被救援列车不小于 300 m 处一度停车，与被救援列车联系确认后进行作业；在故障动车组尾部救援时，开放出站信号，担当救援的动车组按完全监控模式进入区间，在行车许可终点停车，与被救援列车联系确认后，按目视行车模式进入前方闭塞分区，以在瞭望距离内能够随时停车的速度运行，最高不超过 20 km/h，在距被救援列车不小于 300 m 处一度停车（行车许可终点距被救援列车不足 300 m 时除外），与被救援列车联系确认后进行作业。

（2）连挂前，司机须与列车调度员联系，在接到列车调度员已发布邻线限速 160 km/h及以下的调度命令（妨碍邻线及组织旅客疏散时为已扣停邻线列车）的口头指示后，方可开始作业。

5.2.3　启用热备动车组

1. 救援组织

动车组故障无法及时修复时，应及时启用热备动车组。热备动车组定员少于故障动车组实际人数时，有条件时，使用定员能满足需要的其他动车组组织旅客换乘。

2. 救援命令

跨局出动热备动车组时，由铁路总公司调度向铁路局发布调度命令。

3. 救援操作

（1）有关单位在接到调度命令后，应迅速完成热备动车组出动前的各项准备工作，具备条件后及时发车。

（2）对担当换乘任务的动车组列车应优先放行，确保及时到位及返回归位。

（3）在站内组织旅客换乘时，应尽量安排在同一站台的两个站台面进行。

（4）在区间组织旅客换乘时，列车调度员组织担当换乘任务的动车组列车进入邻线指定位置停车。担当换乘任务的列车到达邻线指定位置停妥后，司机向列车调度员报告。列车调度员通过申请换乘的列车司机通知列车长组织旅客换乘。担当换乘任务的列车长确认旅客换乘完毕后通知司机，司机得到列车长通知，确认车门关闭，具备开车条件后起动列车，并向列车调度员报告。

任务实施与评价

（1）教师下发任务单，学生明确学习任务、学习内容、知识目标、能力目标、素质目标要求。

（2）学生按任务单要求制订学习计划，完成预习任务及相关知识准备。

（3）教师通过某行车事故案例进行认知引入。

（4）学生查阅资料说明《铁路技术管理规程》关于救援的有关规定。

（5）学生对比说明使用机车、使用动车组进行救援作业的有关规定。

（6）教师组织学生学习救援工作的有关内容。

（7）学生识别动车组救援设备及机械，教师辅导答疑，学生以个人或学习小组方式进行学习小结及反思。

（8）学生讲述使用动车组进行救援作业程序。

（9）学生进行学习自我评价及学习小组成员互评，小组长（副组长）进行小组整体评价，教师检查任务完成情况。

【任务3】 路用列车开行

📋 任务单

任务名称	路用列车开行
任务描述	不以营业为目的而专为铁路部门运输内部自用物资（如道枕、道砟、钢轨等）及进行设备抢修等工作所开行的列车称为路用列车。为保持铁路运输工作按计划有序进行，确保施工任务与其他工作有条不紊地进行，须学习掌握《铁路技术管理规程》中关于施工路用列车开行，确认列车开行，设备故障及抢修的有关规定
任务分析	高速铁路救援组织工作必须坚持高度集中、统一领导的原则。逐级负责，各尽其能，使各项工作环环相扣，紧密衔接，才能保证路用列车开行的有序进行，保证行车工作的可控管理。本任务以行车组织作业案例引入，方便读者开展项目式学习，深刻理解铁路行车组织基本原则，了解施工路用列车开行、确认列车开行，设备故障及检修等工作，并按要求认真执行
学习任务	【子任务 1】施工路用列车开行 学习施工路用列车上线的安全规定，熟悉该列车应配备的行车设备。了解施工路用列车行车凭证、接发车办法及作业时安全保障措施等 【子任务 2】确认列车开行 学习路用列车行车组织办法与施工作业的信息反馈规定 【子任务 3】设备故障及抢修 学习设备故障的报告方法与应急处置规定，掌握设备故障及抢修工作的组织办法
劳动组合	各组长讨论交流，根据任务单列出路用列车开行的有关条例。布置任务，制定路用列车开行任务的安全预想，结合任务掌握《铁路技术管理规程》的有关规定。各组评判小组成员学习情况，并作出小组评价
成果展示	（1）施工路用列车开行 （2）设备故障及抢修 （3）学生制定路用列车开行的安全措施
学习小结	

续表

	项目	A—优	B—良	C—中	D—及格	E—不及格	综合
自我评价	安全纪律（15%）						
	学习态度（15%）						
	专业知识（30%）						
	专业技能（30%）						
	团队合作（10%）						
教师评价	简要评价						
	教师签名						

学习引导文

5.3　路用列车开行

5.3.1　施工路用列车开行

1. 施工路用列车上线

（1）施工路用列车进入高速铁路运行必须装备列车运行监控装置或轨道车运行控制设备、机车综合无线通信设备，未装设或设备故障的禁止进入高速铁路运行。

（2）施工路用列车上线运行应纳入施工、维修日计划，向调度所提供《自轮运转特种设备运行、作业计划表》，注明发站、到站、编组、运行径路、作业地点及转线计划并经主管业务处审核批准。未提供《自轮运转特种设备运行、作业计划表》或内容不全的，禁止进入高速铁路运行。

（3）在 GSM‒R 区段，施工路用列车司机及有关人员应配备 GSM‒R 手持终端，开车前将联系号码报告列车调度员和相关车站值班员。施工路用列车有关人员间应相互通报联系方式，并进行通话试验。

2. 行车凭证

向封锁区间开行施工路用列车时，列车进入封锁区间的行车凭证为调度命令。该命令中应包括列车车次、停车地点、到达车站的时刻等有关事项。需限速运行时在命令中一并注明。

3. 施工路用列车接发

（1）在常态灭灯的区段，接发施工路用列车时，进站信号机、出站信号机、进路信号机、线路所通过信号机应点灯。

（2）施工路用列车在车站开车前需进行自动制动机简略试验时，由施工负责人指派胜任人员负责。

4. 施工路用列车安全

（1）天窗内所有影响施工路用列车运行的施工维修作业必须在施工路用列车通过后方可进行，并须在施工路用列车返回前结束。

（2）施工路用列车进入封锁区间的规定如下。

① 施工单位应指派胜任人员携带列车无线调度通信设备值乘，并在区间协助司机作业。路用列车或施工机械进入施工地段时，应在防护人员显示的停车手信号前停车，再根据施工负责人的要求，按调车办法，进入指定地点。

② 在区间推进运行时，必须安装简易紧急制动阀，施工单位指定胜任人员登乘列车前端，认真瞭望，及时与司机联系，必要时使用简易紧急制动阀停车或通知司机停车。

③ 同一封锁区间原则上每端只开行一列路用列车，如超过时，其安全措施及运行办法由铁路局规定。有多台作业车进入同一区间时，作业车辆应组成综合作业车列合并运行，共用一个调度命令进入区间、返回车站或到达前方站。作业车及车列由车站开往区间后，由主体作业单位统一组织协调，划分各作业车的作业范围及分界点。各作业单位必须严格按规定分别设置防护。

（3）施工路用列车由封锁区间进站时，司机须得到列车调度员（车站控制时为车站值班员）的同意后，方可进站。

（4）施工作业完毕，驻调度所（驻站）联络员须确认施工作业车全部到达车站后，方可申请办理开通。

5.3.2　确认列车开行

1. 路用列车行车组织

（1）高速铁路仅运行动车组列车的区段，天窗结束后开行动车组列车前，应开行确认列车，确认列车开行纳入列车运行图。其他区段，天窗结束后首趟列车不准为动车组列车；扰动道床不能预先轧道的线路、道岔施工区段，施工开通后第一趟列车不准为旅客列车。

（2）确认列车应由工务、电务、供电部门各指派专业技术人员随车添乘，但有相应地面、车载监测设备的电务、供电部门根据需要添乘。

（3）随车机械师负责开启和关闭操纵端司机室后车厢站台侧门，供添乘人员上下车。随车机械师关闭车门后应及时通知司机。

（4）司机在确认行车凭证和开车时间，车门关闭后，即可起动列车。

（5）添乘人员必须服从司机的管理，不得干扰司机的正常操作。

2. 确认信息反馈

（1）所有参加确认的人员必须按规定的时间、确认事项和内容报告确认情况。

（2）确认信息报告程序及时间。

① 异常情况：影响列车运行的确认信息由添乘人员通过司机随时向列车调度员报告，添乘人员同时还应向铁路局专业调度报告。

② 正常情况：添乘人员于添乘到达确认区段终点后及时分别向铁路局专业调度汇报。

5.3.3　设备故障及抢修

1. 事故报告与应急处置

铁路职工或其他人员发现设备故障危及行车和人身安全时，应立即通知列车司机停车并报告列车调度员，通知不到时应通知就近车站、工务、电务或供电等人员，有关人员接到通知应立即报告列车调度员、通知设备管理单位，必要时立即采取应急措施，扣停列车、通知区间运行的列车停车或限速运行。

2. 设备故障后的组织

高速铁路处理设备故障需临时开行路用列车、轨道车时，由设备管理单位提出申请，调度所值班主任（值班副主任）准许，列车调度员发布调度命令。

3. 设备故障及抢修组织

（1）当设备发生故障，需在双线区间的一线上道检查、处理设备故障时，本线应封锁、邻线列车限速 160 km/h 及以下。设备管理单位应在《行车设备检查登记簿》内登记，提出本线封锁、邻线列车限速 160 km/h 及以下的申请，在得到列车调度员（车站值班员）签认后，方可上道作业，本线、邻线可不设置防护信号。司机应加强瞭望。

（2）抢修作业时，邻线列车接近前，防护人员通知现场作业负责人停止作业。作业机具、材料等不得侵限且严禁摆放在两线间。

（3）故障处理后需要现场看守时，设备管理单位应在《行车设备检查登记簿》内登记，提出本线及邻线行车限制条件，并按规定设置防护。

任务实施与评价

（1）教师下发任务单，学生明确学习任务、学习内容、知识目标、能力目标、素质目标要求。

（2）学生按任务单要求制订学习计划，完成预习任务及相关知识准备。

（3）教师通过某行车组织作业案例进行认知引入。

（4）学生查阅资料说明《铁路技术管理规程》中关于路用列车的有关规定。

（5）学生对比说明救援列车开行与路用列车开行有关规定。

（6）教师组织学生学习路用列车的相关内容。

（7）学生识别路用列车行车凭证，教师辅导答疑，学生以个人或学习小组方式进行学习小结及反思。

（8）学生讲述开行路用列车的作业标准。

（9）学生进行学习自我评价及学习小组成员互评，小组长（副组长）进行小组整体评价，教师检查任务完成情况。

【任务4】 灾害天气与异物侵限情况下的行车

任务单

任务名称	灾害天气与异物侵限情况下的行车
任务描述	在遇到灾害天气与异物侵限的情况，要综合运用各种技术设备，合理组织列车运行，完成旅客运输工作。灾害天气与异物侵限情况下的行车主要包括：大风天气、雨天、冰雪天气、异物侵界报警、地震监测报警及天气恶劣难以辨认信号等有关情况下的行车
任务分析	高速铁路非正常行车组织工作必须坚持高度集中、统一领导，逐级负责的原则，使各项工作环环相扣，紧密衔接，才能保证运输生产的有序进行。本任务以动车组司机一次作业过程引入，方便读者通过项目式学习，深刻理解铁路灾害天气与异物侵限情况下行车的基本原则，了解大风天气行车、雨天行车、冰雪天气行车、异物侵界报警、地震监测报警及天气恶劣难以辨认信号行车的组织工作，并按《铁路技术管理规程》的要求认真执行

学习任务	【子任务 1】大风天气行车 　　学习掌握大风天气行车信息报警方法，熟悉大风天气行车限速的规定，了解自然灾害及异物侵限监测系统风速监测子系统故障时的行车组织 　　【子任务 2】雨天行车 　　学习雨量监测子系统的信息报警方法，熟悉雨天行车限速的规定，了解雨量监测子系统故障时的行车组织 　　【子任务 3】冰雪天气行车 　　冰雪天气的行车组织与限速规定 　　【子任务 4】异物侵限报警 　　了解接到自然灾害及异物侵限监测系统异物侵限子系统灾害报警时的行车组织，熟悉自然灾害及异物侵限监测系统异物侵限子系统一路电网断线报警时的处置与该子系统故障导致系统不能反映现场情况时的处置办法 　　【子任务 5】地震监测报警 　　了解接到地震监测报警时的处置方法，熟悉接到地震监测报警时的行车组织办法 　　【子任务 6】天气恶劣难以辨认信号行车 　　熟悉天气恶劣难以辨认信号时的行车组织，掌握天气恶劣难以辨认信号时的行车办法
劳动组合	各组组长讨论交流，根据任务单列出灾害天气必须遵守的有关条例。依据模拟大风天气、雨天及冰雪天气行车任务制定担当灾害天气行车的安全预想，并掌握《铁路技术管理规程》中关于灾害天气行车的有关规定。各组评判小组成员学习情况，并作出小组评价
成果展示	（1）大风天气的限速行车 （2）雨天的行车组织 （3）冰雪天气的限速行车 （4）学生制定灾害天气的安全措施
学习小结	

	项目	A—优	B—良	C—中	D—及格	E—不及格	综合
自我评价	安全纪律（15%）						
	学习态度（15%）						
	专业知识（30%）						
	专业技能（30%）						
	团队合作（10%）						

教师评价	简要评价	
	教师签名	

学习引导文

5.4　灾害天气行车

5.4.1　大风天气行车

1. 接到大风报警信息时的行车组织

（1）遇风速监测子系统提示大风报警信息时，列车调度员根据报警提示向相关列车发布限速运行的调度命令。对来不及发布调度命令的列车，立即通知司机限速运行。司机接到调度命令或通知后，应立即采取措施。

（2）遇大风天气，当风速监测子系统发出禁止运行的报警信息时，列车调度员应及时关闭有关信号（车站控制时为通知车站值班员关闭有关信号）并通知司机停车。司机接到通知后，应立即采取停车措施。

（3）列车运行途中，遇大风，司机根据情况控制列车运行速度，并报告列车调度员。列车调度员通知后续首列列车司机在该地段注意运行；列车通过该地段后，司机应及时向列车调度员报告。

（4）遇大风天气，列车调度员按风速监测子系统报警提示发布限速调度命令，遇风速不稳或同一地段多处风速报警时，列车调度员可合并设置，按最低限速值发布限速调度命令。

（5）风速监测子系统限速报警解除后，列车调度员应及时取消前发限速调度命令，恢复正常行车。

2. 动车组列车遇大风行车限速的规定

（1）在环境风速不大于 15 m/s 时，可以正常速度运行；环境风速不大于 20 m/s 时，运行速度不大于 300 km/h；环境风速不大于 25 m/s 时，运行速度不大于 200 km/h；环境风速不大于 30 m/s 时，运行速度不大于 120 km/h；环境风速大于 30 m/s 时，严禁动车组列车进入风区。

（2）在线路中心线距站台边缘为 1 750 mm 的正线、到发线办理动车组列车通过时，在环境风速不大于 15 m/s 情况下，速度不得超过 80 km/h；当环境风速超过 15 m/s 时，动车组运行速度不得超过 45 km/h，并注意运行。

3. 自然灾害及异物侵限监测系统风速监测子系统故障时的组织

（1）列车调度员发现风速监测子系统故障时，应立即通知设备管理单位，并在《行车设备检查登记簿》内登记；设备管理单位发现风速监测子系统故障时，应立即报告列车调度员，并在调度所《行车设备检查登记簿》内登记。

（2）风速监测子系统故障期间，故障区段如遇天气预报 7 级及以上大风天气时，工务部门应及时向列车调度员提交天气预报信息，列车调度员按照天气预报的最大风级向相关列车发布限速调度命令。相关限速规定如下：当最大风速达 7 级时，运行速度不大于 300 km/h；8 级、9 级时，运行速度不大于 200 km/h；10 级时，运行速度不大于 120 km/h；11 级及以上时，禁止列车进入风区。限速里程由工务部门根据故障情况以及天气预报信息确定后，通知列车调度员。

5.4.2　雨天行车

1. 接到自然灾害及异物侵限监测系统雨量监测子系统报警信息时的处置

遇雨量监测子系统提示雨量监测报警信息时，列车调度员根据报警提示向相关列车发布限速运行的调度命令。对来不及发布调度命令的列车，立即通知司机限速运行。司机接到调度命令或通知后，应立即采取措施。

列车通过防洪重点地段时，司机要加强瞭望，并随时采取必要的安全措施。

动车组列车运行中，司机发现积水高于轨面时，应立即停车，根据现场情况与随车机械师共同确认行车条件或请求救援，并立即报告列车调度员（车站值班员），车站值班员报告列车调度员。列车调度员（车站值班员）立即通知已进入区间的后续列车停车（避免停在隧道内），不再向该区间放行列车。

当洪水漫到路肩时，列车应按规定限速运行；遇有落石、倒树等障碍物危及行车安全时，司机应立即停车，排除障碍并确认安全无误后，方可继续运行。

列车遇到线路塌方、道床冲空等危及行车安全的突发情况时，司机应立即采取应急性安全措施，并立刻通知追踪列车、邻线列车及列车调度员（邻近车站）。配备列车防护报警装置的列车应立即使用列车防护报警。

2. 雨天行车限速规定

遇有降雨天气，重点防洪地段 1 h 降雨量达到 45 mm 及以上时，列车限速 120 km/h；1 h 降雨量达到 60 mm 及以上时，列车限速 45 km/h。当 1 h 降雨量降至 20 mm 及以下且持续 30 min 以上时，可逐步解除限速。

列车调度员在得到工务及其他相关专业调度台检查无异常的报告后，及时取消限速或解除线路封锁。

3. 自然灾害及异物侵限监测系统雨量监测子系统故障时的处置

列车调度员发现雨量监测子系统故障时，应立即通知设备管理单位，并在《行车设备检查登记簿》内登记；设备管理单位发现雨量监测子系统故障时，应立即报告列车调度员，并在调度所《行车设备检查登记簿》内登记。雨量监测子系统故障期间，由工务部门根据降雨情况在调度所《行车设备检查登记簿》内登记限速或封锁。

5.4.3 冰雪天气行车

1. 遇冰雪天气时的行车组织

（1）自然灾害及异物侵限监测系统雪深监测子系统报警雪深值达到警戒值时，列车调度员应根据报警信息和限速提示及时向相关列车发布限速运行的调度命令。对来不及发布调度命令的列车，应立即通知司机限速运行。

未安装雪深监测子系统的区段或雪深监测子系统故障时，工务、电务部门根据降雪情况和需要，在调度所《行车设备检查登记簿》内登记限速申请，并可根据积雪量变化情况，提出提速或进一步限速的申请，列车调度员要及时发布调度命令。

（2）安装动车组运行故障动态图像检测系统（TEDS）的区段，TEDS 监控中心要加强对动车组转向架结冰、积雪等情况的监测分析，发现动车组转向架结冰需限速运行时，应立即将车次及限速要求等按规定报告动车调度员。动车调度员通知列车调度员进行处置。

列车运行过程中，随车机械师发现动车组车底异响、动车组被击打等异常情况需要列车限速时，应立即通知司机限速。司机根据随车机械师的限速要求运行，并向列车调度员报告被击打地点里程，列车调度员不再发布限速调度命令。列车调度员通知动车调度员，提示后续首列列车司机、随车机械师在该被击打地点注意列车运行状态；动车调度员应立即通知前方 TEDS 监测点进行重点监测。列车通过该被击打地点后，司机、随车机械师应及时上报有关运行情况。

（3）降雪时，应根据线路积雪情况及时启用道岔融雪装置。降雪达到中雪及以上，车站道岔转动困难时，为减少道岔扳动，车站可采取固定接发车进路的方式办理接发列车作业，上、下行各固定一条接发车进路。始发、终到列车较多的车站执行有困难时，可选择交叉干扰少、道岔位置改变少的几条线路相对固定办理接发车作业。较大客运站尽量停靠便于上水、吸污的线路。

（4）需人工上道除雪时，上、下道应执行登记签认制度。列车调度员应根据相关单位的申请，停止本线接发列车及调车作业，邻线列车限速 160 km/h 及以下。

（5）道床积雪、接触网结冰受电弓取流不畅时，司机应先采取减速措施，并及时向列车调度员汇报，列车调度员通知有关专业调度，专业调度及时通知有关设备管理单位，设备管理单位及时查明情况，按规定提出限速申请，列车调度员及时发布限速调度命令。

（6）供电部门应掌握接触网导线结冰情况，需要列车限速时，应立即登记《行车设备检查登记簿》，向列车调度员提出限速申请。需要接触网除冰时，供电部门提出除冰申请，列车调度员应及时安排接触网除冰车辆上线运行。

遇接触网导线覆冰时，可取消天窗停电作业，并在天窗时间内开行动车组、单机，进行热滑融冰。

（7）随车机械师在始发、折返站发现动车组转向架结冰、受电弓无法升起、动车组被击打等异常情况需要处理时，应及时通知司机，由司机报告列车调度员，列车调度员通知动车调度员，动车调度员根据随车机械师反映情况和车辆运用情况提出更换车底或限速申请，并组织入库动车组除雪融冰。

（8）降雪结束后，提出限速的设备管理单位应做好对有关行车条件的检查确认，及时恢复常速运行。在具备提速条件或限速情况消除时，应向列车调度员提出申请，列车调度员及时发布相关调度命令。雪后恢复常速运行的具体程序和办法由铁路局规定。

（9）列车调度员发现雪深监测子系统故障时，应立即通知设备管理单位，并在《行车设备检查登记簿》内登记；设备管理单位发现雪深监测子系统故障时，应立即报告列车调度员，并在调度所《行车设备检查登记簿》内登记。

2. 冰雪天气限速要求

（1）当运行区段降中雪或积雪覆盖轨枕板或道砟面时，无砟轨道区段限速 250 km/h 及以下，有砟轨道区段限速 200 km/h 及以下；当运行区段降大雪、暴雪时，无砟轨道区段限速 200 km/h 及以下，有砟轨道区段限速 160 km/h 及以下。中雪、大雪、暴雪的界定，以气象部门公布或观测为准。

当无砟轨道区段轨枕板积雪厚度 100 mm 以上时，限速 200 km/h 及以下；有砟轨道区段道砟面积雪厚度 50 mm 以上时，限速 160 km/h 及以下。

（2）接触网导线结冰受电弓取流不畅时，限速 160 km/h 及以下。

（3）动车组转向架结冰需要列车限速时，无砟轨道区段限速 250 km/h 及以下，有砟轨道区段限速 200 km/h 及以下。

5.4.4 异物侵限报警

（1）接到自然灾害及异物侵限监测系统异物侵限子系统灾害报警信息时的行车组织。

① 列车调度员接到异物侵限子系统异物侵限灾害报警信息后，应立即通知区间内已进

入报警地点及尚未经过报警地点的列车立即停车，不再向该区间放行列车，同时向调度所值班主任（值班副主任）汇报，值班主任（值班副主任）应立即通知设备管理单位赶赴现场检查处理。

② 在设备管理单位检查人员到达报警点前，列车调度员通过视频监控系统查看现场情况，有异状或不能确认时，必须经设备管理单位检查处理并具备放行列车条件后，方可组织列车运行。无异状时，按下列规定办理。

• 列车调度员确认报警地点次一个闭塞分区空闲后，对区间内已进入报警地点及尚未经过报警地点的列车，口头通知司机逐列恢复运行，以遇到障碍能随时停车的速度（动车组列车最高不超过 40 km/h，其他列车最高不超过 20 km/h）越过报警点所在闭塞分区，指示后列恢复运行前必须确认前列已完整越过报警点次一个闭塞分区并得到前列无异状的报告。

• 司机在报警点所在闭塞分区通过信号机（区间信号标志牌）前停车等候 2 min 后，以遇到障碍能随时停车的速度（动车组列车最高不超过 40 km/h，其他列车最高不超过 20 km/h）越过该闭塞分区，按次一通过信号机显示（列控车载设备显示）运行。司机应加强瞭望，发现异状立即停车，并报告列车调度员；如无异状，司机确认列车完全越过报警点次一个闭塞分区后应及时报告列车调度员。司机在停车等候的同时，必须与列车调度员联系，如确认前方闭塞分区内有列车时，不得进入。

• 区间空闲后，在报警点所在闭塞分区红光带取消前，按站间组织行车。

③ 经设备管理单位现场检查处理，列车调度员根据设备管理单位在《行车设备检查登记簿》内登记的行车限制条件组织列车运行。具备条件时，列车调度员根据设备管理单位允许取消报警点所在闭塞分区红光带的登记，使用临时行车按钮取消异物侵限灾害报警红光带。

④ 在故障未修复前，设备管理单位须派人在现场看守，并及时向列车调度员报告现场情况，在报警点所在闭塞分区红光带取消后，列车调度员应下达限速 120 km/h 及以下注意运行的调度命令，限速位置为报警点所在闭塞分区，司机应加强瞭望。

⑤ 故障修复后，列车调度员将自然灾害及异物侵限监测系统中复原按钮解锁，使系统恢复到正常状态，恢复正常行车组织。

（2）自然灾害及异物侵限监测系统异物侵限子系统一路电网断线报警时的处置。

当双电网的一路电网断线时，异物侵限子系统发出异物侵限传感器故障报警信息，自然灾害及异物侵限监测系统不向列控系统发送灾害报警信息，不影响正常行车。列车调度员接到异物侵限子系统一路电网断线报警信息后，应按正常组织行车，并立即通知设备管理单位检查处理。

（3）自然灾害及异物侵限监测系统异物侵限子系统故障导致系统不能反映现场情况时的处置。

① 列车调度员发现异物侵限子系统故障导致系统不能反映现场情况时，应立即通知设备管理单位，并在《行车设备检查登记簿》内登记；设备管理单位发现异物侵限子系统故障时，应立即报告列车调度员，并在调度所《行车设备检查登记簿》内登记。

② 异物侵限子系统故障未修复前，设备管理单位须派人在现场看守，并及时向列车调度员报告现场情况，列车调度员应下达限速 120 km/h 及以下注意运行的调度命令，限速位

置为监测点所在闭塞分区，司机应加强瞭望。遇有异物侵限时，看守人员应立即通知列车调度员，列车调度员呼叫列车停车。

③ 在看守人员未到达异物侵限监测点前，列车调度员应下达限速 120 km/h 及以下（异物侵限监测点为隧道口时，限速 40 km/h 及以下）注意运行的调度命令，限速位置为监测点所在闭塞分区，司机在该处注意运行。

5.4.5　地震监测报警

1. 接到地震监测报警时的处置

列车调度员接到地震监测子系统地震监控报警信息或接到现场地震报告后，应立即关闭有关信号（车站控制时为通知车站值班员关闭有关信号），通知相关列车停车。列车司机组织列车乘务人员根据现场实际情况，采取应急处置措施。

2. 接到地震监测报警时的组织

列车调度员立即报告调度所值班主任（值班副主任），通知工务、电务、供电、通信、房建等设备管理单位检查。设备管理单位检查处理后，根据设备管理单位登记的行车限制条件组织行车。

5.4.6　天气恶劣难以辨认信号行车

1. 接到天气恶劣难以辨认信号报告时的组织

遇天气恶劣，信号机显示距离不足 200 m 时，司机或车站值班员须立即报告列车调度员。列车按地面信号显示运行时，列车调度员应及时发布调度命令，改按天气恶劣难以辨认信号的办法行车。

2. 天气恶劣难以辨认信号行车办法

（1）列车按机车信号的显示运行。当接近地面信号机时，司机应确认地面信号，遇地面信号与机车信号显示不一致时，应立即采取减速或停车措施。

（2）当无法辨认出站（进路）信号机显示时，在列车具备发车条件后，司机凭机车信号的显示起动列车，在确认出站（进路）信号机显示正确后，再行加速。

（3）天气转好时，应及时报告列车调度员发布调度命令，恢复正常行车。

任务实施与评价

（1）教师下发任务单，学生明确学习任务、学习内容、知识目标、能力目标、素质目标要求。

（2）学生按任务单要求制订学习计划，完成预习任务及相关知识准备。

（3）教师播放某动车组司机一次作业过程视频进行认知引入。

（4）学生查阅资料说明《铁路技术管理规程》中关于灾害天气行车的有关规定。

（5）学生对比说明各种雨天、雪天行车有关规定。

（6）教师组织学生学习灾害天气行车限速规定。

（7）学生识别高铁信号标志、线路标志，教师辅导答疑，学生以个人或学习小组方式进行学习小结及反思。

（8）学生讲述灾害天气行车的作业标准。

（9）学生进行学习自我评价及学习小组成员互评，小组长（副组长）进行小组整体评价，教师检查任务完成情况。

【任务 5】 设备故障行车

📋 任务单

任务名称	设备故障行车
任务描述	在遇到设备故障的非常情况下，须综合运用各种技术设备，合理组织列车运行，完成旅客运输工作。设备故障主要包括：列控车载设备不能正常使用，LKJ、GYK、机车信号故障，CTC 故障，列车无线调度通信设备故障及运行途中自动降弓等
任务分析	高速铁路非正常行车组织工作必须坚持高度集中、统一领导的原则。逐级负责，各尽其能，使各项工作环环相扣，紧密衔接，才能保证运输生产的有序进行。本任务以动车组司机一次作业过程引入，方便学生通过项目式学习，深刻理解设备故障情况下行车组织的基本原则，了解列控车载设备不能正常使用，LKJ、GYK、机车信号故障，CTC 故障，列车无线调度通信设备故障及运行途中自动降弓等情况下的行车组织工作，并按《铁路技术管理规程》的要求认真执行
学习任务	【子任务 1】列控车载设备不能正常使用 列控车载设备不能正常使用的处置办法及行车组织办法 【子任务 2】LKJ、GYK、机车信号故障 LKJ、GYK、机车信号故障时的行车组织办法 【子任务 3】CTC 故障 列车车次号错误或丢失、不能下达列车运行计划等 CTC 故障的行车组织办法 【子任务 4】进站（出站、进路）信号机、线路所通过信号机故障或车站（线路所）道岔失去表示、轨道电路非列车占用红光带 进站（出站、进路）信号机、线路所通过信号机故障或车站（线路所）道岔失去表示、轨道电路非列车占用红光带的行车组织办法 【子任务 5】区间通过信号机故障或闭塞分区轨道电路非列车占用红光带（异物侵限报警红光带除外） 区间通过信号机故障或闭塞分区轨道电路非列车占用红光带（异物侵限报警红光带除外）的行车组织办法 【子任务 6】站内轨道电路分路不良 站内轨道电路分路不良的行车组织办法 【子任务 7】列车占用丢失 区间列车占用丢失、站内股道列车占用丢失的行车组织办法 【子任务 8】列车无线调度通信设备故障 FAS、GSM－R、CIR 等列车无线调度通信设备故障时的行车组织办法 【子任务 9】接触网停电 接触网停电时的行车组织办法 【子任务 10】接触网上挂有异物 接触网上挂有异物时的行车组织办法 【子任务 11】受电弓挂有异物 受电弓挂有异物时的行车组织办法 【子任务 12】运行途中自动降弓 运行途中自动降弓时的行车组织办法

续表

学习任务	【子任务 13】自动过分相地面设备故障 自动过分相地面设备故障时的行车组织办法 【子任务 14】动车组列车空调失效 动车组列车空调失效时的行车组织办法 【子任务 15】列车运行途中车辆故障 列车运行途中车辆故障时的行车组织办法					
劳动组合	各组长讨论交流，根据任务单列出设备故障情况下行车必须遵守的有关条例。为列控车载设备不能正常使用、机车信号故障等情况下行车制定安全预想，掌握《铁路技术管理规程》中关于设备故障行车的有关规定。各组评判小组成员学习情况，并作出小组评价					
成果展示	（1）列控车载设备不能正常使用 （2）遇机车信号或 LKJ 故障时的行车组织 （3）接触网停电的行车组织 （4）制定设备故障情况下行车的安全措施					
学习小结						
自我评价	项目	A—优	B—良	C—中	D—及格	E—不及格	综合
	安全纪律（15%）						
	学习态度（15%）						
	专业知识（30%）						
	专业技能（30%）						
	团队合作（10%）						
教师评价	简要评价						
	教师签名						

学习引导文

5.5　设备故障行车

5.5.1　列控车载设备不能正常使用

1. 列控车载设备不能正常使用的处置

动车组列车运行中遇列控车载设备故障并导致列车停车后，司机应报告列车调度员（车站值班员），并通知随车机械师。车站值班员报告列车调度员。司机转换冗余切换开关（开关不在司机室时，司机通知随车机械师进行转换）启动冗余设备或将列控车载设备断电30 s 后重新启动，设备恢复正常时，报告列车调度员，继续运行。

2. 列控车载设备不能正常使用的行车组织

（1）已在区间内运行的装备 LKJ 的动车组列车因列控车载设备故障，不能恢复正常运行但能提供机车信号时，司机应报告列车调度员（车站值班员），车站值班员报告列车调度员。在信号机常态点灯的 CTCS－2 级区段，列车调度员发布改按 LKJ 方式行车的调度命令，动车组列车改按 LKJ 方式运行。在 CTCS－3 级及信号机常态灭灯的 CTCS－2 级区段，列车调度员在确认该列车至前方站（线路所）间空闲后，发布改按 LKJ 方式行车的调度命令，动车组列车改按 LKJ 方式运行。

（2）已在区间内运行的未装备 LKJ 的动车组列车列控车载设备故障，不能恢复正常运行时，司机应报告列车调度员（车站值班员），车站值班员报告列车调度员。列车调度员（车站值班员）不再向该区间放行列车，并通知已进入区间的后续列车立即停车。确认该列车至前方站（线路所）间空闲后，列车调度员发布改按隔离模式运行的调度命令，列车改按隔离模式，按地面信号显示以不超过 40 km/h 的速度运行至前方站（线路所）。该列车到达前方站（线路所）后，列车调度员方可通知后续列车恢复运行。

（3）动车组列控车载设备故障不能恢复正常运行在车站出发时，装备 LKJ 的动车组列车改按 LKJ 方式运行，未装备 LKJ 的动车组列车改按隔离模式运行。

（4）因设备故障，动车组列控车载设备在 CTCS－3 级与 CTCS－2 级间进行转换时，司机应报告列车调度员。

5.5.2　LKJ、GYK、机车信号故障

（1）动车组列车在自动闭塞区间内遇机车信号或 LKJ 故障时的行车组织。

① 动车组列车改按 LKJ 方式运行，在自动闭塞区间内遇机车信号或 LKJ 故障时，司机应报告列车调度员（车站值班员），车站值班员报告列车调度员。列车调度员（车站值班员）不再向该区间放行列车，并通知已进入区间的后续列车立即停车。列车调度员确认该列车至前方站（线路所）间空闲后通知司机，列车按地面信号显示以不超过 40 km/h 的速度运行至前方站（线路所）。该列车到达前方站（线路所）后，列车调度员方可通知后续列车恢复运行。

② 按 LKJ 方式运行的动车组列车遇机车信号或 LKJ 故障在车站出发时，改按隔离模式运行。

（2）在自动闭塞区间内运行遇机车信号或 LKJ（GYK）故障时行车组织。

动车组以外的列车，在自动闭塞区间内运行遇机车信号或 LKJ（GYK）故障时，司机应立即报告列车调度员（车站值班员），车站值班员报告列车调度员。列车调度员（车站值班员）不再向该区间放行列车，并通知已进入区间的后续列车立即停车。列车调度员确认该列车至前方站（线路所）间空闲后通知司机，列车按地面信号显示以不超过 20 km/h 的速度运行至前方站停车处理或更换机车。该列车到达前方站（线路所）后，列车调度员方可通知后续列车恢复运行。

5.5.3　CTC 故障

（1）列车车次号错误或丢失。

① 列车调度员发现 CTC 终端列车车次号错误或丢失时，应进行核对确认，重新输入正确的车次号。

② 车站值班员发现 CTC 终端列车车次号错误或丢失时，应报告列车调度员，与列车调

度员核对确认后，重新输入正确的车次号。

（2）CTC 不能下达列车运行计划。

① CTC 不能下达列车运行计划时，列车调度员通知电务部门进行检查处理，并在《行车设备检查登记簿》内登记。

② 通知车站转为非常站控。

③ 采取电话等方式下达列车运行计划。

（3）CTC 不能自动触发进路。

① CTC 不能自动触发进路时，列车调度员（车站控制时为车站值班员）应采取人工触发进路或人工排列进路方式办理，并通知电务部门进行处理，在《行车设备检查登记簿》内登记。

② 当 CTC 设备登记停用或全站表示信息中断未及时恢复时，应转为非常站控。

（4）调度所及车站 CTC 设备均不能正确显示列车占用状态。

① 调度所及车站 CTC 设备均不能正确显示列车占用状态时，列车调度员应立即通知已进入区间的列车司机立即停车，通知电务部门进行处理。

② CTC 设备不能正确显示列车占用状态故障暂时无法修复，具备放行列车条件时，列车调度员根据电务部门登记的行车限制条件放行列车，通知车站转为非常站控。对已进入区间的列车，列车调度员确认列车至前方站（线路所）间空闲后，通知列车司机逐列恢复运行，指示后列恢复运行前必须确认前列已完整到达前方站（线路所）。司机按信号显示运行，逐列运行至前方站（线路所）。

区间空闲后，按站间组织行车。

③ CTC 设备不能正确显示列车占用状态故障修复，列车调度员根据电务部门的销记，通知有关列车司机恢复正常行车。

5.5.4 进站（出站、进路）信号机、线路所通过信号机故障或车站（线路所）道岔失去表示、轨道电路非列车占用红光带

1. 进站（接车进路）信号机故障或接车进路上道岔失去表示、轨道电路非列车占用红光带

（1）列车调度员（车站控制时为车站值班员）通知设备管理单位进行检查处理，在《行车设备检查登记簿》内登记。

（2）设备故障修复，列车调度员（车站控制时为车站值班员）根据设备管理单位的销记，开放进站（接车进路）信号办理接车。

（3）设备故障暂时无法修复，具备放行列车条件时，列车调度员（车站控制时为车站值班员）根据设备管理单位登记的行车限制条件组织行车。

① 进站（接车进路）信号机引导信号能够开放时，在确认接车进路空闲、进路准备妥当后，开放引导信号办理接车。

② 进站（接车进路）信号机引导信号不能开放时，在确认接车进路空闲、进路准备妥当后，列车调度员发布准许越过该信号机的调度命令，司机凭调度命令越过该信号机。动车组列车在进站（接车进路）信号机前停车后，装备 LKJ 的动车组列车将列控车载设备隔离，按 LKJ 方式运行，速度不超过 40 km/h；未装备 LKJ 的动车组列车改按隔离模式进站停车。动车组以外的列车按 LKJ（GYK）方式运行，速度不超过 20 km/h。

2. 出站（发车进路）信号机故障或发车进路上道岔失去表示、轨道电路非列车占用红光带

（1）列车调度员（车站控制时为车站值班员）通知设备管理单位进行检查处理，在《行车设备检查登记簿》内登记。

（2）设备故障修复，列车调度员（车站控制时为车站值班员）根据设备管理单位的销记，开放出站（发车进路）信号机办理发车。

（3）设备故障暂时无法修复，具备放行列车条件时，列车调度员（车站控制时为车站值班员）根据设备管理单位登记的行车限制条件组织行车。

① 出站信号机不能开放时（引导信号能够开放）：

出站信号机引导信号能够开放时，在确认第一个闭塞分区空闲（CTCS－3 级及信号机常态灭灯的 CTCS－2 级自动闭塞区间对 LKJ 或 GYK 控车的列车和自动站间闭塞区间为确认区间空闲）和发车进路空闲，进路准备妥当后，开放引导信号办理发车。

② 出站信号机未设引导信号或引导信号不能开放时，按以下方式办理发车：

• 在 CTCS－3 级及信号机常态灭灯的 CTCS－2 级自动闭塞区段，信号机应点灯，在确认区间空闲和发车进路空闲，进路准备妥当后，列车调度员发布准许进入区间的调度命令，司机凭调度命令进入区间。装备 LKJ 的动车组列车将列控车载设备隔离，按 LKJ 方式运行至前方站进站信号机（线路所通过信号机），按其显示的要求执行；未装备 LKJ 的动车组列车改按隔离模式运行至前方站进站信号机（线路所通过信号机），按其显示的要求执行；动车组以外的列车按 LKJ（GYK）方式运行，运行至前方站进站信号机（线路所通过信号机），按其显示的要求执行。

• 在信号机常态点灯的 CTCS－2 级自动闭塞区段，确认第一个闭塞分区空闲（未装备 LKJ 的动车组列车为确认区间空闲）和发车进路空闲，进路准备妥当后，列车调度员发布准许进入区间的调度命令，司机凭调度命令进入区间。装备 LKJ 的动车组列车将列控车载设备隔离，按 LKJ 方式运行，以不超过 40 km/h 的速度运行至区间第一架通过信号机，按其显示的要求执行；未装备 LKJ 的动车组列车改按隔离模式运行至前方站进站信号机（线路所通过信号机），按其显示的要求执行；动车组以外的列车按 LKJ（GYK）方式运行，以不超过 20 km/h 的速度运行至区间第一架通过信号机，按其显示的要求执行。

• 自动站间闭塞区段，在确认区间空闲后，应停止使用基本闭塞法改按电话闭塞法行车，确认发车进路空闲和进路准备妥当后，发布调度命令，司机凭调度命令进入区间。装备 LKJ 的动车组列车（需将列控车载设备隔离）、动车组以外的列车，按 LKJ（GYK）方式运行至前方站进站信号机（线路所通过信号机），按其显示的要求执行；未装备 LKJ 的动车组列车改按隔离模式运行至前方站进站信号机（线路所通过信号机），按其显示的要求执行。

③ 发车进路信号机不能开放时（能开放引导信号）。

发车进路信号机能开放引导信号时，在确认发车进路空闲和进路准备妥当后，开放引导信号办理发车。

④ 发车进路信号机未设引导信号或引导信号不能开放时。

列车由车站开往区间，发车进路信号机未设引导信号或引导信号不能开放时，在确认发车进路空闲和进路准备妥当后，列车调度员发布准许越过该信号机的调度命令，司机凭调度命令越过该信号机。装备 LKJ 的动车组列车将列控车载设备隔离，按 LKJ 方式，以不超过

40 km/h 的速度运行至次一信号机前停车，转回列控车载方式控车；未装备 LKJ 的动车组列车改按隔离模式，运行至次一信号机前停车，转回列控车载方式控车；动车组以外的列车按 LKJ（GYK）方式，以不超过 20 km/h 的速度运行至次一信号机，按其显示要求执行。

（4）出站信号机不能开放时，除按规定交付行车凭证外，对通过列车应预告司机。装有进路表示器或发车线路表示器的出站信号机，当该表示器不良时，由列车调度员（车站控制时为车站值班员）通知司机；司机发现表示器不良时，应及时报告列车调度员（车站值班员）。

3. 线路所通过信号机故障或进路上道岔失去表示、轨道电路非列车占用红光带

（1）列车调度员（车站控制时为车站值班员）通知设备管理单位进行检查处理，在《行车设备检查登记簿》内登记。

（2）设备故障修复，列车调度员（车站控制时为车站值班员）根据设备管理单位的销记，恢复正常组织行车。

（3）设备故障暂时无法修复，具备放行列车条件时，列车调度员（车站控制时为车站值班员）根据设备管理单位登记的行车限制条件组织行车。

① 线路所通过信号机引导信号能够开放时，在确认第一个闭塞分区空闲（CTCS－3 级及信号机常态灭灯的 CTCS－2 级自动闭塞区间对 LKJ 或 GYK 控车的列车和自动站间闭塞区间为确认区间空闲）和进路空闲，进路准备妥当后，开放引导信号办理行车。

② 线路所通过信号机引导信号不能开放。

• 线路所通过信号机引导信号不能开放，列车开往 CTCS－3 级及信号机常态灭灯的 CTCS－2 级自动闭塞区间时，信号机应点灯，在确认区间空闲和进路空闲，进路准备妥当后，列车调度员发布准许越过该信号机的调度命令，司机凭调度命令越过该信号机。装备 LKJ 的动车组列车将列控车载设备隔离，改按 LKJ 方式运行，运行至前方站进站信号机（线路所通过信号机），按其显示的要求执行；未装备 LKJ 的动车组列车改按隔离模式运行，运行至前方站进站信号机（线路所通过信号机），按其显示的要求执行；动车组以外的列车按 LKJ（GYK）方式运行，运行至前方站进站信号机（线路所通过信号机），按其显示的要求执行。

• 线路所通过信号机引导信号不能开放，列车开往信号机常态点灯的 CTCS－2 级自动闭塞区间时，在确认区间第一个闭塞分区空闲（未装备 LKJ 的动车组列车为确认区间空闲）和进路空闲，进路准备妥当后，列车调度员发布准许越过该信号机的调度命令，司机凭调度命令越过该信号机。装备 LKJ 的动车组列车将列控车载设备隔离，按 LKJ 方式运行，以不超过 40 km/h 的速度运行至区间第一架通过信号机，按其显示的要求执行；未装备 LKJ 的动车组列车改按隔离模式运行，运行至前方站进站信号机（线路所通过信号机），按其显示的要求执行；动车组以外的列车按 LKJ（GYK）方式运行，以不超过 20 km/h 的速度运行至区间第一架通过信号机，按其显示的要求执行。

• 线路所通过信号机引导信号不能开放，列车开往自动站间闭塞区间时，在确认区间空闲后，应停止使用基本闭塞法改按电话闭塞法行车，确认进路空闲和进路准备妥当后，发布调度命令，司机凭调度命令越过线路所通过信号机。装备 LKJ 的动车组列车（需将列控车载设备隔离）、动车组以外的列车，按 LKJ（GYK）方式运行至前方站进站信号机（线路所通过信号机），按其显示的要求执行；未装备 LKJ 的动车组列车改按隔离模式运行至前方

站进站信号机（线路所通过信号机），按其显示的要求执行。

5.5.5　区间通过信号机故障或闭塞分区轨道电路非列车占用红光带（异物侵限报警红光带除外）

1. 区间通过信号机故障或闭塞分区轨道电路非列车占用红光带的处置

（1）列车调度员（车站值班员）发现及得到区间通过信号机故障或闭塞分区非列车占用红光带的信息时，列车调度员（车站值班员）应立即通知区间内已进入故障地点及尚未经过故障地点的列车司机立即停车，通知设备管理单位进行检查处理，并在《行车设备检查登记簿》内登记。

（2）车站值班员应立即报告列车调度员。

（3）设备管理单位未销记确认可以放行列车前，不得再向该区间放行列车。

（4）设备故障修复，列车调度员根据设备管理单位的销记，通知有关列车司机恢复正常行车。

2. 区间通过信号机（闭塞分区列车占用红光带）故障时组织行车办法

（1）区间通过信号机（闭塞分区非列车占用红光带）故障暂时无法修复，具备放行列车条件时，根据设备管理单位登记的行车限制条件组织行车。待故障地点（发生两处及以上故障时，为运行方向第一故障地点）前的列车运行至前方站（线路所），对区间内已进入故障地点及尚未经过故障地点的列车，列车调度员确认列车至前方站（线路所）间空闲后，通知列车司机故障闭塞分区起止里程及防护该闭塞分区的通过信号机号码，逐列恢复运行至前方站（线路所），指示后列恢复运行前必须确认前列已完整到达前方站（线路所）。列车恢复运行时，司机在该闭塞分区通过信号机（区间信号标志牌）前停车等候 2 min 后，以遇到障碍能随时停车的速度，最高不超过 20 km/h（动车组列车不超过 40 km/h），越过该闭塞分区，按次一通过信号机显示（列控车载设备显示）运行，司机应加强瞭望。司机在停车等候同时，必须与列车调度员联系，如确认前方闭塞分区内有列车时，不得进入。

（2）区间空闲后，按站间组织行车。

5.5.6　站内轨道电路分路不良

（1）站内轨道电路分路不良的处置。

站内轨道电路出现分路不良时，电务部门检测确认后，由电务部门及时在车站、调度所《行车设备检查登记簿》内登记，并在 CTC 终端上进行标注。

（2）列车调度员（车站控制时为车站值班员）办理经由分路不良区段的进路时，执行以下规定。

① 办理进路前，列车调度员（车站值班员）必须亲自或指派其他人员（集控站为车务应急值守人员组织电务、工务人员）确认与进路有关的所有分路不良区段空闲后，方可准备进路，并将分路不良区段的道岔单独锁闭；列车（机车车辆）未全部出清轨道电路分路不良区段前，严禁操纵有关道岔及其防护道岔，不得解除分路不良区段道岔单独锁闭。

② 调车作业时，询问并得到调车人员或司机汇报机车车辆出清道岔轨道电路分路不良区段后，方可扳动道岔，开放信号。

③ 在轨道电路分路不良的股道上停放车辆时，必须对股道两端信号进行钮封。

④ 遇有列车（机车车辆）通过后进路漏解锁、光带不消失时，必须确认列车（机车车辆）已通过该区段后，方可对该区段进行人工解锁。

5.5.7 列车占用丢失

1. 区间列车占用丢失

（1）区间列车占用丢失报警或列车调度员（车站值班员）发现及得到区间列车占用丢失信息时，列车调度员（车站值班员）应立即通知已进入区间的后续列车立即停车，再通知占用丢失的列车停车。车站值班员应立即报告列车调度员。

（2）列车调度员（车站值班员）联系占用丢失的列车司机，询问列车位置及现场情况，通知电务部门检查处理，在《行车设备检查登记簿》内登记。

（3）电务部门未销记确认可以放行列车前，不得再向该区间放行列车。

（4）设备故障修复，列车调度员根据电务部门的销记，通知有关列车司机恢复正常行车。

（5）设备故障暂时无法修复，占用丢失的列车运行无异常，具备放行列车条件时，根据电务部门登记的行车限制条件组织行车。对已进入区间的占用丢失的列车和后续列车，列车调度员确认列车至前方站（线路所）间空闲后，通知司机逐列恢复运行，指示后列恢复运行前必须确认前列已完整到达前方站（线路所）。司机按信号显示运行，逐列运行至前方站（线路所）。区间空闲后，按站间组织行车。

2. 站内股道列车占用丢失

（1）站内股道列车占用丢失报警或列车调度员（车站控制时为车站值班员）发现及得到站内股道列车占用丢失信息时，应立即停止使用该故障区段。

（2）列车调度员（车站值班员）联系占用丢失的列车司机，询问列车位置及现场情况，通知电务部门检查处理，在《行车设备检查登记簿》内登记。

（3）设备故障修复，列车调度员（车站值班员）根据电务部门的销记，恢复正常行车。

（4）设备故障暂时无法修复时，经电务部门检查处理后，根据电务部门登记的行车限制条件组织行车。

5.5.8 列车无线调度通信设备故障

1. FAS（固定用户接入交换机）故障

（1）调度台 FAS 均故障。

① 列车调度员通知通信部门检查处理，在《行车设备检查登记簿》内登记。

② 列车调度员指示车务应急值守人员转为车站控制办理行车。

③ 设备故障修复后，列车调度员根据通信部门在《行车设备检查登记簿》内的销记，恢复设备正常使用和正常行车组织。

（2）车站 FAS 故障。

① 车站值班员（车务应急值守人员）通知通信部门检查处理，在《行车设备检查登记簿》内登记，报告列车调度员。

② 车站值班员（车务应急值守人员）使用 GSM－R 手持终端或有语音记录装置的自动电话办理行车通话。

③ 故障修复后，车站值班员（车务应急值守人员）根据通信部门在《行车设备检查登记簿》内的销记，恢复设备正常使用。

2. GSM－R 故障

（1）列车调度员（车站值班员）得到 GSM－R 故障的报告后，应立即通知通信部门检查处理，在《行车设备检查登记簿》内登记。车站值班员接到报告后应及时报告列车调度员，列车调度员报告调度所值班主任（值班副主任）。

（2）根据通信部门在《行车设备检查登记簿》内登记的停用内容、影响范围及行车限制条件，按下列规定办理。

① GSM - R 故障导致 CTCS - 3 级降为 CTCS - 2 级时，按 CTCS - 2 级行车。

② 影响调度命令无线传送功能时，向司机发布的调度命令，按规定采用列车无线调度通信设备发布、转达或采用人工书面交递方式。

③ 遇无进路预告信息，司机须报告列车调度员（车站值班员），列车由正线通过改为侧线接车时，列车调度员（车站控制时为车站值班员）应提前预告司机。

（3）设备故障修复后，列车调度员（车站值班员）根据通信部门在《行车设备检查登记簿》内的销记，恢复设备正常使用。

3. 机车综合无线通信设备故障

（1）司机报告列车调度员（车站值班员），车站值班员报告列车调度员。

① 影响调度命令无线传送功能时，向司机发布的调度命令，按规定采用列车无线调度通信设备发布、转达或采用人工书面交递方式。

② 遇无进路预告信息，司机须报告列车调度员（车站值班员），列车由正线通过改为侧线接车时，列车调度员（车站控制时为车站值班员）应提前预告司机。

③ 机车综合无线通信设备不能通话时，司机应立即使用 GSM - R 手持终端报告列车调度员（车站值班员）。如 GSM - R 手持终端也不能进行通话时，司机应在前方站停车报告；机车综合无线通信设备或 GSM - R 手持终端修复（更换）后，方准继续运行。

（2）设备故障修复后，恢复设备正常使用。

列车调度员、车站值班员因无线通信设备故障，均无法与司机取得联系，需做到以下几点。

① 不得向区间放行列车。

② 列车调度员（车站值班员）通知通信部门检查处理，在《行车设备检查登记簿》内登记。

③ 通信部门抢修完毕后，列车调度员根据通信部门在《行车设备检查登记簿》内的销记，恢复正常行车组织。

5.5.9　接触网停电

（1）遇接触网停电时，司机应立即停车并降弓，报告列车调度员（车站值班员）停车原因及停车位置，通知随车机械师（车辆乘务员）、列车长，车站值班员报告列车调度员。供电调度员发现接触网停电时，应立即确认停电范围并通知列车调度员。

（2）列车调度员（车站值班员）接到接触网停电的报告后，应立即扣停未进入停电区域的相关列车，对已进入停电区域的列车应通知司机停车。列车调度员并立即通知供电调度员确认停电范围，通知供电部门检查处理，在 CTC 上设置停电标识。

（3）电力机车牵引的旅客列车因接触网停电在区间停车后，司机应采取保压措施，长时间停车风压不足时，司机通知车辆乘务员组织客运乘务组拧紧全列人力制动机。

（4）接触网跳闸重合或送电成功，原因不明时。

① 接触网跳闸重合或送电成功，原因不明时，供电调度员应立即将接触网跳闸情况、

故障标定装置指示地点的里程及限速要求通知列车调度员。列车调度员立即向尚未经过该地点的本线及邻线首列列车发布口头指示限速 80 km/h 注意运行，限速位置原则上按故障标定装置指示地点前后各 2 km 确定。司机应注意观察接触网设备状态，发现影响行车异常情况时应立即停车并向列车调度员报告，列车调度员立即通知尚未经过异常地点的后续列车停车，不得再向该区间放行列车，并立即通知供电部门检查处理，列车调度员按供电部门登记的行车限制条件组织行车；无异常时，司机在通过限速地点后立即向列车调度员报告。列车调度员根据本线司机确认本线无异常的报告组织本线后续列车正常运行，根据邻线司机确认邻线无异常的报告组织邻线后续列车正常运行。

②供电调度员应立即组织供电人员登乘本线或邻线列车巡视检查设备。供电人员根据需要及时向列车调度员提出利用动车组列车运送人员处理故障的申请，列车调度员应及时安排。

5.5.10　接触网上挂有异物

（1）司机在运行中发现本线或邻线接触网上挂有异物时，应立即采取措施并向列车调度员（车站值班员）汇报异物情况和故障地点，列车调度员（车站值班员）及时通知供电部门检查处理，在《行车设备检查登记簿》内登记，车站值班员报告列车调度员。列车调度员转报供电调度员。

（2）本线挂有异物时，如异物情况不影响行车，司机按正常行车方式通过。本线降弓可以通过时，司机按降弓方式通过该地点，列车调度员向该线后续列车发布限速 160 km/h 降弓通过故障地点的调度命令（不设列控限速），限速降弓位置原则上按司机汇报故障地点前后各 2 km 确定。不能降弓通过时司机应立即停车并报告，列车调度员（车站值班员）应立即通知本线后续列车停车，不得再向该区间放行列车。

（3）邻线挂有异物时，如司机汇报邻线异物不能降弓通过，列车调度员（车站值班员）应立即通知邻线尚未经过该地点的列车停车，不得再向邻线该区间放行列车。如司机汇报邻线异物可降弓通过或异物情况不影响行车，邻线按本项 2 规定执行。

（4）如司机汇报不能确定异物是否影响邻线行车，列车调度员应立即向邻线尚未经过该地点的首列列车司机发布口头指示限速 80 km/h 注意运行，限速位置原则上按司机汇报故障地点前后各 2 km 确定。司机应注意观察接触网设备状态。根据该司机确认情况，后续处理按本项 2 规定执行。

（5）供电调度员接到报告后，应立即组织供电人员登乘本线或邻线列车巡视检查设备并处理。供电人员根据需要及时向列车调度员提出利用动车组列车运送人员处理故障的申请，列车调度员应及时安排。

供电部门检查处理后，列车调度员按供电部门登记的行车限制条件组织行车。故障处理完毕后，列车调度员根据供电部门在《行车设备检查登记簿》内的销记，恢复正常行车组织。

5.5.11　受电弓挂有异物

（1）列车运行途中，司机接到受电弓挂有异物通知时，应立即降弓、停车，向列车调度员（车站值班员）报告，车站值班员报告列车调度员。需下车检查或登顶作业时，司机（动车组列车为随车机械师通过司机）及时向列车调度员提出请求。

（2）列车调度员（车站值班员）得到报告后，应立即通知区间内后续列车停车，不得再向该区间放行列车。列车调度员根据下车检查或登顶作业的请求，发布邻线列车限速 160 km/h 及以下调度命令；需登顶作业时，列车调度员还应通知该供电臂内的列车停车并降弓，与供电调度员办理接触网停电手续，得到供电调度员接触网已停电的通知后，发布准许登顶作业的调度命令。

（3）司机在接到邻线列车限速 160 km/h 及以下调度命令已发布的口头指示后，下车检查（动车组列车为司机通知随车机械师下车检查）。司机根据准许登顶作业的调度命令和邻线列车限速 160 km/h 及以下调度命令已发布的口头指示登顶作业（动车组列车为司机通知随车机械师登顶作业）。

（4）异物处理完毕后，司机应报告列车调度员，列车调度员与供电调度员办理接触网送电手续，通知该停电供电臂内的列车升起受电弓，取消邻线限速，恢复正常行车。需限速运行时，司机（动车组列车根据随车机械师的通知）限速运行。

（5）司机（动车组列车为随车机械师）现场检查发现受电弓滑板及托架有损伤或接触网有异状时，应及时报告列车调度员，列车调度员扣停后续列车，并通知供电部门对接触网设备进行检查处理，根据供电部门在《行车设备检查登记簿》内登记的行车限制条件组织行车。

5.5.12　运行途中自动降弓

（1）列车在运行途中，因不明原因降弓，司机应立即切断主断路器并停车，同时查看降弓地点公里标，向列车调度员（车站值班员）报告，车站值班员报告列车调度员。列车调度员（车站值班员）应立即通知区间内后续列车停车，不再向该区间放行列车，列车调度员将降弓情况转报供电调度员。动车组列车随车机械师应根据故障信息记录，及时向司机反馈故障发生时间等信息，由司机报告列车调度员，列车调度员及时转报供电调度员。

（2）列车调度员根据司机（动车组列车为随车机械师通过司机提出的）下车检查或登顶作业的请求，发布邻线列车限速 160 km/h 及以下调度命令；需登顶作业时，列车调度员还应通知该供电臂内的列车停车并降弓，与供电调度员办理接触网停电手续，得到供电调度员接触网已停电的通知后，发布准许登顶作业的调度命令。

（3）司机在接到邻线列车限速 160 km/h 及以下调度命令已发布的口头指示后，下车检查（动车组列车为司机通知随车机械师下车检查）。司机根据准许登顶作业的调度命令和邻线列车限速 160 km/h 及以下调度命令已发布的口头指示登顶作业（动车组列车为司机通知随车机械师登顶作业）。

（4）经检查处理，列车恢复运行后，司机应立即报告列车调度员，列车调度员应立即向本线尚未经过该地点的首列列车发布口头指示限速 80 km/h 注意运行，限速位置原则上按司机汇报故障地点前后各 2 km 确定。司机应注意观察接触网设备状态，发现影响行车异常情况时应立即停车并向列车调度员报告，列车调度员立即通知尚未经过异常地点的后续列车停车，不再向该区间放行列车，并立即通知供电部门检查处理，列车调度员按供电部门登记的行车限制条件组织行车。无异常时，司机在通过限速地点后立即向列车调度员报告，列车调度员根据司机确认无异常的报告组织后续列车正常运行。

（5）供电调度员接到报告后，应立即组织供电人员登乘本线或邻线列车巡视检查设备。供电人员根据需要及时向列车调度员提出利用动车组列车运送人员处理故障的申请，列车调度员应及时安排。

5.5.13　自动过分相地面设备故障

（1）司机发现不能自动过分相时，应立即报告列车调度员（车站值班员），列车调度员（车站值班员）接到报告后，通知后续列车注意运行，通知设备管理单位检查处理，在《行车设备检查登记簿》内登记；设备管理单位发现自动过分相地面设备故障时，应立即报告列车调度员（车站值班员），同时在《行车设备检查登记簿》内登记，写明行车限制条件。

在故障修复前，列车调度员（车站值班员）根据设备管理单位的登记，通知司机采用手动过分相。

（2）自动过分相地面设备修复后，列车调度员根据设备管理单位在《行车设备检查登记簿》内的销记，恢复正常行车组织。

5.5.14　动车组列车空调失效

（1）空调失效超过 20 min 不能恢复但列车能够正常运行时，列车长可视情况通知司机向列车调度员提出在前方最近客运站停车的请求，列车调度员安排列车在前方最近客运站停车。列车在停车站安装好防护网、打开部分车门后，列车调度员根据司机的报告，向司机（救援时还包括救援司机）及沿途各站发布打开车门限速 60 km/h（通过邻靠高站台的线路时限速 40 km/h）运行的调度命令。

（2）列车因故停车不能维持运行且空调失效超过 20 min 不能恢复时，列车长应及时与司机、随车机械师沟通，视情况做出打开车门决定，并通知司机转报列车调度员。

（3）安装防护网、打开车门由列车长组织列车乘务员进行，司机、随车机械师配合。防护网的安装需在列车停车状态下进行，安装位置为运行方向左侧（非会车侧）车门处。防护网安装完毕，打开车门后，由列车长组织列车工作人员值守，直到车门关闭。列车长确认防护网安装牢固、看护到位后报告司机。

（4）需要组织旅客下车或换乘其他列车时，应在车站站台进行。必须在站内不邻靠站台的线路或区间组织旅客下车或换乘时，需经铁路局主管运输副局长（总调度长）批准。

5.5.15　列车运行途中车辆故障

1. 动车组列车运行途中发生车辆故障应急处理

（1）动车组列车运行中出现故障，司机应按车载信息监控装置的提示，按规定及时处理；需要由随车机械师处理时，司机应通知随车机械师。经处置确认无法正常运行时，司机应按车载信息监控装置的提示和随车机械师的要求，选择维持运行或停车等方式，并报告列车调度员（车站值班员），车站值班员报告列车调度员。

（2）司机发现或得到基础制动装置故障致使车轮抱死不缓解的报告时，应立即停车，报告列车调度员（车站值班员）停车原因和停车位置，车站值班员报告列车调度员。列车调度员（车站值班员）应立即通知区间内后续列车停车，不再向该区间放行列车。司机在接到列车调度员已发布邻线列车限速 160 km/h 及以下调度命令的口头指示后，通知随车机械师下车检查处理。当动车组列车制动系统故障须切除单车制动力时，随车机械师应将切除制动力的情况及限速要求通知司机，司机报告列车调度员（车站值班员）后，按限速要求运行；车站值班员接到报告后，应及时报告列车调度员，列车调度员及时通知本调度区段相关车站值班员，跨调度区段运行时还应通知邻台列车调度员。

全列车制动不缓解，司机、随车机械师按故障应急手册或车载信息系统的提示处理；全列常用制动不施加，司机立即将制动手柄拉到紧急制动位或按压紧急停车按钮，使动车组紧急停车。动车组停车后，司机复位紧急制动，由随车机械师进行故障处理。司机在开车前必须进行一次完整的制动试验，确认制动系统功能正常。动车组发生制动系统失效情况时，由司机请求救援。

（3）动车组车窗玻璃破损导致车厢密封失效时，列车长或随车机械师应通知司机，司机控制动车组列车限速 160 km/h 运行并报告列车调度员（车站值班员），车站值班员报告列车调度员。

（4）动车组空气弹簧故障时，随车机械师应通知司机限速要求（CRH$_2$/CRH380A/AL 型限速 120 km/h，其余车型限速 160 km/h），司机控制动车组列车限速运行并报告列车调度员（车站值班员），车站值班员报告列车调度员。

（5）当车载信息监控装置提示轴承温度超过报警温度时，司机应立即停车，报告列车调度员（车站值班员）停车原因和停车位置，通知随车机械师处理，车站值班员报告列车调度员。列车调度员（车站值班员）应立即通知区间内后续列车停车，并不得再向该区间放行列车。随车机械师检查后，需要限速运行时，通知司机限速要求，司机报告列车调度员（车站值班员）后，按限速要求运行。不能继续运行时，及时请求救援。

（6）发现或接到转向架监测故障、车辆下部异音、异状的通知时，司机（列车工作人员）应立即采取紧急停车措施，司机向列车调度员（车站值班员）报告，车站值班员报告列车调度员。列车调度员（车站值班员）应立即通知区间内后续列车停车，不再向该区间放行列车。司机在接到列车调度员已发布邻线列车限速 160 km/h 及以下调度命令的口头指示后，通知随车机械师下车检查处理。随车机械师检查后，需要限速运行时，通知司机限速要求，司机报告列车调度员（车站值班员）后，按限速要求运行。不能继续运行时，及时请求救援。

2. 动车组以外的旅客列车运行途中发生车辆故障应急处理

（1）发现客车车辆轮轴故障、车体下沉（倾斜）、车辆剧烈振动等危及行车安全的情况时，须立即采取停车措施，并报告列车调度员（车站值班员），车站值班员报告列车调度员。列车调度员（车站值班员）应立即通知区间内后续列车停车，不再向该区间放行列车。司机在接到列车调度员已发布邻线列车限速 160 km/h 及以下调度命令的口头指示后，通知车辆乘务员下车检查。对抱闸车辆应关闭截断塞门，排除副风缸中的余风，确认安全无误后，方可继续运行；如车轮踏面损坏超过限度或车辆故障不能继续运行时，应甩车处理。

（2）列车调度员接到热轴报告后，应按热轴预报等级要求果断处理。必要时，立即安排停车检查（司机应采用常用制动，列车停车后由车辆乘务员负责检查，无车辆乘务员的由司机确认能否继续安全运行）或就近站甩车处理。

（3）遇客车安全监控系统报警或其他故障需要列车限速运行时，车辆乘务员应通知司机限速要求，司机按限速要求运行并报告列车调度员（车站值班员），车站值班员及时报告列车调度员。

（4）空气弹簧故障时，列车运行速度不得超过 120 km/h。

（5）采用密接式车钩的旅客列车，在运行途中因故障更换 15 号过渡车钩后，运行速度不得超过 140 km/h。

（6）双管供风旅客列车运行途中发生双管供风设备故障或用单管供风机车救援接续牵引需改为单管供风时，双管改单管作业应在站内进行。旅客列车在区间发生故障需双管改单管供风时，由车辆乘务员通知司机向列车调度员（车站值班员）提出在前方站停车处理的请求，并通知司机以不超过 120 km/h 速度运行至前方站，列车调度员发布双管改单管供风的调度命令，车辆乘务员根据调度命令在站内将客车风管路改为单管供风状态。旅客列车改为单管供风跨局运行时，由铁路总公司发布调度命令通知有关铁路局，按单管供风办理，直至终到站。

任务实施与评价

（1）教师下发任务单，学生明确学习任务、学习内容、知识目标、能力目标、素质目标要求。

（2）学生按任务单要求制订学习计划，完成预习任务及相关知识准备。

（3）教师播放某动车组司机一次作业过程视频进行认知引入。

（4）学生查阅资料说明《铁路技术管理规程》中关于设备故障情况下行车的有关规定。

（5）学生对比说明各型 CRH 系列动车组的运用特点。

（6）教师组织学生识别动车组操纵台设备符号。

（7）学生识别几种常用的设备故障情况下行车组织办法，教师辅导答疑，学生以个人或学习小组方式进行学习小结及反思。

（8）学生讲述设备故障情况下行车的作业程序。

（9）学生进行学习自我评价及学习小组成员互评，小组长（副组长）进行小组整体评价，教师检查任务完成情况。

项目 6 技 术 设 备

项目描述

  铁路运输正在朝着一个更高速、更普及、更安全的方向发展，这一切都要有先进的技术设备作后盾。先进的列车、先进的设备、先进的列车管理系统和通信系统等，都是铁路运输朝更高的层面上发展所必备的条件。通过先进设备的运用、技术设备性能的提升、维护人员技能水平的提高，继而达到向先进的科学技术要效率、要质量、要安全的目的。

  学生通过学习铁路技术设备在基本建设、产品制造、验收交接、技术性能、使用管理及保养维修等方面的基本要求与标准，从而体会设备养修作业的科技含量，提高铁路人员的管理、维修与运用水平，以全新的思路指导铁路安全生产，提高铁路运输工作效率。

  本项目任务：

  任务1 技术设备基本要求；

  任务2 线路；

  任务3 信号、通信；

  任务4 车站及枢纽；

  任务5 机车、车辆及动车组；

  任务6 牵引供电。

教学目标

1. 知识目标

  （1）了解高速铁路技术设备的基本要求。

  （2）熟悉高速铁路线路、信号等设备的一般要求与技术标准。

  （3）了解车站、枢纽的技术设备与设置要求。

  （4）熟悉机车车辆、动车组列车的设计要求与技术标准。

2. 能力目标

  （1）掌握高速铁路技术设备的设计要求与技术标准。

  （2）熟悉《铁路技术管理规程》高铁部分有关的内容。

  （3）按高速铁路技术设备的基本要求，设计动车组的运用与保养标准。

3. 素质目标

  （1）培养学生遵章守纪、爱护动车组、平稳操纵、安全正点的职业道德。

（2）在项目完成过程中培养学生学习新技术、勇于创新和开拓的意识。

（3）在项目完成过程中培养学生严谨认真的态度，提升应变与沟通能力。

（4）能客观、公正地进行学习自我评价及对小组成员的评价。

【任务1】 技术设备基本要求

📋 任务单

任务名称	技术设备基本要求
任务描述	铁路是国民经济大动脉，是国家重要基础设施和大众化交通工具。通过了解铁路基本建设的基本要求，熟悉铁路技术设备的产品制造、验收交接、技术性能的标准，掌握技术设备的使用管理及保养维修等方面的有关规定，继而达到向先进的科学技术要效率、要质量、要安全的目的
任务分析	铁路技术设备的管理、建设必须符合国家标准，执行行业标准和铁路技术规范。本任务对高速铁路线路、站场实景的引入，方便学生通过项目式学习，掌握铁路基本建设的基本要求，以及铁路技术设备的产品制造、验收交接、技术性能、使用管理及保养维修的标准，从而提高管理、维修与运用水平，以全新的思路指导铁路安全生产，提高铁路运输工作效率
学习任务	【子任务1】基本要求 学习限界与安全保护区的基本要求与标准 【子任务2】救援设备 救援设备、组织建设的基本要求与标准 【子任务3】灾害防护 熟悉灾害防护的组织建设，了解灾害防护器材的使用与管理规定 【子任务4】行车安全监测设备 行车安全监测设备的建设标准，行车安全监测设备信息的管理
劳动组合	各组长讨论交流，根据任务单列出《铁路技术管理规程》对救援设备、行车安全监测设备等铁路技术设备的基本要求。各组评判小组成员学习情况，并作出小组评价
成果展示	（1）直线部分铁路线间距 （2）救援机构建设 （3）行车安全检测设备的组成
学习小结	

续表

	项目	A—优	B—良	C—中	D—及格	E—不及格	综合
自我评价	安全纪律（15%）						
	学习态度（15%）						
	专业知识（30%）						
	专业技能（30%）						
	团队合作（10%）						
教师评价	简要评价						
	教师签名						

学习引导文

6.1 技术设备基本要求

6.1.1 基本要求

1. 限界、安全保护区

（1）一切建（构）筑物、设备，均不得侵入铁路建筑限界。与机车车辆有直接互相作用的设备，在使用中不得超过规定的侵入范围。

（2）在设计建（构）筑物或设备时，距钢轨顶面的距离应附加钢轨顶面标高可能的变动量（路基沉降、加厚道床、更换重轨等）。

（3）机车车辆无论空、重状态，均不得超出机车车辆限界。

2. 区间及站内两相邻线路中心线间的最小距离

1）直线部分

直线部分铁路线间距见表 6-1。

表 6-1 铁路线间距

序号	名 称		线间最小距离/mm
1	区间双线	$v = 160$ km/h	4 200
		160 km/h $< v ≤ 200$ km/h	4 400
		200 km/h $< v ≤ 250$ km/h	4 600
		250 km/h $< v ≤ 300$ km/h	4 800
		300 km/h $< v ≤ 350$ km/h	5 000
2	三线及四线区间的第二线与第三线		5 300
3	站内正线	$v ≤ 250$ km/h	4 600
		250 km/h $< v ≤ 300$ km/h	4 800
		300 km/h $< v ≤ 350$ km/h	5 000

序号	名 称	线间最小距离 /mm
4	站内正线与相邻到发线	5 000
5	到发线与相邻到发线	5 000
6	安全线与其他线路	5 000

注：线间有建（构）筑物或有影响限界的设施，最小线间距按建筑限界计算确定。

进出枢纽或大型车站两端的加减速地段的线间距根据列车运行速度确定；区间正线与站内正线线间距不同时，宜利用邻近曲线完成过渡。

2）曲线部分

曲线地段线路中心线间水平距离可不加宽。

6.1.2 救援设备

1. 事故救援列车、电线路修复车、接触网抢修车

在铁路总公司指定地点设事故救援列车、电线路修复车、接触网抢修车，配备应急通信设备，并处于整备待发状态，其工具备品应保持齐全整洁，作用良好。

2. 事故救援队

根据运输生产需要，铁路局应在无救援列车的二等以上车站成立事故救援队，配备简易起复设备和工具。

3. 应急平台

铁路总公司、铁路局应急救援指挥中心应建设应急平台，配备相应的应急指挥设施和通信等设备，确保事故现场的图像、话音及数据在规定的时限内传送至应急救援指挥中心。

4. 救援器材

（1）机车、自轮运转特种设备上均应备有复轨器和铁鞋（止轮器）。

（2）动车组应配备止轮器（铁鞋）、紧急用渡板、应急梯、过渡车钩和专用风管。

6.1.3 灾害防护

1. 消防器材

（1）有火灾危险的机车车辆内均须备有灭火器。

（2）机车车辆停车及检修库、油脂库、洗罐所、通信信号机械室、计算机机房、牵引变电所控制室及为客运服务的建（构）筑物等主要处所，均须备有完好的消防专用器具。

2. 消防组织

有关单位应建立和健全消防组织，定期进行检查。

6.1.4 行车安全监测设备

1. 铁路行车安全监测设备基本要求

铁路行车安全监测设备是保障铁路运输安全的重要技术设备，应具备监测、记录、报警、存取功能，保持其作用良好、准确可靠，并定期进行计量校准。

2. 铁路行车安全监测设备

（1）机车车辆的车载监测设备。

（2）机车车辆的地面监测设备。

（3）轨道、通信、信号、牵引供电、电力等固定设备的移动检测设备。

（4）线路、桥梁、隧道、通信、信号、牵引供电、电力等固定设备的在线自动监测设备。

（5）自然灾害及异物侵限监测系统。

（6）列车安全防护预警系统及施工防护设备。

3. 信息

铁路行车安全监测设备应实现信息共享，为运输组织、行车指挥、设备检修、救援及事故分析等提供信息。

任务实施与评价

（1）教师下发任务单，学生明确学习任务、学习内容、知识目标、能力目标、素质目标要求。

（2）学生按任务单要求制订学习计划，完成预习任务及相关知识准备。

（3）教师播放某高铁线路、站场实景视频进行认知引入。

（4）学生查阅资料说明《铁路技术管理规程（高速铁路部分)》对技术设备的基本要求。

（5）学生对比说明高速铁路、普速铁路技术设备的有关规定。

（6）教师组织学生识别高速铁路技术设备。

（7）学生掌握限界、救援器材等技术设备的验收方法，教师辅导答疑，学生以个人或学习小组方式进行学习小结及反思。

（8）学生讲述铁路技术设备建设、验收的作业程序。

（9）学生进行学习自我评价及学习小组成员互评，小组长（副组长）进行小组整体评价，教师检查任务完成情况。

【任务2】 线　　路

任务单

任务名称	线路
任务描述	线路、道岔等设备是高速铁路列车运行的基础，是铁路的大型技术设备，其基本建设、技术性能及保养维修等方面的好坏，直接关系到铁路运输生产的安全和运输效益。因此，须熟练掌握《铁路技术管理规程》中关于铁路线路、轨道、线路交叉与接轨等方面的有关规定，从而提高铁路人员的管理、维修与运用水平，以全新的思路指导铁路安全生产，提高铁路运输工作效率
任务分析	线路、道岔等设备是高速铁路列车运行的基础，是铁路的大型技术设备，其基本建设、技术性能及保养维修等方面的好坏，直接关系到铁路运输生产的安全和运输效益。本任务用高铁线路、站场实景视频进行认知引入，方便学生通过项目式学习，掌握包括铁路线路、轨道、线路交叉与接轨等基本建设、验收交接及技术性能等方面的基本要求与标准

续表

学习任务	【子任务1】铁路线路 铁路线路的分类、定义、建设及技术性能等方面的基本要求与标准 【子任务2】轨道、道岔 建设、验收及技术性能等方面的基本要求与标准 【子任务3】线路交叉及接轨 线路交叉及接轨的建设、验收交接等方面的要求与标准					
劳动组合	各组长讨论交流,根据任务单列出《铁路技术管理规程》对铁路线路、轨道、道岔的基本要求。各组评判小组成员学习情况,并作出小组评价					
成果展示	(1)铁路线路 (2)轨道、道岔 (3)线路交叉及接轨					
学习小结						
自我评价	项目	A—优	B—良	C—中	D—及格	E—不及格	综合
	安全纪律(15%)						
	学习态度(15%)						
	专业知识(30%)						
	专业技能(30%)						
	团队合作(10%)						
教师评价	简要评价						
	教师签名						

学习引导文

6.2 线路

6.2.1 铁路线路

1. 铁路线路分类与定义

1)铁路线路分类

铁路线路分为正线、站线、段管线、岔线及安全线等。

2)铁路线路定义

(1)正线是指连接车站并贯穿或直股伸入车站的线路。

(2)站线是指到发线、调车线、牵出线、货物线及站内指定用途的其他线路。

(3)段管线是指机务、车辆、工务、电务、供电等段专用并由其管理的线路。

(4)岔线是指在区间或站内接轨,通向路内外单位的专用线路。

（5）安全线是为防止列车或机车车辆从一进路进入另一列车或机车车辆占用的进路而发生冲突的一种安全隔开设备。

2. 技术标准

（1）铁路区间线路最小曲线半径规定见表 6 – 2；最大曲线半径为 12 000 m。

表 6 – 2 铁路区间线路最小曲线半径

路段设计行车速度（km/h）		最小曲线半径/m	
200	客运专线	一般	2 200
		困难	2 000
250	有砟轨道	一般	3 500
		困难	3 000
	无砟轨道	一般	3 200
		困难	2 800
300	有砟轨道	一般	5 000
		困难	4 500
	无砟轨道	一般	5 000
		困难	4 000
350	有砟轨道	一般	7 000
		困难	6 000
	无砟轨道	一般	7 000
		困难	5 500

（2）限速地段曲线半径应符合有关设计规范的规定。

① 区间正线的最大坡度不宜大于 20‰，困难条件下经技术经济比较后不应大于 30‰。动车组走行线的最大坡度不宜大于 30‰，困难条件下不应大于 35‰。当动车组走行线的最大坡度大于 30‰时，宜铺设无砟轨道。

② 中间站、越行站应设在直线上。始发站宜设在直线上，困难条件下设在曲线上时，曲线半径不应小于相应路段设计速度的最小曲线半径。

③ 到发线有效长度范围内应设在平道上，当设在坡道上时不大于 1‰，越行站可设在不大于 6‰的坡道上。车站咽喉区的正线坡度宜与到发线有效长度范围内坡度一致；困难条件下，始发终到站不宜大于 2.5‰，中间站不宜大于 6‰。到发线有效长度范围内应采用一个坡段。

6.2.2 轨道、道岔

1. 轨道建设

（1）新建 300 km/h 及以上铁路、长度超过 1 km 的隧道及隧道群地段，可采用无砟轨道。

（2）正线及到发线轨道应采用一次铺设跨区间无缝线路，正线钢轨应采用 100 m 长定尺的 60 kg/m 钢轨。绝缘接头应采用胶接绝缘接头。高速铁路有砟轨道正线应采用特级碎石道砟。

（3）轨距是钢轨头部踏面下 16 mm 范围内两股钢轨工作边之间的最小距离。直线轨距标准为 1 435 mm。

（4）线路两股钢轨顶面，在直线地段应保持同一水平。

（5）曲线地段的外轨超高，应按有关规定的办法和标准确定。

（6）道岔应铺设在直线上，正线道岔不得与竖曲线重叠。车站正线及到发进路上的道岔宜采用可动心轨道岔，道岔轨型应与正线和到发线的轨型相同。

（7）钢轨伸缩调节器应铺设在直线上，避免与竖曲线重叠。

2. 道岔建设

（1）道岔辙叉号数选择应符合下列规定。

① 正线道岔的直向通过速度不应小于路段设计行车速度。

② 正线与到发线连接应采用 18 号道岔。两正线间的渡线应按功能需要选用 18 号及以上道岔。

③ 始发或终到车站以及改、扩建车站，在特别困难条件下，可采用 12 号道岔。

④ 正线与联络线连接的道岔辙叉号数应按联络线设计行车速度选用，并宜选用大号码道岔。

（2）道岔应保持良好状态，道岔各零部件应齐全，作用良好，缺少时应及时补充。道岔出现伤损或病害时，应及时修理或更换。

（3）联锁道岔应配备紧固、加锁装置，以备联锁失效时用以锁闭道岔。铁路局应制定联锁失效时防止扳动的办法。

（4）紧固装置采用紧固器，加锁装置采用钩锁器。

6.2.3　线路交叉及接轨

1. 线路交叉及接轨建设规范

线路应全封闭、全立交，线路两侧按标准进行栅栏封闭，对铁路技术作业的专用通道和处所，须设置"非铁路作业人员禁止进入"的警示标志。站内不得设置平过道。

2. 安全线设置条件应符合下列规定

（1）联络线、动车组走行线与正线接轨时应设置安全线，与到发线接轨时可不设安全线。

（2）维修工区（车间）等线路与到发线或其他站线接轨时，应在接轨处设置安全线。

（3）有折返列车作业的中间站，有动车组长时间停留的到发线两端应设置安全线。

（4）接车线末端、接轨处能利用其他站线及道岔作为隔开设备并有联锁装置时，可不另设安全线。

安全线的设计应符合相关设计规范的要求。

任务实施与评价

（1）教师下发任务单，学生明确学习任务、学习内容、知识目标、能力目标、素质目标要求。

（2）学生按任务单要求制订学习计划，完成预习任务及相关知识准备。

（3）教师播放某高铁线路、站场实景视频进行认知引入。

（4）学生查阅资料说明《铁路技术管理规程》对线路建设、验收的有关规定。

（5）学生对比说明高速铁路、普速铁路《铁路技术管理规程》对线路的有关规定。

（6）教师组织学生识别高速铁路线路设备。

（7）学生掌握线路、道岔等技术设备的验收方法，教师辅导答疑，学生以个人或学习小组方式进行学习小结及反思。

（8）学生讲述道岔的建设、验收程序。

（9）学生进行学习自我评价及学习小组成员互评，小组长（副组长）进行小组整体评价，教师检查任务完成情况。

【任务3】 信号、通信

任务单

任务名称	信号、通信
任务描述	铁路信号设备是指挥列车运行，保证行车安全，提高运行效率，改善行车组织方式，实现行车指挥现代化的关键设备。铁路通信网是铁路的重要基础设施，是保证铁路运输正常、安全运行的重要设施，是支撑铁路信息化的重要载体。须熟练掌握《铁路技术管理规程》中关于信号、通信的有关规定，从而提高铁路人员的管理、维修与运用水平，以全新的思路指导铁路安全生产，提高铁路运输工作效率
任务分析	信号、通信设备的基本建设、技术性能及保养维修等方面的情况，直接关系到铁路运输生产的安全和运输效益。本任务以动车组司机一次作业过程视频进行认知引入，方便学生开展项目式学习，学习信号、联锁、闭塞、调度集中系统、列车运行监控装置、列车运行控制系统、铁路信息系统等方面的知识，掌握《铁路技术管理规程》中关于信号、通信设备基本建设、验收交接与技术性能等方面的要求与标准
学习任务	【子任务1】信号、联锁、闭塞 　　熟悉信号机建设的基本要求与标准；了解联锁建设标准与技术性能；掌握闭塞建设的基本要求 【子任务2】调度集中系统、列车运行监控装置、列车运行控制系统 　　熟悉调度集中系统的设计要求与技术性能；了解列车运行监控装置的设计要求与技术性能；掌握列车运行控制系统建设的基本要求、技术性能与控车模式 【子任务3】铁路信息系统 　　熟悉铁路业务网的建设、技术性能与使用管理方面的基本要求；了解铁路信息系统的建设、验收交接及运用管理方面的基本要求
劳动组合	各组长讨论交流，根据任务单列出《铁路技术管理规程》中关于信号、联锁、闭塞、调度集中系统、列车运行监控装置、列车运行控制系统、铁路信息系统等技术设备的基本要求。各组评判小组成员学习情况，并作出小组评价
成果展示	（1）信号机的设置要求 （2）列车运行控制系统的控车模式 （3）GSM-R 手持终端和无线对讲设备的使用

续表

	项目	A—优	B—良	C—中	D—及格	E—不及格	综合
	安全纪律（15%）						
	学习态度（15%）						
自我评价	专业知识（30%）						
	专业技能（30%）						
	团队合作（10%）						
教师评价	简要评价						
	教师签名						

（学习小结栏位于表格上方）

学习引导文

6.3　信号、通信

6.3.1　信号、联锁、闭塞

列控车载设备、机车信号设备、列车运行监控装置（LKJ）、轨道车运行控制设备（GYK）和车载无线通信设备等的电源，均应取自车上直流控制电源系统，直流输出电压为110 V 时，电压波动允许范围为 $-20\% \sim +5\%$。

6.3.1.1　信号

1. 信号机的分类

信号机按用途分为进站、出站、通过、进路、复示、调车信号机等。

2. 各种信号机及表示器，在正常情况下的显示距离

（1）高柱进站、高柱通过信号机，不得小于 1 000 m。

（2）高柱出站、高柱进路信号机，不得小于 800 m。

（3）调车、矮型进站、矮型出站、矮型进路、矮型通过、复示信号机，引导信号及各种表示器，不得小于 200 m。

在地形、地物影响视线的地方，进站、通过信号机的显示距离，在最坏的条件下，不得小于 200 m。

3. 信号机的设置

（1）铁路信号机应采用色灯信号机。

（2）区间不设通过信号机的线路，车站信号机宜采用矮型信号机。

（3）区间设通过信号机的线路，信号机应采用高柱信号机，在下列处所可采用矮型信号机：

① 不办理通过列车的到发线上的出站、发车进路信号机；

② 道岔区内的调车信号机；

③ 桥梁、隧道内的通过信号机。

特殊情况需设矮型信号机时，须经铁路局批准。

（4）信号机、区间信号标志牌应设在列车运行方向的左侧。反方向运行进站信号机可设在列车运行方向的右侧；其他特殊地段因条件限制，需设于右侧时，须经铁路局批准。

（5）在确定设置信号机地点时，除满足信号显示距离的要求外，还应考虑到该信号机不致被误认为邻线的信号机。

（6）进站信号机。

① 车站必须设进站信号机。进站信号机应设在距进站最外方道岔尖轨尖端（顺向为警冲标）不小于 50 m 的地点，根据需要可适当延长。

② 进站信号机及防护分歧道岔的通过信号机外方，无同方向的通过信号机时，应设置预告标。

（7）出站信号机。

在车站的正线和到发线上，应设出站信号机。出站信号机应设在每一发车线的警冲标内方（对向道岔为尖轨尖端外方）适当地点。

（8）通过信号机。

① 通过信号机或区间信号标志牌应设在闭塞分区或所间区间的分界处，不应设在牵引供电分相的处所。

② 高速铁路闭塞分区的划分，应满足动车组列控车载设备按照目标距离模式控车和未装备列控车载设备的列车按四显示自动闭塞行车的要求。

③ 进站信号机前方第一、第二架通过信号机的机柱上，应分别涂三条、一条黑斜线。

特殊地段因条件限制，同方向相邻两架指示列车运行的信号机间的距离小于列车规定速度的制动距离时，应采取必要的降级或重复显示措施。

（9）进路表示器。

① 出站信号机有两个及以上的运行方向，而信号显示不能分别表示进路方向时，应在信号机上装设进路表示器。

② 发车进路兼出站信号机，根据需要可装设进路表示器，区分进路方向。

（10）调车色灯信号机。

① 为满足调车作业的需要，应设调车色灯信号机。

② 正线、到发线不宜设置调车信号机，岔线、段管线、动车段（所）根据需要设置调车信号机。

（11）设有两个及以上车场的车站，转场进路应设进路色灯信号机。

（12）进站、接车进路及线路所通过信号机，均应设引导信号。出站、发车进路信号机可设引导信号。

（13）复示信号机。

① 进站、出站、进路信号机及线路所通过信号机，因受地形、地物影响，达不到规定的显示距离时，应设复示信号机。

② 设在车站岔线入口处的调车色灯信号机，达不到规定的显示距离时，根据需要可设调车复示信号机。

6.3.1.2 联锁

1. 建设要求

车站、线路所、动车段（所）应采用计算机联锁设备。计算机联锁设备具备与列控中心（TCC）、信号集中监测系统、调度集中系统（CTC）或列车调度指挥系统（TDCS）的接口功能，在 CTCS-3 级区段还应具有与无线闭塞中心（RBC）等设备的接口功能。

2. 技术性能

（1）站内正线及到发线上的道岔，均须与有关信号机联锁。区间内正线上的道岔，须与有关信号机或闭塞设备联锁。各种联锁设备应满足下列条件：

① 当进路上的有关道岔开通位置不对或敌对信号机未关闭时，防护该进路的信号机不能开放；信号机开放后，该进路上的有关道岔不能扳动，其敌对信号机不能开放。

② 装有转辙机（转换锁闭器）的道岔，当第一连接杆处（分动外锁闭道岔为锁闭杆处）的尖轨与基本轨间、心轨与翼轨间有 4 mm 及以上水平间隙时，不能锁闭或开放信号机。

（2）集中联锁设备应保证：当进路建立后，该进路上的道岔不能转换；当道岔区段有车占用时，该区段的道岔不能转换；列车进路向占用线路上开通时，有关信号机不能开放（引导信号除外）；能监督是否挤岔，并于挤岔的同时，使防护该进路的信号机自动关闭，被挤道岔未恢复前，有关信号机不能开放。

（3）集中联锁设备，在控制台（或操纵、表示分列式的表示盘及监视器）上应能监督线路与道岔区段是否占用、进路开通及锁闭，复示有关信号机的显示。

6.3.1.3 闭塞

双线区段自动闭塞设备应具备正方向自动闭塞、反方向自动站间闭塞的功能。

6.3.2 调度集中系统、列车运行监控装置、列车运行控制系统

1. 调度集中系统

1）设计要求

（1）铁路运输指挥应采用调度集中系统（CTC）。

（2）CTC 由铁路局、车站两级构成。调度集中区段，车站应设集中联锁，区间应设自动闭塞或自动站间闭塞。

2）技术性能

（1）CTC 应能实时自动采集列车运行及现场信号设备状态信息，并传送到铁路总公司调度指挥中心和铁路局调度所，完成列车运行实时追踪、无线车次号校核、自动报点、正晚点统计分析、交接车自动统计、列车实际运行图自动绘制、阶段计划人工和自动调整、调度命令及列车计划下达、站间透明、行车日志自动生成等功能，还应实现列车编组信息管理、调车作业管理、综合维修管理、列车/调车进路人工和计划自动选排、分散自律控制和临时限速设置等功能。

（2）CTC 具备与 RBC、GSM-R、临时限速服务器（TSRS）、相邻调度区段的 CTC/TDCS、计算机联锁、列控中心、信号集中监测系统、运输调度管理系统（TDMS）的接口能力。

（3）CTC 应具备分散自律控制和非常站控两种模式。分散自律控制模式是通过调度集中设备，实现进路自动和人工办理的模式；非常站控模式是遇行车设备故障、施工、维修需

要时，脱离调度集中系统控制转为车站联锁控制台人工办理的模式。

（4）CTC 与 GSM - R 数字移动通信系统结合，实现调度命令、接车进路预告信息、调车作业通知单等向司机的传送，并能通过无线通信系统获取车次号校核、调车请求及签收回执等信息。

2. 列车运行监控装置

1）设计要求

（1）最高运行速度不超过 160 km/h 的机车，机车信号设备与列车运行监控装置（LKJ）结合使用，轨道车等自轮运转特种设备使用轨道车运行控制设备（GYK）。

（2）机车应装设连续式机车信号。机车信号的显示，应与线路上列车接近的地面信号机的显示含义相符。机车停车位置，应以地面信号机或有关停车标志为依据。

2）技术性能

（1）列车运行监控装置（LKJ）具有监控、记录、显示及报警等功能。

（2）LKJ 软件、基础数据和控制模式设定的管理，按铁路总公司有关规定执行。各机车、动车组运用区段车载数据文件的编制和控制模式的设定和调整，应由铁路局专业机构实施，由铁路局实行集中统一管理。

（3）装备在动车组上的 LKJ 设备应按高于线路允许速度 2 km/h 报警、5 km/h 常用制动、10 km/h 紧急制动设置模式曲线。

（4）LKJ 产生的列车运行记录数据是行车安全分析的重要依据，任何单位和人员不得更改。电务维修机构应妥善保存 LKJ 列车运行记录数据。

3. 列车运行控制系统

1）建设要求

（1）CTCS - 3 级列控系统基于 GSM - R 无线通信实现车地信息双向传输，无线闭塞中心生成行车许可，轨道电路实现列车占用检查，应答器实现列车定位，并具备 CTCS - 2 级功能。

（2）CTCS - 2 级列控系统基于轨道电路和点式应答器传输行车许可信息，采用目标距离连续速度控制模式监控列车运行。

（3）运行速度 250 km/h 及以下时，完全监控模式下 CTCS - 2/CTCS - 3 级列控车载设备应按高于线路允许速度 2 km/h 报警、5 km/h 常用制动、10 km/h 紧急制动设置模式曲线。运行速度 250 km/h 以上时，完全监控模式下 CTCS - 3 级列控车载设备（含 CTCS - 2 级后备功能）应按高于线路允许速度 2 km/h 报警、5 km/h 常用制动、15 km/h 紧急制动设置模式曲线。

（4）列车运行控制系统装备等级根据线路允许速度选用。250 km/h 以下铁路采用 CTCS - 2 级列控系统，250 km/h 铁路宜采用 CTCS - 3 级列控系统，300 km/h 及以上铁路采用 CTCS - 3 级列控系统。

（5）信号安全数据网应采用专用光纤、不同物理径路冗余配置，确保列控中心（TCC）、计算机联锁（CBI）、临时限速服务器（TSRS）和无线闭塞中心（RBC）等信号系统安全信息可靠传输。

2）CTCS - 3 系统

（1）系统组成。

① CTCS - 3 级列控系统由列控车载设备和地面设备组成。

② 列控车载设备主要由车载安全计算机、轨道电路信息读取器、应答器信息接收单元、列车接口单元、记录单元、人机界面、GSM-R 无线通信单元等部件组成。

③ 列控地面设备由列控中心、临时限速服务器、ZPW-2000 系列轨道电路、应答器、无线闭塞中心（RBC）、GSM-R 接口设备等组成。

（2）技术性能。

① CTCS-2/CTCS-3 级区段临时限速服务器集中管理列控限速调度命令，具备列控限速调度命令的存储、校验、撤销、拆分、设置、取消的管理功能，具备列控限速设置时机的辅助提示功能。

② CTCS-3 级区段应答器提供线路数据、临时限速、过分相、定位、级间转换、公里标、车站名、无线闭塞中心切换等信息。应答器组设置、报文定义及组间距离等应满足列控车载设备控车要求。

③ CTCS-3 级列控车载设备按 CTCS-3 级控车时的模式有完全监控、引导、目视行车、调车、休眠、隔离和待机等模式；CTCS-3 级列控车载设备按 CTCS-2 级控车时的模式有完全监控、部分监控、引导、目视行车、调车、休眠、隔离、待机和机车信号等模式。

（3）CTCS-3 级列控车载设备的控车模式。

① 完全监控模式是列车的正常运行模式。列控车载设备根据控车数据自动生成目标距离模式曲线，司机依据人机界面显示的列车运行速度、允许速度、目标速度和目标距离等信息控制列车运行。

② 引导模式是在进站或出站建立引导进路后，列控车载设备按照最高限速 40 km/h 控车的模式。

③ 目视行车模式是司机控车的固定限速模式，限速值为 40 km/h。列控车载设备显示停车信号或位置不确定时，在停车状态下司机按规定操作转入目视行车模式。

④ 调车模式是动车组进行调车作业的固定限速模式，限速值为 40 km/h。司机按压专用按钮使列控车载设备转入调车模式。只有在列车停车时，司机才可以选择进入或退出调车模式。CTCS-3 级控车时，只能在车站内转入调车模式。

⑤ 休眠模式是非本务端车载设备不监控列车运行，但仍执行列车定位、记录等级转换等功能的模式。

⑥ 隔离模式是列控车载设备控制功能停用的模式。列车停车后，根据规定，司机操作隔离装置使列控车载设备转入隔离模式。

⑦ 待机模式是列控车载设备上电后的默认模式。列控车载设备自检和外部设备测试后，自动处于待机模式。在待机模式下，列控车载设备正常接收轨道电路及应答器信息。

（4）CTCS-3 级列控车载设备按 CTCS-3 级控车时七种模式之间的转换见表 6-3。

表 6-3　CTCS-3 级列控车载设备按 CTCS-3 级控车时七种模式之间的转换

转换模式 当前模式	待机模式	完全监控模式	引导模式	目视行车模式	调车模式	休眠模式	隔离模式
待机模式	—	—	人工/停车	人工/停车	人工/停车	人工/停车	人工/停车
完全监控模式	人工/停车	—	人工	人工/停车	人工/停车	—	人工/停车
引导模式	人工/停车	自动	—	人工/停车	人工/停车	—	人工/停车

动车组运用与规章（M⁺ Book 版）

转换模式＼当前模式	待机模式	完全监控模式	引导模式	目视行车模式	调车模式	休眠模式	隔离模式
目视行车模式	人工/停车	自动	人工	—	人工/停车	—	人工/停车
调车模式	人工/停车	—	—	—	—	—	人工/停车
休眠模式	人工/停车	—	—	—	—	—	人工/停车
隔离模式	人工/停车	—	—	—	—	—	—

（5）CTCS - 3 级列控车载设备按 CTCS - 2 级控车时九种模式之间的转换见表 6 - 4。

表 6 - 4　CTCS - 3 级列控车载设备按 CTCS - 2 级控车时九种模式之间的转换

转换模式＼当前模式	待机模式	部分监控模式	完全监控模式	引导模式	目视行车模式	调车模式	休眠模式	隔离模式	机车信号模式
待机模式	—	人工/停车	—	—	人工/停车	人工/停车	人工/停车	人工/停车	人工/停车
部分监控模式	人工/停车	—	自动	自动	人工/停车	人工/停车	—	人工/停车	人工/停车
完全监控模式	人工/停车	自动	—	人工	人工/停车	人工/停车	—	人工/停车	人工/停车
引导模式	人工/停车	自动	自动	—	人工/停车	人工/停车	—	人工/停车	人工/停车
目视行车模式	人工/停车	自动	自动	自动	—	人工/停车	—	人工/停车	人工/停车
调车模式	人工/停车	—	—	—	—	—	—	人工/停车	—
休眠模式	人工/停车	—	—	—	—	—	—	人工/停车	—
隔离模式	人工/停车	—	—	—	—	—	—	—	—
机车信号模式	人工/停车	—	—	—	—	—	—	人工/停车	—

（6）CTCS - 3 级列控车载设备按 CTCS - 2 级控车时的部分监控模式，是列控车载设备接收到轨道电路允许行车信息，而缺少应答器提供的线路数据或限速数据时使用的模式。在部分监控模式下，限速值为 45 km/h。

（7）机车信号模式是装备 CTCS - 3 级列控车载设备的动车组在 CTCS - 0/1 级区段运行时使用的模式。经司机操作后，列控车载设备转为最高限速 80 km/h 控车模式。在机车信号模式下，按地面信号显示运行。

（8）CTCS - 3 级列控车载设备，在完全监控模式下根据列控地面设备提供的信息，结合动车组运行速度，向动车组提供自动过电分相信息。

3）CTCS - 2 系统

（1）系统组成。

① CTCS - 2 级列控系统由列控车载设备和地面设备组成。

② 列控车载设备主要由车载安全计算机、轨道电路信息读取器、应答器信息接收单元、列车接口单元、记录单元、人机界面等部件组成。

③ 列控地面设备由列控中心、临时限速服务器、ZPW - 2000 系列轨道电路、应答器等设备组成。

（2）技术性能。

① CTCS - 2 级区段应答器提供线路数据、临时限速、级间转换等信息。应答器组设置、报文定义及组间距离等应满足列控车载设备控车要求。

② CTCS - 2 级列控车载设备的控车模式有完全监控、部分监控、引导、目视行车、调车、隔离和待机等模式。

（3）CTCS - 2 级列控车载设备的控车模式。

① 完全监控模式是列车的正常运行模式。列控车载设备根据控车数据自动生成目标距离模式曲线，司机依据人机界面显示的列车运行速度、允许速度、目标速度和目标距离等信息控制列车运行。

② 部分监控模式是列控车载设备接收到轨道电路允许行车信息，而缺少应答器提供的线路数据或限速数据时使用的模式。在部分监控模式下，限速值为 45 km/h。

③ 引导模式是在进站或出站建立引导进路后，列控车载设备按照最高限速 40 km/h 控车的模式。

④ 目视行车模式是司机控车的固定限速模式，限速值为 40 km/h。列控车载设备显示停车信号停车后，司机按规定操作转入目视行车模式。

⑤ 调车模式是动车组进行调车作业的固定限速模式，限速值为 40 km/h。司机按压专用按钮使列控车载设备转入调车模式。只有在列车停车时，司机才可以选择进入或退出调车模式。

⑥ 隔离模式是列控车载设备控制功能停用的模式。列车停车后，根据规定，司机操作隔离装置使列控车载设备转入隔离模式。

⑦ 待机模式是列控车载设备上电后的默认模式。列控车载设备自检后，自动处于待机模式。在待机模式下，列控车载设备正常接收轨道电路及应答器信息。

（4）CTCS - 2 级列控车载设备七种模式之间的转换见表 6 - 5。

表 6 - 5 CTCS - 2 级列控车载设备七种模式之间的转换

转换模式 当前模式	待机模式	部分监控模式	完全监控模式	引导模式	目视行车模式	调车模式	隔离模式
待机模式	—	人工/停车	—	—	人工/停车	人工/停车	人工/停车
部分监控模式	人工/停车	—	自动	自动	人工/停车	人工/停车	人工/停车
完全监控模式	人工/停车	自动	—	人工	人工/停车	人工/停车	人工/停车
引导模式	人工/停车	自动	自动	—	人工/停车	人工/停车	人工/停车
目视行车模式	人工/停车	自动	自动	自动	—	人工/停车	人工/停车
调车模式	人工/停车	—	—	—	—	—	人工/停车
隔离模式	人工/停车	—	—	—	—	—	—

6.3.3 铁路信息系统

1. 业务网

1）建设要求

铁路各调度区段应设置调度通信系统，提供调度电话、车站（场）电话、站间行车电话等专用电话业务，满足铁路运输组织和生产指挥的需要。调度通信网络应保持相对独立和专用。

2）技术性能

（1）列车调度电话准许列车调度员、动车（机车）调度员、供电调度员、车站值班员、助理值班员、动车组（机车）司机、自轮运转特种设备司机、动车段（所）值班员加入通话，根据需要允许动车组随车机械师（简称随车机械师）、车辆乘务员、客运调度员、列车长、牵引配电所值班员、客运值班员、救援列车主任和施工负责人及巡守人员加入通话。

（2）站间行车电话禁止其他电话接入。

（3）调度所、车站和机车、动车组装备的列车调度通信设备应连接语音记录装置，对列车调度、站间行车的通话进行录音。

（4）动车组（机车）及自轮运转特种设备，应装备机车综合无线通信设备（CIR），应能实现列车调度语音通信、列车调度命令信息无线传送、车次号校核信息无线传送、列车防护报警等功能。

3）使用管理

司机、随车机械师（车辆乘务员）、列车长、乘警均应配备 GSM－R 手持终端和无线对讲设备。办理客运业务的车站，车站客运值班员应配备与司机通信联络用的无线对讲设备。

2. 铁路信息系统

1）建设要求

铁路信息系统是铁路运输生产和经营管理的重要手段。信息系统建设应坚持统一领导、统一规划、统一标准、统一建设、统一管理的原则，做到资源集中、互联互通、信息共享、应用集成、业务协同、安全可靠。

新建和改建铁路建设项目应同期建设配套的信息系统，并同步交付使用。

2）使用管理

铁路总公司及铁路局信息化管理部门负责信息化建设与管理，信息技术部门负责信息系统运行维护工作；站、段根据需要设置信息技术部门或专职人员负责信息系统运行维护工作。

3）验收交接

信息系统建设应符合铁路信息化规划，实行立项申请、方案评审、可研设计、工程实施、竣工验收等建设流程。承担铁路信息系统设计、研发和施工的单位应符合国家规定的相关资质条件。

信息系统投入使用前应按规定进行测试、评审。投入使用后的系统变更及应用软件修改应按规定程序进行审批、测试、验证，并建立档案，实行版本管理。

4）信息系统设备的分类

信息系统设备按其用途和性质分为两类。

（1）一类设备：用于铁路运输生产和经营管理并且要求不间断运行的系统设备，主要为服务器端设备、网络设备和要求不间断运行的客户端设备等。

一类设备应具有高可用性和高可靠性，采用冗余和备份配置，采用监控诊断、数据备份与恢复、安全防护等技术措施和设备，应提供 7×24 h 技术支持与维护服务，保证系统安全可靠运行。

（2）二类设备：一类设备之外的其他设备。

二类设备应配备一定比例的备用设备，采用相应的安全防护技术措施和设备，应提供不低于 5×8 h 技术支持与维护服务，保证设备的正常使用。

信息系统设备功能、性能和容量应满足当前需要并考虑适量预留。

5）运用维护

（1）铁路信息网络由铁路总公司、铁路局、站段三级局域网及其互联的广域网构成。铁路总公司、铁路局局域网分为安全生产网、内部服务网和外部服务网，站段局域网分为安全生产网、内部服务网。直接关系铁路运输生产的信息系统应部署在安全生产网，为铁路内部提供一般性服务的信息系统应部署在内部服务网，为社会提供公共服务的应用系统应部署在外部服务网。

（2）安全生产网与内部服务网间实行逻辑隔离。安全生产网、内部服务网与外部服务网间实行安全隔离。禁止安全生产网和内部服务网直接与互联网连接，禁止外部服务网用户和设备直接访问安全生产网、内部服务网资源。

（3）除国家有特殊要求的，不单独组建铁路业务专网。

（4）应保证信息系统数据的安全、真实、准确、完整、有效，建立数据保存、备份、查询和销毁制度。

（5）应确定合理的数据保存周期。重要数据的备份应异地存放。有保密要求的数据必须采取保密措施。应保护业务活动中收集、使用和产生的公民个人电子信息。

（6）应加强铁路信息安全管理，建立信息安全保障体系，采用相应的安全技术措施和管理措施，对信息系统进行安全保护。实行信息安全等级保护制度。实施信息安全风险管理，加强集中管控和实时监测。定期进行安全检查和安全测评，严格对第三方服务的管理与控制。按国家有关规定和业务运营需要，设置灾难恢复系统。制定相应的应急预案，定期开展应急演练。

✓ 任务实施与评价

（1）教师下发任务单，学生明确学习任务、学习内容、知识目标、能力目标、素质目标要求。

（2）学生按任务单要求制订学习计划，完成预习任务及相关知识准备。

（3）教师播放某动车组司机一次作业过程视频进行认知引入。

（4）学生查阅资料说明《铁路技术管理规程》关于信号、通信设备的有关规定。

（5）学生对比说明列车运行监控装置、列车运行控制系统的运用特点。

（6）教师组织学生学习铁路信息系统的使用规定。

（7）学生识别几种信号机的显示方式及显示要求，教师辅导答疑，学生以个人或学习小组方式进行学习小结及反思。

（8）学生讲述列车运行监控装置、列车运行控制系统的使用标准。

（9）学生进行学习自我评价及学习小组成员互评，小组长（副组长）进行小组整体评价，教师检查任务完成情况。

【任务4】 车站及枢纽

📋 任务单

任务名称	车站及枢纽					
任务描述	为了安全、迅速、准确、及时地完成铁路运输任务，车站应设置满足业务、运输及技术作业需要的设备。通过本项目的学习，熟练掌握《铁路技术管理规程》关于车站及枢纽的有关规定，从而提高铁路运输工作的效率					
任务分析	为了安全、迅速、准确、及时地完成铁路运输任务，不间断地进行接发列车、调车等作业，保证旅客方便、舒适地乘车及集散，车站应设置满足业务、运输及技术作业需要的设备。本任务以动车组司机一次作业过程视频进行认知引入，方便学生通过项目式学习，掌握《铁路技术管理规程》中关于站场设备、客运设备的基本建设等方面的有关规定					
学习任务	【子任务1】站场设备 掌握站场设备的组成及《铁路技术管理规程》中关于站场设备建设的有关规定 【子任务2】客运设备 掌握《铁路技术管理规程》中关于客运设备建设的有关规定					
劳动组合	各组长讨论交流，根据任务单列出《铁路技术管理规程》关于站场设备、客运设备的有关要求。各组评判小组成员学习情况，并作出小组评价					
成果展示	（1）站场设备的组成 （2）客运设备					
学习小结						
自我评价	项目	A—优	B—良	C—中	D—及格	E—不及格	综合
	安全纪律（15%）						
	学习态度（15%）						
	专业知识（30%）						
	专业技能（30%）						
	团队合作（10%）						
教师评价	简要评价						
	教师签名						

学习引导文

6.4 车站

6.4.1 站场设备

1. 站场设备建设原则

车站根据业务性质、运量大小及技术作业的需要，设置站场设备。

2. 站场设备组成

（1）到发线。

（2）折返线。

（3）救援列车停留线、自轮运转特种设备停留线等。

（4）与动车组运用所（简称动车所）、动车段相连接的车站，应设动车组走行线（当设有专用的机车走行线并具有相同进路时，可以合设）。

（5）动车组长期停放的车站应设动车组存车线。

（6）作业车辆停放线。

（7）通信、信号、联锁、闭塞设备。

（8）根据接发列车、调车作业的需要设置隔开设备等安全设施。

（9）机车乘务组、动车组司机及随车机械师、客运乘务组进行中途换乘作业的车站，应配备值班室、休息室和必要的配套设施。

3. 其他要求

（1）旅客列车始发终到站、客运枢纽站和上水站，应在到发线间设置列车上水设施和节水装置。

（2）根据需要在始发终到站及客运枢纽站设置动车组、客车地面排污设施和移动卸污设备。地面排污设施应防止泄漏和污染，排污能力满足动车组、客车停留时间的要求。

6.4.2 客运设备

（1）旅客站台应为高站台，应设置安全标线和停车位置标，两端应设置防护栅栏，防护栅栏不得侵限，并悬挂禁行标志。

（2）无列车通过或列车通过速度不大于 80 km/h 时，站台边缘距线路中心线的距离为 1 750 mm，安全标线距站台边缘 1 000 mm。列车通过速度大于 80 km/h 时，站台边缘距线路中心线的距离为 1 800 mm，安全标线距站台边缘 1 500 mm，必要时在距站台边缘 1 200 mm 处设置安全防护设施，有 200 km/h 及以上列车通过的须设置屏蔽门、安全门等防护设施；列车通过最高速度不得超过 250 km/h。

（3）应加强站台限界的日常管理，与站台限界有关的侧线线路几何尺寸偏差管理值应按正线管理。

任务实施与评价

（1）教师下发任务单，学生明确学习任务、学习内容、知识目标、能力目标、素质目标要求。

（2）学生按任务单要求制订学习计划，完成预习任务及相关知识准备。

（3）教师播放某动车组司机一次作业过程视频进行认知引入。

（4）学生查阅资料说明《铁路技术管理规程》中关于站场设备、客运设备的有关规定。

（5）学生结合视频说明站场设备的设计特点。

（6）教师组织学生识别客运设备的设计要求。

（7）学生进行学习自我评价及学习小组成员互评，小组长（副组长）进行小组整体评价，教师检查任务完成情况。

【任务 5】 机车、车辆及动车组

📋 任务单

任务名称	机车、车辆及动车组
任务描述	机车、车辆与动车组是铁路运输的主要设备，其产品制造、技术性能及保养维修等方面的情况，直接关系到铁路运输生产的安全和运输效益。因此，须熟练掌握《铁路技术管理规程》中关于验收交接、使用管理、技术性能及使用保养等方面的有关规定，从而提高铁路工作人员的管理、维修与运用水平，以全新的思路指导铁路安全生产，提高铁路运输工作效率
任务分析	机车、车辆与动车组是铁路运输的主要设备，其产品制造、技术性能及保养维修等方面的知识是每位铁路工作人员必须掌握的。本任务以动车组司机一次作业过程视频进行认知引入，方便学生开展项目式学习，掌握包括机车、车辆、动车组的验收交接、使用管理、技术性能及使用保养等方面的规定与标准
学习任务	【子任务 1】机车 掌握《铁路技术管理规程》中关于机车的验收交接、使用管理、技术性能及使用保养等方面的基本要求与标准 【子任务 2】车辆 掌握《铁路技术管理规程》中关于车辆的验收交接、使用管理、技术性能及使用保养等方面的基本要求与标准 【子任务 3】动车组 掌握《铁路技术管理规程》中关于动车组的验收交接、使用管理、技术性能及使用保养等方面的基本要求与标准
劳动组合	各组长讨论交流，根据任务单查找《铁路技术管理规程》中关于机车、车辆、动车组的有关内容，列出包括验收交接、使用管理、技术性能及使用保养等方面的规定与标准。各组评判小组成员学习情况，并作出小组评价
成果展示	（1）机车的验收交接及运用标准 （2）车辆的验收交接 （3）动车组的验收交接
学习小结	

续表

	项目	A—优	B—良	C—中	D—及格	E—不及格	综合
自我评价	安全纪律（15%）						
	学习态度（15%）						
	专业知识（30%）						
	专业技能（30%）						
	团队合作（10%）						
教师评价	简要评价						
	教师签名						

学习引导文

6.5 机车、车辆及动车组

6.5.1 机车

1. 验收交接

（1）机车按牵引动力方式分为电力机车、内燃机车，传动方式主要有交流传动和直流传动。

（2）机车应有识别的标记：路徽、配属局段简称、车型、车号、最高运行速度、制造厂名及日期。在机车主要部件上应有铭牌，在监督器上应有检验标记。电气化区段运行的机车应有"电化区段严禁攀登"的标识。内燃机车燃料箱上应标明燃料油装载量。

（3）机车须配备机车信号、列车运行安全监控系统（LKJ、机车安全信息综合监测装置TAX箱、机车语音记录装置、列车运行状态信息系统车载设备、机车车号识别设备）、车载无线通信设备、机车列尾控制设备等。机车应逐步配备机车车载安全防护系统、机车限鸣示警系统及空气防滑装置等。机车应向车辆的空气制动装置提供风源，具有双管供风装置的机车应向车辆空气弹簧等其他用风装置提供风源；具有直供电设备的机车应向车辆提供电源。

（4）电力机车还应配备自动过分相装置，并根据需要装设弓网检测装置等。

（5）根据需要机车还可配备车内通信、空调、卫生及供氧等设备。

2. 使用管理

（1）机车应实行计划预防修，实施主要零部件的专业化集中修和定期检测状态修。检修周期应根据机车实际技术状态和走行公里或使用时间确定，机车检修周期及技术标准按铁路总公司机车检修规程执行。

（2）交流传动机车定期检修的修程分为六年检、二年检、年检、半年检、季检、月检。直流传动机车定期检修的修程分为大修、中修、小修和辅修。

（3）机车实行年度鉴定。

（4）机车乘务制度分为包乘制和轮乘制。机车乘务制度由铁路局确定。

（5）机务段对入段机车按规定进行整备、检测、维修。机车信号、列车运行监控装置

（LKJ）、车载无线通信设备、机车列尾控制设备等须由相关专业维修机构进行检测，并及时互通信息。

（6）各相关单位应对机车车载安全防护系统等行车安全设备记录的运行信息进行转储、分析。

3. 牵引列车的机车在出段前应达到的状态要求

牵引列车的机车在出段前，必须达到运用状态，主要部件和设备必须作用良好，符合铁路总公司有关机车运用、维修的规定，并符合下列要求：

（1）车钩中心水平线距钢轨顶面高度为 815～890 mm。

（2）轮对。

① 轮对内侧距离为 1 353 mm，允许偏差为 ±3 mm。

② 轮箍或轮毂不松弛。

③ 轮箍、轮毂、辐板（辐条）、轮辋无裂纹。

④ 轮缘的垂直磨耗高度不超过 18 mm，并无碾堆。

⑤ 车轮踏面擦伤深度不超过 0.7 mm。

⑥ 车轮踏面上的缺陷或剥离长度不超过 40 mm，深度不超过 1 mm。

⑦ 轮缘厚度在距踏面基线向上 H 距离处测量应符合表 6-6 的规定（轮缘原设计厚度在 25 mm 及以下，由铁路局规定）。

表 6-6　机车轮缘厚限度

序号	车轮踏面类型	测量点与踏面基线 之间距离 H/mm	轮缘厚限度 /mm
1	JM2、JM3	10	34～23
2	JM	12	33～23

⑧ 车轮踏面磨耗深度不超过 7 mm；采用轮缘高度为 25 mm 磨耗型踏面时，磨耗深度不超过 10 mm。

6.5.2　车辆

1. 产品制造

（1）车辆按用途分为客车、货车及特种用途车（如试验车、发电车、轨道检查车、检衡车等）。

（2）车辆应有识别的标记：路徽、车型、车号、制造厂名及日期、定期修理的日期及处所、自重、载重、换长等；车辆应有车号自动识别标签；客车上应有所属局段的简称；客车还应有车种、定员、最高运行速度标记；电气化区段运行的客车应有"电化区段严禁攀登"的标识。

（3）车辆须装有自动制动机和人力制动机。车辆的制动梁、下拉杆、交叉杆、横向控制杆及抗侧滚扭杆必须有保安装置。

（4）客车应装有轴温报警装置，安装客车行车安全监测系统；最高运行速度 120 km/h 及以上的客车应装有盘形制动装置和防滑器，空气制动系统用风应与空气弹簧和集便装置等其他装置用风分离；最高运行速度 160 km/h 及以上的客车应采用密接式车钩和电空制动机。客车内应有紧急制动阀及压力表，并均应保持作用良好，按规定时间进行检查、校对并施封。

（5）车辆轮对在装配前，应对车轴各部位进行探伤检查。检修时，按规定对轴颈、防尘板座、轮座、制动盘座及轴身进行探伤检查。最高运行速度超过 120 km/h 客车的轮对装车前，应进行动平衡试验。

（6）客车轮对的内侧距离为 1 353 mm，$v \leqslant 120$ km/h 客车其允许偏差为 ± 3 mm，120 km/h $< v \leqslant 160$ km/h 客车其允许偏差为 ± 2 mm。

2. 使用管理

（1）车辆实行定期检修，并逐步扩大实施状态修、换件修和主要零部件的专业化集中修。客车实行以走行公里为主、时间周期为辅的计划预防修，最高运行速度超过 120 km/h 的客车修程分为 A4、A3、A2、A1。

（2）检修周期及技术标准，按铁路总公司车辆检修规程执行。

（3）旅客列车应实行包乘制，检修应实行包修制和专修制。

6.5.3　动车组

1. 动车组基地建设

（1）为保证动车组良好的技术状态，应有进行检修和整备作业的动车段、动车所等维修机构。

（2）动车段、动车所应具备动车组运用检修、行车安全设备检修、客运整备能力及相应的存车条件；承担动车组三、四、五级修程的动车段还应具备动车组相应修程的检修能力。动车段、动车所应设有动车组管理信息系统。

（3）动车所应设置存车线、检查库、轨道桥、立体作业平台、临修库、洗车线、备件存放库、轮对故障动态检测棚、空压机室等设施，配备对转向架、车下设备、车上以及车顶设备进行检查、维护、更换、检修和清洗等作业的相应设备，满足动车组一、二级检修需求。

（4）动车段可根据需要设置检修库线、材料运输线、试验线、牵出线、解编线等线路，整车检修库、转向架检修库、车体检修库、油漆库、调试整备库、电机电器间、制动空压机间、空调检修间、备件立体存储库等设施；并应配备整列架车机、移动式接触网、大部件起重运输设备、电务车载设备，以及各类部件解体、清洁、测试、检修、组装、调试等设备，满足动车组相应级别检修需求。

2. 动车组车体

1）产品制造

（1）动车组应有识别的标记：路徽、配属局段简称、车型、车号、定员、自重、载重、全长、最高运行速度、制造厂名和日期、定期修理日期、修程和处所。动车组应有"电化区段严禁攀登"的标识。

（2）动车组应具有列车运行安全监控功能，对重要的运行部件和功能系统进行实时监测、报警和记录，并能及时向动车段、动车所传输。

（3）动车组须配备机车综合无线通信设备（CIR）、列控车载设备、车载自动过电分相装置等，满足相应速度等级运行需要。

（4）动车组列车制动初速度为 200 km/h 时，紧急制动距离限值为 2 000 m；制动初速度为 250 km/h 时，紧急制动距离限值为 3 200 m；制动初速度为 300 km/h 时，紧急制动距离限值为 3 800 m；制动初速度为 350 km/h 时，紧急制动距离限值为 6 500 m。

（5）动车组重联或长编组时，工作受电弓间距为 200~215 m。在特殊情况下，工作受电弓间距不满足 200~215 m 时，须校核分相布置与工作受电弓间距匹配情况，并通过上线运行试验确认。

2）使用管理

（1）动车组实行以走行公里周期为主、时间周期为辅的计划预防修，检修方式以换件修为主，主要零部件采用专业化集中修。动车组修程分为一、二、三、四、五级，检修周期及技术标准按铁路总公司动车组检修规程执行。

（2）动车组日常运用的上水、保洁、排污等整备作业一般应在动车所完成。不在动车所停留的动车组，需进行上水、保洁、排污等整备作业时，其停留地点根据需要应具备相应的条件。

✒ 任务实施与评价

（1）教师下发任务单，学生明确学习任务、学习内容、知识目标、能力目标、素质目标要求。

（2）学生按任务单要求制订学习计划，完成预习任务及相关知识准备。

（3）教师播放某动车组司机一次作业过程视频进行认知引入。

（4）学生查阅资料说明机车、车辆及动车组的验收交接标准。

（5）学生对比说明各型 CRH 系列动车组的运用特点。

（6）教师组织学生识别动车组电器、机械设备符号。

（7）学生识别 CRH 动车组车型，教师辅导答疑，学生以个人或学习小组方式进行学习小结及反思。

（8）学生讲述动车组验收交接作业程序。

（9）学生进行学习自我评价及学习小组成员互评，小组长（副组长）进行小组整体评价，教师检查任务完成情况。

【任务 6】 牵 引 供 电

📋 任务单

任务名称	牵引供电
任务描述	铁路牵引供电设备是保障动车组或电力机车供电和运行的关键基础设备，通过本项目学习，掌握牵引供电设备的基本建设、验收交接及使用管理等方面有关规定
任务分析	铁路牵引供电设备是保障动车组或电力机车供电和运行的关键基础设备，其基本建设、技术性能及保养维修等方面的情况，直接关系到铁路运输生产的安全和运输效益。本任务以动车组司机一次作业过程视频进行认知引入，方便学生开展项目式学习，学习《铁路技术管理规程》中关于供电设施、电力设备的基本建设、验收交接及使用管理等方面的规定与标准

学习任务	【子任务1】供电 掌握《铁路技术管理规程》中关于供电设施的基本建设、验收交接与使用管理等方面的基本要求与标准 【子任务2】电力设备 掌握《铁路技术管理规程》中关于电力设施的基本建设、验收交接与使用管理等方面的基本要求与标准					
劳动组合	各组长讨论交流，根据任务单列出《铁路技术管理规程》关于牵引供电的要求与标准。各组评判小组成员学习情况，并作出小组评价					
成果展示	（1）供电设施的验收 （2）供电设施的使用管理 （3）电力设备的验收					
学习小结						
自我评价	项目	A—优	B—良	C—中	D—及格	E—不及格	综合
	安全纪律（15%）					
	学习态度（15%）					
	专业知识（30%）					
	专业技能（30%）					
	团队合作（10%）					
教师评价	简要评价					
	教师签名					

学习引导文

6.6 牵引供电

6.6.1 供电

1. 基本建设

（1）为保持牵引供电设备良好的技术状态，保证牵引供电系统安全运行，应设供电段等供电维修机构。

（2）供电维修机构管辖范围应根据线路及供电设备条件确定。

2. 牵引供电设备建设

（1）牵引供电设备包括变电设备（变电所、开闭所、分区所、自耦变压器所）、接触网和远动系统。

（2）牵引供电设备应保证不间断行车的可靠供电。牵引供电能力应与线路的运输能力相适应，满足规定的列车重量、列车密度和运行速度的要求。接触网标称电压值为 25 kV，最高工作电压为 27.5 kV，短时（5 min）最高工作电压为 29 kV，最低工作电压为 20 kV。

（3）牵引变电所须具备双电源、双回路受电。牵引变压器采用固定备用方式并具备自动投切功能。当一个牵引变电所停电时，相邻的牵引变电所能越区供电。运行期间平均功率因数不低于 0.9。

（4）供电调度系统应具备对牵引供电、电力设备状况进行远程实时监控的条件，并纳入调度系统集中统一管理。

（5）接触网的分段、分相设置应考虑检修停电方便和缩小故障停电范围，并充分考虑电力牵引的列车、动车组正常运行和调车作业的需要。分相的位置应避免设在进出站和变坡点区段。双线电气化区段应具备反方向行车条件。

（6）负荷开关和电动隔离开关应纳入远动控制。

（7）枢纽及较大车站应设开闭所。

3. 验收交接

（1）接触网不得引接非牵引负荷。

（2）牵引供电设备检修、试验和抢修应配备牵引供电安全检测监测系统，变电检测、试验设备，接触网检修、检测设备，接触网抢修车列，绝缘子冲洗设备等设备、设施。

（3）接触网一般采用链型悬挂方式，其最小张力见表 6 – 7。接触线一般采用铜合金材质。

表 6 – 7　接触网最小张力

列车运行速度/（km/h）	综合张力/kN	接触线张力/kN
$160 < v \leq 200$	30	15
$200 < v \leq 300$	40 ~ 45	25
$300 < v \leq 350$	48 ~ 55	28.5

（4）接触线距钢轨顶面的高度不超过 6 500 mm；接触线悬挂点高度不宜小于 5 300 mm，接触线最低点高度不小于 5 150 mm，站场和区间接触网的高度应一致。

（5）在电气化铁路竣工时，由施工单位在接触网支柱内缘或隧道边墙标出线路的轨面标准线，开通前供电、工务单位要共同复查确认，有砟轨道每年复测一次，复测结果与原轨面标准线误差不得大于 ±30 mm。特殊情况需调整轨面标准线时，由供电、工务部门共同确认，并经铁路局批准。

（6）接触网带电部分至固定接地物的距离，不小于 300 mm；至机车车辆或装载货物的距离，不小于 350 mm。跨越电气化铁路的各种建（构）筑物与带电部分最小距离，不小于 500 mm。当海拔超过 1 000 m 时，上述数值应按规定相应增加。大风、严寒地区应预留风力、覆冰对绝缘距离影响的安全余量。

（7）在接触网支柱及距接触网带电部分 5 000 mm 范围内的金属结构物须接地。天桥及跨线桥跨越接触网的地方，应按规定设置安全栅网。

（8）有大型养路机械作业的路基地段，接触网支柱内侧距线路中心距离不小于 3 100 mm。

（9）架空电线路跨越接触网时，应符合表 6 – 8 和表 6 – 9 的规定。

表6-8 跨越接触网的架空电线路与接触网的垂直距离

跨越接触网的电力线路电压等级/kV	电力线至接触网的垂直距离/mm
35 以上至 110	≥3 000
220	≥4 000
330	≥5 000
500	≥6 000

表6-9 跨越接触网的超高压架空电线路距轨面最小垂直距离

跨越接触网的电力线路电压等级/kV	距轨面最小垂直距离/mm
750	21 500
1 000	27 000（单回）
	25 000（双回）
直流 ±800	21 500

（10）35 kV 及以下的电线路（包括通信线路、广播电视线路等）不得跨越接触网，应由地下穿过铁路。

4. 使用管理

（1）接触网支柱不应附挂通信、有线电视等非供电线路设施，特殊情况需附挂时，应经铁路总公司批准。

（2）为保证人身安全，除专业人员执行有关规定外，其他人员（包括所携带的物件）与牵引供电设备带电部分的距离，不得小于 2 000 mm。

（3）在设有接触网的线路上，严禁攀登车顶及在车辆装载的货物之上作业；如确需作业时，须在指定的线路上，将接触网停电接地并采取安全防护措施后，方准进行。

（4）双线电气化铁路实行 V 形天窗作业时，为确保人身安全，应在设备、机具、照明、作业组织等方面采取相应措施。

（5）牵引、电力变配电所控制室，应采取防雷措施，设置机房专用空调。控制、保护及通信设备，应装有防止强电及雷电危害的浪涌保护器等保安设备，电子设备应符合电磁兼容有关规定。

6.6.2 电力设备

1. 基本建设

（1）电力设备包括变电所、配电所、10 kV 电力电缆贯通线路（250 km/h 及以上）、自闭贯通电线路（250 km/h 以下）、箱式变电站等。

（2）电力设备应具备：贯通线路由两端变、配电所供电的互供条件，变、配电所跨所供电的条件，远程监控条件，电气试验设备，快速抢修能力。

（3）电力变、配电所的控制保护测量设备，应纳入远动系统调度管理；箱式变电站应设置远动终端，纳入远动系统。

2. 铁路供电设备应满足下列要求

（1）一级负荷应有两个独立电源，保证不间断供电；二级负荷应有可靠的专用电源。

（2）受电电压根据用电容量、可靠性和输电距离，可采用 110 kV、35（63）kV、10 kV

或 380 V/220 V。

（3）用户受电端供电电压允许偏差：

① 35 kV 及以上高压供电线路，电压正负偏差的绝对值之和不超过额定值的 10%；

② 10 kV 及以下三相供电线路，为额定值的 ±7%；

③ 220 V 单相供电线路，为额定值的 −10% ~ +7%。

（4）在电力系统非正常情况下，用户受电端的电压值允许偏差为额定值的 ±10%。

（5）电力线路的电杆内缘至线路中心的水平距离不小于杆高加 3 100 mm。

任务实施与评价

（1）教师下发任务单，学生明确学习任务、学习内容、知识目标、能力目标、素质目标要求。

（2）学生按任务单要求制订学习计划，完成预习任务及相关知识准备。

（3）教师播放某动车组司机一次作业过程视频进行认知引入。

（4）学生查阅《铁路技术管理规程》中关于牵引供电设备的有关规定。

（5）学生对比说明供电设施、电力设备的验收标准。

（6）教师组织学生识别牵引供电设备的技术要求。

（7）学生制定供电设施的使用管理办法，教师辅导答疑，学生以个人或学习小组方式进行学习小结及反思。

（8）学生讲述牵引供电设备的验收程序。

（9）学生进行学习自我评价及学习小组成员互评，小组长（副组长）进行小组整体评价，教师检查任务完成情况。

项目 7　行 车 安 全

📌 项目描述

安全工作要贯彻"标本兼治、预防为主"的方针,针对关键问题和事故隐患及时采取措施,将事故消灭在发生之前。要建立、健全科学高效、管理规范、覆盖全面的安全风险控制体系,实现运输生产安全风险全面受控,确保安全生产稳定有序。

本项目根据《铁路交通事故应急救援和调查处理条例》,结合典型行车事故,有针对性地进行安全教育。以安全生产为宗旨,既要重视安全管理,又要重视安全教育。培养学生增强风险意识,强化风险管理,进行调查研究,掌握保障行车安全的方法与手段、铁路行车事故处理的有关规定、铁路行车事故的分析与处理办法。

本项目任务:

任务1　行车安全;

任务2　典型行车事故案例。

🎵 教学目标

1. **知识目标**

(1) 了解铁路行车事故的定义与等级。

(2) 熟悉铁路行车事故处理的有关规定。

(3) 熟悉铁路典型行车事故案例的分析与处理办法。

2. **能力目标**

(1) 行车事故的通报。

(2) 按照《铁路交通事故应急救援和调查处理条例》对行车事故进行定责。

(3) 按《铁路交通事故应急救援和调查处理条例》的基本要求,完成铁路典型行车事故的分析与处理办法。

3. **素质目标**

(1) 培养学生遵章守纪、爱护动车组、平稳操纵、安全正点的职业道德。

(2) 在项目完成过程中培养学生学习新技术、勇于创新和开拓的意识。

(3) 在项目完成过程中培养学生严谨认真的态度,提升应便与沟通能力。

(4) 能客观、公正地进行学习自我评价及对小组成员的评价。

【任务1】 行 车 安 全

📋 任务单

任务名称	行车安全					
任务描述	通过对行车事故的认识，了解《铁路交通事故应急救援和调查处理条例》的相关条款；熟悉行车事故的通报、事故的等级分类等内容；掌握铁路行车事故的调查、定责办法					
任务分析	在行车工作中，因违反规章制度、违反劳动纪律、技术设备不良及其他原因，造成人员伤亡、设备损坏、经济损失、影响正常行车或危及行车安全的，均构成行车事故。本任务从行车事故案例引入，方便学生进行项目式学习，掌握铁路行车事故的处理与调查的有关内容					
学习任务	【子任务1】铁路行车事故处理 熟悉铁路行车事故的定义；了解行车事故的等级划分；掌握行车事故发生时的报告办法 【子任务2】铁路行车事故的调查 学习《铁路交通事故应急救援和调查处理条例》对行车事故的调查与定责的有关规定					
劳动组合	按照《铁路交通事故应急救援和调查处理条例》，模拟对铁路行车事故进行调查、定责与处理。各组评判小组成员学习情况，并作出小组评价					
成果展示	(1) 铁路行车事故的分类 (2) 铁路行车事故的报告 (3) 铁路行车事故的调查 (4) 铁路行车事故的定责					
学习小结						
自我评价	项目	A—优	B—良	C—中	D—及格	E—不及格	综合
	安全纪律（15%）						
	学习态度（15%）						
	专业知识（30%）						
	专业技能（30%）						
	团队合作（10%）						
教师评价	简要评价						
	教师签名						

学习引导文

7.1 行车安全

7.1.1 铁路行车事故处理

1. 铁路行车事故定义

铁路机车车辆在运行过程中发生冲突、脱轨、火灾、爆炸等影响铁路正常行车的事故，包括影响铁路正常行车的相关作业过程中发生的事故；或者铁路机车车辆在运行过程中与行人、机动车、非机动车、牲畜及其他障碍物相撞的事故，均为铁路交通事故（以下简称事故）。

2. 铁路行车事故等级划分

根据事故造成的人员伤亡、直接经济损失、列车脱轨辆数、中断铁路行车时间等情形，事故等级分为特别重大事故、重大事故、较大事故和一般事故。

（1）有下列情形之一的，为特别重大事故。

① 造成 30 人以上死亡。

② 造成 100 人以上重伤（包括急性工业中毒，下同）。

③ 造成 1 亿元以上直接经济损失。

④ 繁忙干线客运列车脱轨 18 辆以上并中断铁路行车 48 小时以上。

⑤ 繁忙干线货运列车脱轨 60 辆以上并中断铁路行车 48 小时以上。

（2）有下列情形之一的，为重大事故。

① 造成 10 人以上 30 人以下死亡。

② 造成 50 人以上 100 人以下重伤。

③ 造成 5 000 万元以上 1 亿元以下直接经济损失。

④ 客运列车脱轨 18 辆以上。

⑤ 货运列车脱轨 60 辆以上。

⑥ 客运列车脱轨 2 辆以上 18 辆以下，并中断繁忙干线铁路行车 24 小时以上或者中断其他线路铁路行车 48 小时以上。

⑦ 货运列车脱轨 6 辆以上 60 辆以下，并中断繁忙干线铁路行车 24 小时以上或者中断其他线路铁路行车 48 小时以上。

（3）有下列情形之一的，为较大事故。

① 造成 3 人以上 10 人以下死亡。

② 造成 10 人以上 50 人以下重伤。

③ 造成 1 000 万元以上 5 000 万元以下直接经济损失。

④ 客运列车脱轨 2 辆以上 18 辆以下。

⑤ 货运列车脱轨 6 辆以上 60 辆以下。

⑥ 中断繁忙干线铁路行车 6 小时以上。

⑦ 中断其他线路铁路行车 10 小时以上。

（4）一般事故分为：一般 A 类事故、一般 B 类事故、一般 C 类事故、一般 D 类事故。

① 有下列情形之一，未构成较大以上事故的，为一般 A 类事故。

A1：造成 2 人死亡。

A2：造成 5 人以上 10 人以下重伤。

A3：造成 500 万元以上 1 000 万元以下直接经济损失。

A4：列车及调车作业中发生冲突、脱轨、火灾、爆炸、相撞，造成下列后果之一的。

A4.1：繁忙干线双线之一线或单线行车中断 3 小时以上 6 小时以下，双线行车中断 2 小时以上 6 小时以下。

A4.2：其他线路双线之一线或单线行车中断 6 小时以上 10 小时以下，双线行车中断 3 小时以上 10 小时以下。

A4.3：客运列车耽误本列 4 小时以上。

A4.4：客运列车脱轨 1 辆。

A4.5：客运列车中途摘车 2 辆以上。

A4.6：客车报废 1 辆或大破 2 辆以上。

A4.7：机车大破 1 台以上。

A4.8：动车组中破 1 辆以上。

A4.9：货运列车脱轨 4 辆以上 6 辆以下。

② 有下列情形之一，未构成一般 A 类以上事故的，为一般 B 类事故。

B1：造成 1 人死亡。

B2：造成 5 人以下重伤。

B3：造成 100 万元以上 500 万元以下直接经济损失。

B4：列车及调车作业中发生冲突、脱轨、火灾、爆炸、相撞，造成下列后果之一的。

B4.1：繁忙干线行车中断 1 小时以上。

B4.2：其他线路行车中断 2 小时以上。

B4.3：客运列车耽误本列 1 小时以上。

B4.4：客运列车中途摘车 1 辆。

B4.5：客车大破 1 辆。

B4.6：机车中破 1 台。

B4.7：货运列车脱轨 2 辆以上 4 辆以下。

③ 有下列情形之一，未构成一般 B 类以上事故的，为一般 C 类事故。

C1：列车冲突。

C2：货运列车脱轨。

C3：列车火灾。

C4：列车爆炸。

C5：列车相撞。

C6：向占用区间发出列车。

C7：向占用线接入列车。

C8：未准备好进路接、发列车。

C9：未办或错办闭塞发出列车。

C10：列车冒进信号或越过警冲标。

C11：机车车辆溜入区间或站内。

C12：列车中机车车辆断轴，车轮崩裂，制动梁、下拉杆、交叉杆等部件脱落。

C13：列车运行中碰撞轻型车辆、小车、施工机械、机具、防护栅栏等设备设施或路料、坍体、落石。

C14：接触网接触线断线、倒杆或塌网。

C15：关闭折角塞门发出列车或运行中关闭折角塞门。

C16：列车运行中刮坏行车设备设施。

C17：列车运行中设备设施、装载货物（包括行包、邮件）、装载加固材料（或装置）超限（含按超限货物办理超过电报批准尺寸的）或坠落。

C18：装载超限货物的车辆按装载普通货物的车辆编入列车。

C19：电力机车、动车组带电进入停电区。

C20：错误向停电区段的接触网供电。

C21：电气化区段攀爬车顶耽误列车。

C22：客运列车分离。

C23：发生冲突、脱轨的机车车辆未按规定检查鉴定编入列车。

C24：无调度命令施工，超范围施工，超范围维修作业。

C25：漏发、错发、漏传、错传调度命令导致列车超速运行。

④ 有下列情形之一，未构成一般 C 类以上事故的，为一般 D 类事故。

D1：调车冲突。

D2：调车脱轨。

D3：挤道岔。

D4：调车相撞。

D5：错办或未及时办理信号致使列车停车。

D6：错办行车凭证发车或耽误列车。

D7：调车作业碰轧脱轨器、防护信号，或未撤防护信号动车。

D8：货运列车分离。

D9：施工、检修、清扫设备耽误列车。

D10：作业人员违反劳动纪律、作业纪律耽误列车。

D11：滥用紧急制动阀耽误列车。

D12：擅自发车、开车、停车、错办通过或在区间乘降所错误通过。

D13：列车拉铁鞋开车。

D14：漏发、错发、漏传、错传调度命令耽误列车。

D15：错误操纵、使用行车设备耽误列车。

D16：使用轻型车辆、小车及施工机械耽误列车。

D17：应安装列尾装置而未安装发出列车。

D18：行包、邮件装卸作业耽误列车。

D19：电力机车、动车组错误进入无接触网线路。

D20：列车上工作人员往外抛掷物体造成人员伤害或设备损坏。

D21：行车设备故障耽误本列客运列车 1 小时以上，或耽误本列货运列车 2 小时以上；固定设备故障延时影响正常行车 2 小时以上（仅指正线）。

3. 铁路行车事故的报告

铁路运输企业及其他相关单位、个人应及时报告事故情况，如实提供相关证据，积极配合事故调查工作。事故报告应当包括下列内容。

（1）事故发生的时间、地点、区间（线名、公里、米）、事故相关单位和人员。

（2）发生事故的列车种类、车次、部位、计长、机车型号、牵引辆数、吨数。

（3）承运旅客人数或者货物品名、装载情况。

（4）人员伤亡情况，机车车辆、线路设施、道路车辆的损坏情况，对铁路行车的影响情况。

（5）事故原因的初步判断。

（6）事故发生后采取的措施及事故控制情况。

（7）具体救援请求。

事故报告后出现新情况的，应当及时补报。

7.1.2 铁路行车事故的调查

1. 铁路行车事故的调查

《事故调查处理规则》规定特别重大事故由国务院或者国务院授权的部门组织事故调查组进行调查。重大事故由国务院铁路主管部门组织事故调查组进行调查。较大事故和一般事故由事故发生地铁路管理机构组织事故调查组进行调查；国务院铁路主管部门认为必要时，可以组织事故调查组对较大事故和一般事故进行调查。

（1）根据事故的具体情况，事故调查组由有关人民政府、公安机关、安全生产监督管理部门、监察机关等单位派人组成，并应当邀请人民检察院派人参加。事故调查组认为必要时，可以聘请有关专家参与事故调查。

（2）事故调查处理，需要委托有关机构进行技术鉴定或者对铁路设备、设施及其他财产损失状况以及中断铁路行车造成的直接经济损失进行评估的，事故调查组应当委托具有国家规定资质的机构进行技术鉴定或者评估。技术鉴定或者评估所需时间不计入事故调查期限。

（3）事故调查报告形成后，报经组织事故调查组的机关或者铁路管理机构同意，事故调查组工作即告结束。组织事故调查组的机关或者铁路管理机构应当自事故调查组工作结束之日起 15 日内，根据事故调查报告，制作事故认定书。

事故认定书是事故赔偿、事故处理以及事故责任追究的依据。

（4）事故责任单位和有关人员应当认真吸取事故教训，落实防范和整改措施，防止事故再次发生。

（5）国务院铁路主管部门、铁路管理机构以及其他有关行政机关应当对事故责任单位和有关人员落实防范和整改措施的情况进行监督检查。

2. 铁路行车事故的定责

事故调查处理应坚持以事实为依据，以法律、法规、规章为准绳，认真调查分析，查明原因，认定损失，定性定责，追究责任，总结教训，提出整改措施。

（1）铁路运输企业及其职工违反法律、行政法规的规定，造成事故的，由国务院铁路主管部门或者铁路管理机构依法追究行政责任。

（2）铁路运输企业及其职工违反《事规》规定，不立即组织救援，或者迟报、漏报、瞒报、谎报事故的，对单位，由国务院铁路主管部门或者铁路管理机构处以罚款；对个人，由国务院铁路主管部门或者铁路管理机构处以罚款；属于国家工作人员的，依法给予处分；构成犯罪的，依法追究刑事责任。

（3）国务院铁路主管部门、铁路管理机构以及其他行政机关未立即启动应急预案，或者迟报、漏报、瞒报、谎报事故的，对直接负责的主管人员和其他直接责任人员依法给予处分；构成犯罪的，依法追究刑事责任。

任务实施与评价

（1）教师下发任务单，学生明确学习任务、学习内容、知识目标、能力目标、素质目标要求。

（2）学生按任务单要求制订学习计划，完成预习任务及相关知识准备。

（3）教师通过某铁路行车事故条例进行认知引入。

（4）学生查阅《铁路交通事故应急救援和调查处理条例》的有关内容。

（5）学生对比说明几种铁路典型行车事故的通报办法。

（6）教师组织学生认知铁路行车事故的等级。

（7）学生进行行车事故通报，教师辅导答疑，学生以个人或学习小组方式进行学习小结及反思。

（8）学生根据模拟行车案例，对模拟案例进行行车事故的分析与处理。

（9）学生进行学习自我评价及学习小组成员互评，小组长（副组长）进行小组整体评价，教师检查任务完成情况。

【任务 2】 典型行车事故案例

任务单

任务名称	典型行车事故案例
任务描述	通过对几个典型的铁路行车事故的介绍，以及对事故具体原因的分析，学习《铁路交通事故应急救援和调查处理条例》等条款，熟悉行车事故的通报、事故的等级划分等内容，掌握铁路典型行车事故的分析与处理办法
任务分析	铁路行车事故案例较多，教训深刻。本任务通过对 163 次旅客列车"7·10"追尾等事故的介绍，方便学生开展项目式学习，熟悉《铁路交通事故应急救援和调查处理条例》有关条款，掌握铁路典型行车事故的分析与处理办法

学习任务	【子任务1】163次旅客列车"7·10"追尾事故 通过对163次旅客列车"7·10"追尾事故的介绍，以及对事故具体原因的分析，掌握铁路典型行车事故的分析与处理办法 【子任务2】4·28胶济铁路特别重大交通事故 通过对4·28胶济铁路特别重大交通事故的介绍，以及对事故具体原因的分析，掌握铁路典型行车事故的分析与处理办法 【子任务3】甬温线特别重大铁路交通事故 通过对甬温线特别重大铁路交通事故的介绍，以及对事故具体原因的分析，掌握铁路典型行车事故的分析与处理办法 【子任务4】其他典型行车事故 通过对其他典型行车事故的介绍，以及对事故具体原因的分析，掌握铁路典型行车事故的分析与处理办法
劳动组合	各组长讨论交流，根据163次旅客列车"7·10"追尾等事故案例，按照《铁路交通事故应急救援和调查处理条例》，对该事故进行分析。各组评判小组成员学习情况，并作出小组评价
成果展示	（1）铁路行车事故的分析 （2）铁路行车事故的定责 （3）各小组制定的铁路行车事故预防措施
学习小结	

自我评价	项目	A—优	B—良	C—中	D—及格	E—不及格	综合
	安全纪律（15%）						
	学习态度（15%）						
	专业知识（30%）						
	专业技能（30%）						
	团队合作（10%）						

教师评价	简要评价	
	教师签名	

学习引导文

7.2 典型行车事故案例

7.2.1 163次旅客列车"7·10"追尾事故

1. 事故概况及经过

1993年7月10日2时55分，163次旅客列车行至京广线新乡南场至七里营间608 K+950 m处与前行的2011次货物列车追尾冲突，造成40人死亡，9人重伤，39人轻伤，经济损失 1 300 000 多元。

7 月 9 日下午，京广线安阳至广武间受暴风雨的影响，铁路自动闭塞供电设备停电，列车调度员命令七里营至老田庵各站间，停止基本闭塞法，改用特定闭塞法。担当这次乘务的司机、副司机，在接到调度命令后，未经确认，错误理解命令内容，将自动闭塞区间误认为是特定闭塞区间，并擅自关闭了机车信号和自动停车装置，运行中遇黄灯不减速，遇红灯不停车，时速达 80 km/h 左右，在距离 2011 次列车尾部约百米处发现前方有车时，已错过制动时机，致使 163 次与前行的 2011 次列车追尾冲突。

2. 事故原因分析

（1）机务段司机、副司机，错误理解调度命令的内容，擅自关闭机车信号和自动停车装置，严重违章蛮干，玩忽职守，遇黄灯不减速，遇红灯不停车，致使列车追尾冲突。

（2）列车调度员未认真执行有关发布调度命令的规定，发布命令不严肃。

（3）车站有关人员执行制度不严。

7.2.2　4·28 胶济铁路特别重大交通事故

1. 事故概况及经过

2008 年 4 月 28 日凌晨 4 时 38 分，由北京开往青岛的 T195 次旅客列车运行至济南铁路局管内胶济下行线王村至周村东间处，因超速，机后 9 至 17 位车辆脱轨，并侵入上行线。4 时 41 分，由烟台开往徐州的 5034 次旅客列车运行至上述路段，与侵入限界的 T195 次列车第 15、17 位间发生冲突，造成 5034 次列车机车及机后 1 至 5 位车辆脱轨。

事故造成至少 72 人死亡，416 人受伤，胶济线上下行中断行车 21 小时 22 分，构成铁路交通特别重大事故。

据"国务院铁路特别重大事故调查组"调查结论，此次事故的直接原因是 T195 次列车超速行驶。

2. 事故原因分析

（1）济南局对施工文件、调度命令的管理混乱，用文件代替临时限速命令极不严肃。

济南局 154 号文件《关于实行胶济线施工调整列车运行图的通知》，23 日印发，同时在该局网站上发布，对外局及相关单位以普通信件的方式递送，把北京机务段作为了抄送单位。文件发布后未确认各相关单位是否接到文件的情况下，4 月 26 日又发布了 4158 号调度命令，取消了多处限速命令。其中，154 号文件中包括王村至周村东间便线限速 80 km/h 的 4240 号调度命令并未取消，导致各相关单位在没有收到 154 号文件的情况下，根据 4158 号命令，盲目修改了运行监控器数据，取消了限速条件。

（2）济南局列车调度员在接到反映现场临时限速与运行监控器数据不符时，于 4 月 28 日 4 时 02 分补发了某处限速 80 km/h 的 4444 号调度命令，但该命令没有发给 T195 次机车乘务员。

（3）王村站值班员未认真执行车机联控制度，没有将某 4444 号临时限速命令与 T195 次司机进行确认。

（4）T195 次机车乘务员没有认真瞭望，失去了防止事故的最后时机。

7.2.3　甬温线特别重大铁路交通事故

1. 事故概况及经过

2011 年 7 月 23 日 20 时 30 分 05 秒，甬温线浙江省温州市境内，由北京南站开往福州站的 D301 次列车与杭州站开往福州南站的 D3115 次列车发生动车组列车追尾事故，造成 40 人死亡、172 人受伤，中断行车 32 小时 35 分，直接经济损失 19 371.65 万元。

事故发生后，事故调查组聘请了铁路运输、电力、自动化、通信、信号、安全管理、建筑等专业领域的 12 名专家组成专家组，其中全国人大代表 2 名、全国政协委员 1 名、"两院院士" 2 名。邀请最高人民检察院派员参加了事故调查工作。

国务院事故调查组严格按照科学严谨、依法依规和实事求是的原则，通过周密细致的现场勘察、检验测试、技术鉴定、调查取证、综合分析和专家论证，查明 "7·23" 甬温线特别重大铁路交通事故的原因。

2. 事故原因分析

（1）中国铁路通信信号集团所属通号设计院在 LKD2-T1 型列控中心设备研发中管理混乱，通号集团作为甬温线通信信号集成总承包商履行职责不力，致使研发的 LKD2-T1 型列控中心设备存在严重设计缺陷和重大安全隐患。

（2）铁道部在 LKD2-T1 型列控中心设备招投标、技术审查、上道使用等方面违规操作、把关不严，使其上道使用。当温州南站列控中心采集驱动单元采集电路电源回路中保险管 F2 遭雷击熔断后，采集数据不再更新，错误地控制轨道电路发码及信号显示，使行车处于不安全状态。雷击也造成 5829AG 轨道电路发送器与列控中心通信故障，使从永嘉站出发驶向温州南站的 D3115 次列车超速，防护系统自动制动，在 5829AG 区段内停车。因轨道电路发码异常，司机三次转目视行车模式起车受阻，7 分 40 秒后才转目视行车模式以低于 20 km/h 的速度向温州南站缓慢行驶，未能及时驶出 5829 闭塞分区。因温州南站列控中心未能采集到前行 D3115 次列车在 5829AG 区段的占用状态信息，使温州南站列控中心管辖的 5829 闭塞分区及后续两个闭塞分区防护信号错误地显示绿灯，向 D301 次列车发送无车占用码，导致 D301 次列车驶向 D3115 次列车并发生追尾。

（3）上海铁路局有关作业人员安全意识不强，在设备故障发生后，未认真正确履行职责，故障处置工作不得力，未能起到避免事故发生或减轻事故损失的作用。

（4）在整个事故应急处置工作中，也暴露出铁道部对动车组列车运行中发生的重特大事故应急预案和应急机制不完善、应急处置经验不足，信息发布不及时，对有关社会关切回应不准确等问题，引起社会质疑，造成了负面影响。特别是简单按照以往有关事故现场处置方式，在现场挖坑将受损车头和零散部件放入其中准备掩埋，虽被制止，但在社会上产生了不良影响。

7.2.4 其他典型行车事故

（1）××××年 1 月 17 日，兰州局兰新线 Z42 次旅客列车（乌鲁木齐客运段担当客运乘务）在兰州西站临时停车时，3 至 11 号车列车员臆测到达兰州站，打开车门组织旅客下车，少数列车员发现未到兰州站后，应急处置不当，造成多名旅客和列车员漏乘，构成铁路交通一般 D10 类事故。

经调查，事故原因是乌鲁木齐客运段对新职列车员培训不到位，该班乘务组大多数为新职人员，对沿途停靠车站站场情况不熟悉；兰州西站助理值班员接发列车时未站在规定位置，没有发现列车开门下客。乌鲁木齐客运段负主要责任，兰州站负重要责任。

（2）××××年 1 月 17 日，上海局宣杭线 K1220 次旅客列车（南昌客运段担当客运乘务）在梅峰站通过时，助理值班员发现机后第 5 位车运行方向左侧前端边门未关闭，拦停处理，构成铁路交通一般 D10 类事故。

经调查，事故原因是该车列车员漏锁车门，列车长巡检未发现。南昌客运段负全部责任。

任务实施与评价

（1）教师下发任务单，学生明确学习任务、学习内容、知识目标、能力目标、素质目标要求。

（2）学生按任务单要求制订学习计划，完成预习任务及相关知识准备。

（3）教师通过某铁路行车事故案例进行认知引入。

（4）学生查阅《铁路交通事故应急救援和调查处理条例》的有关内容。

（5）学生对比说明几种铁路典型行车事故的分析与处理办法。

（6）学生进行学习自我评价及学习小组成员互评，小组长（副组长）进行小组整体评价，教师检查任务完成情况。

附录 A　动车组司机确认呼唤(应答)标准

一、确认呼唤(应答)基本要求

(1) 一次乘务作业全过程必须认真执行确认呼唤(应答)制度。

(2) 确认呼唤(应答)必须执行"彻底瞭望、确认信号、准确呼唤、手比眼看",并掌握"清晰短促、提示确认、全呼全比、手势正确"的作业要领。

(3) 列车运行中必须对所有地面主体信号(通过信号机除外)显示全部进行确认呼唤(应答)。

(4) 遇有显示须经侧向径路运行的信号时,在呼唤信号显示的同时,必须呼唤侧向限速值。

二、地面信号、机车信号及列控车载设备(LKJ)确认呼唤时机和手比姿势

(1) 地面信号确认呼唤时机:

应遵循"信号好了不早呼、信号未好提前呼"的原则,瞭望条件良好时,进站(进路)信号、线路所通过信号不少于 800 m;出站信号为列车头部进入接车线警冲标内方;接近、预告信号机不少于 600 m;信号表示器不少于 100 m。

(2) 机车信号确认呼唤时机。

① 列车开车前正确确认机车信号;机车信号按发码区段顺序降级变化时,及时确认呼唤(机车信号绿黄灯及以下显示,未变化仍需确认呼唤;)

② 因天气恶劣、曲线等瞭望条件困难时,进站(进路)信号、线路所通过信号、出站信号确认距离不足规定要求时,应及时呼唤机车信号。

(3) 列控车载设备(LKJ)确认呼唤时机。

① 列车运行中,列控车载设备(LKJ)提示列车前方运行限制速度有变化时(线路限速可不进行呼唤),司机必须在临时限速变速点前,对降速变化的速度值及时进行确认呼唤;

② 列车开车前确认出站信号(机车信号)后,确认列控车载设备的 DMI 显示的目标距离模式曲线或允许运行的速度值;始发列车还需确认列控车载设备等级、模式。

(4) 手比规范。

① 信号显示要求通过(显示绿灯、绿黄灯)时:右手伸出食指和中指并拢,拳心向左,指向确认对象。

② 信号显示要求正向径路准备停车(显示黄灯)时:右手平伸,拢拳伸拇指直立,拳心向左。

③ 信号显示要求侧向径路运行（显示双黄灯、黄闪黄）时：右手平伸，拢拳伸拇指和小指，拳心向左。

④ 信号显示要求停车（显示红灯，包括固定和临时）时：右臂拢拳，举拳与眉齐，拳心向左，小臂上下摇动3次。

⑤ 注意警惕运行时：右臂拢拳，大小臂成90°，举拳与眉齐，拳心向左。

⑥ 确认显示屏、仪表显示时：右手五指并拢直伸，从左至右依次指向相关确认设备。

⑦ 确认手信号、防护信号（脱轨器）时：右手伸出食指和中指并拢，拳心向左，指向确认的手信号、防护信号（脱轨器）。

⑧ 列车运行中，列控车载设备（LKJ）提示列车前方运行限制速度有变化时，司机必须在起模点前，对降速变化的速度值进行确认呼唤；确认呼唤时，右手伸出食指和中指并拢，拳心向左，指向列控车载设备（LKJ）显示部位。

⑨ 手比以注意警惕姿势开始和收回，手比动作稍作停顿。

三、动车组司机确认呼唤标准用语

（1）出段（所）至发车。

序号	呼唤时机	呼唤项目	确认呼唤标准用语
1	升弓前	风压（可确认时）	具备升弓条件
2	具备升弓条件后	升弓作业	升弓注意，升弓好了
3	升弓后	受电弓升起位置、网压	后（前）弓升起好了，网压正常
4	防溜确认	防溜措施确认	防溜设置好了
5	防溜撤除	防溜措施撤除确认	防溜撤除好了
6	出段（所）前	还道信号及出段（所）手信号显示	××道，出段（所）手信号好了
		出段（所）信号显示	出段（所）信号，白（绿）灯 出段（所）信号，蓝（红）灯停车
7	经过要道还道地点前	还道信号及道岔开通手信号显示	一度停车 ××道，手信号好了
8	首架调车信号机前	首架调车信号机一度停车	一度停车
9	调车信号前（调车方式运行）	调车信号显示	调车信号，白灯 调车信号，蓝（红）灯停车
10	调车复示信号前（调车方式运行）	调车复示信号	复示信号，白灯 复示信号，注意
11	尽头线走行	距尽头线车挡距离	十辆，五辆，三辆，停车
12	行车安全装备数据输入	行车安全装备、通信装置设置	列控车载设备（LKJ）设置［逐项选择（输入）、逐项确认呼唤］，设置好了、机车信号××灯 CIR（或通信装置）设置，车次、区段正确，GSM手持终端注册

序号	呼唤时机	呼唤项目	确认呼唤标准用语
13	发车前	确认司机室门窗状态	司机室门窗锁闭好了
14		操纵台各仪表、指示灯、车载信息显示屏显示	各仪表显示正常
15		出站（进路）信号显示	绿灯，出站（进路）好了 双绿灯，××线方向出站好了 绿黄灯，出站（进路）好了 黄灯，出站（进路）好了
16		非正常行车确认行车凭证时	确认行车凭证，路票正确 确认行车凭证，绿色许可证正确 确认行车凭证，调度命令正确
17		进路表示器显示	进路表示器，××线（上、下行）方向 进路表示器，××线（上、下行），反方向运行
18		机车信号显示	机车信号××灯
19		列控车载设备控车区段 始发列车确认列控车载设备等级、模式，DMI 显示的目标距离模式曲线或允许的速度值	C×（等级），××模式，机车信号××灯；目标速度××km/h
20		发车条件具备	车机联控（不进行时除外）、信号开放（凭证正确）、车门关闭、到点开车
21	列车起动后	确认开车时刻	正点（或晚点××分）开车
22		LKJ 对标点及道岔限速	对标好了，道岔限速××公里
23	列车出站越过最外方道岔后	记录发车时刻	记点
24		行车安全装备、操纵台各仪表、指示灯、车载信息显示屏显示	行车安全装备、各仪表（网压）显示正常

（2）途中运行。

① 地面信号机常态点灯区段确认呼唤。

序号	呼唤时机	呼唤项目	确认呼唤标准用语
1	遮断信号	遮断信号显示	遮断信号，红灯停车 遮断信号，无显示
2	按压【开车】键开车后，地面第一架信号机（半自动闭塞区段为第一架主体信号机）处	监控距离与地面信号机实际距离核对	确认车位，车位正确 确认车位，校正好了
3	进站、接车进路复示信号	复示信号显示	复示信号，直向、侧向 复示信号，注意信号

续表

序号	呼唤时机	呼唤项目	确认呼唤标准用语
4	出站、发车进路复示信号	复示信号显示	复示信号，好了 复示信号，注意信号
5	通过手信号	通过手信号显示	通过手信号，好了
6	防护信号前（红灯、红旗、火炬）	防护信号	防护信号，停车 防护信号，撤除好了
7	预告信号前	预告信号显示	预告信号，好了（注意信号）
8	接近信号前	接近信号显示	接近信号： 绿灯 绿黄灯，控制速度 黄灯，控制速度
9	进站（进路）信号前	进站（进路）信号机显示	进站（进路）信号： 绿灯 绿黄灯，控制速度 黄灯，正线停车，控制速度 双黄灯，侧线，限速××公里 黄闪黄，侧线，限速××公里 红灯，机外停车
10		非正常行车确认行车凭证时	引导信号好了，控制速度 黄旗（黄灯），引导手信号好了，控制速度 绿旗（绿灯），特定引导手信号好了，控制速度 机外停车
11	出站（进路）信号前	出站（进路）信号机显示	绿灯，出站（进路）好了 双绿灯，××线方向出站好了 绿黄灯，出站（进路）好了 黄灯，出站（进路）好了 红灯，站内停车
12		非正常行车确认行车凭证时	确认行车凭证，路票正确 确认行车凭证，绿色许可证正确 确认行车凭证，调度命令正确
13	进路表示器前	进路表示器显示	进路表示器，××线（上、下行）方向 进路表示器，××线（上、下行），反方向运行
14	自动闭塞区段闭塞分区通过信号前	闭塞分区通过信号机显示	绿黄灯，控制速度 黄灯，控制速度 红灯，停车

序号	呼唤时机	呼唤项目	确认呼唤标准用语
15	线路所通过信号机前	线路所通过信号机显示	通过信号： 绿灯，××线（上、下行）方向 绿黄灯，××线（上、下行）方向 黄灯减速，××线（上、下行）方向侧线 限速××公里、××（线、站）方向 红灯，机外停车
16		非正常行车确认行车凭证时	确认行车凭证，凭证正确
17	机车信号顺序降级变化时	机车信号的显示	绿4灯 绿3灯 绿2灯 绿灯 绿黄灯，控制速度 黄2灯（黄2闪） 双黄灯（双黄闪）侧线，限速××公里 黄灯，减速 红黄灯，停车

② 地面信号机常态灭灯区段确认呼唤。

序号	呼唤时机	呼唤项目	确认呼唤标准用语
1	按 LKJ 通常工作状态控车的，按压【开车】键开车后，地面第一个区间信号标志牌	监控距离与地面区间信号标志牌实际距离核对	确认车位，车位正确 确认车位，校正好了
2	进站（进路）信号、线路所通过信号机前	机车信号显示、列控车载设备的 DMI 显示的目标速度（距离）模式曲线	绿4灯，进站（进路）凭证好了 绿3灯，进站（进路）凭证好了 绿2灯，进站（进路）凭证好了 绿灯，进站（进路）凭证好了 绿黄灯，控制速度 黄2闪，控制速度 黄2灯，控制速度 黄灯，正线停车 双黄闪，侧线，限速××公里 双黄灯，侧线，限速××公里 红黄闪，引导信号好了，准备停车 红黄灯，机外停车
3		非正常行车确认行车凭证时	确认调度命令，调度命令正确

续表

序号	呼唤时机	呼唤项目	确认呼唤标准用语
4	出站（进路）信号前	机车信号显示、列控车载设备的 DMI 显示的目标距离模式曲线	绿×灯，出站凭证（进路）好了 绿灯，出站凭证（进路）好了 出站凭证，好了，绿黄灯，控制速度 出站凭证，好了，黄 2 闪，控制速度 出站凭证，好了，黄 2 灯，控制速度 出站凭证，好了，黄灯，控制速度 出站凭证，好了，双黄闪，侧线，限速××公里 出站凭证，好了，双黄灯，侧线，限速××公里 红黄灯，站内停车 红黄闪，引导发车，控制速度
5	非正常行车确认行车凭证时		确认调度命令，调度命令正确
6	机车信号顺序降级变化时	机车信号的显示	绿 4 灯 绿 3 灯 绿 2 灯 绿灯 绿黄灯，控制速度 黄 2 灯（黄 2 闪） 双黄灯（双黄闪），侧线，限速××公里 黄灯减速 红黄灯停车

③ 线路、信号标志及列车信息确认呼唤。

序号	呼唤时机	呼唤项目	确认呼唤标准用语
1	关系站前第二个车站出站后（停站列车为站停时）	前方限速地点及限速值	前方××站至××站 k××＋×ｍ至 k××＋××ｍ，限速××公里
2	列控车载设备控车，临时限速前 6 km 前	列控车载设备显示的目标速度	前方限速××公里
3	LKJ 控车，临时限速前 2 km 前	LKJ 显示的限速地段目标速度	前方限速××公里
4	接近慢行地段限速标	慢行标识及限速值	慢行注意，限速××公里
5	慢行减速地点（始端）标	慢行减速地点（始端）标位置	始点标
6	慢行减速地点（终端）标	慢行减速地点（终端）标位置	终止标
7	越过减速防护地段终端信号标	减速防护地段终端信号标位置	慢行结束
8	设备提示过分相信息	分相区位置	过分相注意

序号	呼唤时机	呼唤项目	确认呼唤标准用语
9	断电标前	断电标（T 断标）	断电好了
10	越过合电标后	合电标	闭合好了
11	通过分相主断闭合后	行车安全装备、操纵台各仪表、指示灯、车载信息显示屏显示	各仪表显示正常
12	准备降弓标	准备降弓标	准备降弓
13	降弓标前	降弓标	降弓好了
14	越过升弓标后	升弓标	升弓好了
15	降弓手信号前	降弓手信号	降弓好了
16	升弓手信号前	升弓手信号	升弓好了
17	CIR 接收接车进路预告信息时	进路预告信息内容	××站（线路所）××道通过（停车），签收
18	接收临时调度命令时	调度命令号及内容	确认调度命令，（阅读调度命令内容），签收（确认）好了
19	通信模式转换时	模式转换	通信转换注意，转换好了
20	机车信号转换时	机车信号转换	机车信号转换，转换好了
21	接收到列车防护报警信息时	防护报警内容	确认内容，确认好了
22	控车模式切换时	控车模式切换确认	C×级××模式控车，限速××公里
23	级间切换时	语音提示后	级间切换注意
24	级间切换时	级间切换后，确认切换状态	C×级切换好了
25	列车运行限制速度变速点前（由高速变低速）	变速点低速值	目标速度××公里，注意控速
26	操作恒速按钮后	恒速按钮灯亮	恒速好了
27	输入侧线股道号	侧线股道号	××道输入好了
28	营业站接车股道站台头部	列车编组辆数	8（16）辆停车，注意对标
29	集控打开车门前	对标停车后确认站台位置	左（右）侧站台，开左（右）门
30	接近防洪地点标前	防洪地点	防洪地点，注意运行
31	接近道口前	道口位置	道口注意
32	列车通过站中心	正晚点情况	正点（晚点或早点××分）通过
33	列车营业站、终到站停、发车	报点	正点（晚点或早点××分）到达、开车
34	对口交接	临时调度命令、钥匙、行车安全装备合格证、动车组技术状态	动车组状态××，钥匙×把，合格证×张，临时调度命令无（临时调度命令××号，内容××）

续表

序号	呼唤时机	呼唤项目	确认呼唤标准用语
35	换端前	列控车载设备等级状态、CIR（GSM－R手持终端）车次功能好注销、各手柄、开关位置，有停放制动装置的确认停放制动	停放制动施加（有停放制动装置的动车组） C×级，列控车载设备断电，各手柄、开关位置正确
36	离开司机室前	动车组钥匙、门窗状态	钥匙×把，门窗锁闭

（3）到达至入段（所）。

序号	呼唤时机	呼唤项目	确认呼唤标准用语
1	列车终到后	行车安全装备设置	列控车载设备（LKJ）设置（根据提示逐项输入、逐项确认呼唤），设置好了 CIR（或通信装置）设置，车次、区段正确 机车信号××灯
2	调车信号前（调车方式运行）	调车信号显示	调车信号，白灯 调车信号，蓝（红）灯停车
3	调车复示信号前（调车方式运行）	调车复示信号	复示信号，白灯 复示信号，注意
4	入段（所）前	入段（所）信号显示	入段（所）信号，白（绿）灯 入段（所）信号，蓝（红）灯停车
5	经过要道还道地点前	还道信号及道岔开通手信号	一度停车 ××道，手信号好了
6	进入段（所）内尽头线或有车线	确认停车距离	十辆，五辆，三辆，停车
7	防护信号前	防护信号显示	防护信号，撤除好了 防护信号，（红灯、蓝灯、红旗、红牌）停车
8	防溜设置	入段需设置防溜时	防溜设置
9	防溜设置	确认防溜设置后	防溜设置好了

四、说明

（1）设有出站信号机的线路所，线路所通过信号比照进站信号机呼唤内容进行呼唤。

（2）双线自动闭塞区段1灯位进路表示器显示，反方向行车着灯时确认呼唤"××线（上、下行）反方向运行"；除上述之外的进路表示器，根据灯位显示确认呼唤"××线（线、站），上（下）行方向"。

（3）防洪地点标仅在防洪期间进行呼唤。

（4）司机途中操纵牵引、制动手柄及操作行车安全装备遇有需要进行呼唤和手比的项目时，可只呼唤不手比。

附录 B 动车组运用词语解释

1. 车列：若干车辆连挂在一起，称为车列。

2. 列车：按规定编组的车列挂有机车及规定的列车标志时，称为列车。

3. 车底：完成连挂且符合运用的车列。

4. 运营动车组：用于旅客运输的动车组。按其支配状态，分为可支配（运用、备用）和不可支配（检修）状态。

5. 路用动车组：用于检测、维修、试验、公务等特定用途的动车组。

6. 运用动车组：指纳入运行图开行交路的运营动车组，属可支配状态。

7. 热备动车组：指配备司乘人员，存放于指定地点的运营动车组，按运用动车组统计。

8. 备用动车组：指未纳入运行图开行交路的运营动车组，属可支配状态。

9. 检修动车组：因检修、改造或临时故障处理需要并且已填发动车组扣修通知单的运营动车组，属不可支配状态。

10. 列：计量单位，一个固定编组的动车组计为一列。

11. 标准组：计量单位，用于换算动车组工作量。每 8 辆计为一个标准组。

12. 运用维修：动车组的运用检修、临修、整备及各项管理活动。

13. 运用检修：动车组一级检修和二级检修。

14. 运用整备：动车组外皮清洁，车内整理、清洁，吸污，上水等作业。

15. 运用时间：动车组运用状态下的全部时间，即动车组纳入运行图开行交路中的累计时间。

16. 备用时间：动车组备用状态下的全部时间，即动车组一级检修竣工后非运用状态下的累计时间。

17. 休车时间：按扣修起至具备上线运营条件止的全部时间，简称休时。

18. 待修时间：扣修起至送达检修地时止的时间。

19. 修理时间：到达检修地时起至离开检修地时止的时间，简称修时。

20. 检修回送时间：离开检修地时起至送达运用地点时止的时间。

21. 运用率：运用动车组组数占支配（运用、备用）动车组组数的比例。

22. 备用率：备用动车组组数占支配（运用、备用）动车组组数的比例。

23. 检修率：检修动车组组数占配属动车组组数的比例。

24. 包乘制：乘务组按车底交路全程担当列车乘务工作的值乘方式。

25. 轮乘制：乘务组按车底交路分段担当列车乘务工作的值乘方式。

26. 值乘：乘务组担当的列车乘务工作。

27. 继乘：按轮乘制方式接续担当列车乘务工作。

28. 便乘：乘务人员因出、退乘需要乘坐列车。

29. 运行过程中：系指铁路机车车辆运行的全过程，也包括在其运行中的停车状态。

30. 行人：系指在铁路线路上行走、停留的自然人（包括有关铁路作业人员）。

31. 其他障碍物：系指侵入铁路限界及线路，并影响铁路行车的动态及静态物体。

32. 相撞：系指铁路机车车辆在运行过程中与行人、机动车、非机动车、牲畜及其他障碍物相互碰、撞、轧，造成人员伤亡、设备设施损坏。

33. 冲突：系指列车、机车车辆互间或与轻型车辆、设备设施（如车库、站台、车挡等）发生冲撞，致使机车车辆、轻型车辆、设备设施等破损。

34. 脱轨：系指机车车辆的车轮落下轨面（包括脱轨后又自行复轨），或车轮轮缘顶部高于轨面（因作业需要的除外）。

35. 中断铁路行车：系指不论事故发生在区间或站内，造成铁路单线、双线区间或双线区间之一线不能行车。中断行车的时间，由事故发生时间起（列车火灾或爆炸由停车时间算起）至恢复客货列车原牵引方式连续通行时止。

36. 耽误列车：系指列车在区间内停车；通过列车在站内停车；列车在始发站或停车站晚开、在运行过程中超过图定的时间（局管内）或调度员指定的时间；列车停运、合并、保留。

37. 电力机车、动车组带电进入停电区：系指电力机车、动车组未降弓断电进入已经停电的接触网区。

38. 发生冲突、脱轨的机车车辆，未经检查鉴定编入列车运行：未按规定通知检查或未按规定检查，擅自编入列车，按本项论。

39. 自轮运转设备：无须铁路货车装运，能依靠自有轮对在铁路上运行，但须按货物向铁路办理托运手续的机械和设备。包括编入列车的自轮运转特种设备、无火回送机车等。

40. 无调度命令施工，超范围施工，超范围维修作业：包括未按规定在车站登记要点进行施工、维修作业的，施工点前超范围准备的，未按规定施工维修作业内容进行作业的，均按本项论。

41. 漏发、错发、漏传、错传调度命令导致列车超速运行：列车运行监控装置未输或错输限速指令、机车出库后司机未接到线路限速命令，致使列车超过规定限速运行，按本项论。

42. 挤道岔：系指车轮挤过或挤坏道岔。

43. 作业人员：系指参加铁路行车相关作业的所有从业人员，含已参加铁路企业生产经营活动，与铁路用人单位形成事实劳动关系的人员。

44. 事故责任待定：系指事故原因、责任尚未查清，需待认定的情况。事故件数暂时统计在发生月，若最后认定为非责任事故，则予以变更。

45. 交叉作业：系指分别属于两个或两个以上企业的作业区域相互重叠，从业人员在同一作业场所各自作业，包括铁路作业人员在专用线内取送车等作业。

附录C 调度命令

调度命令

___年___月___日___时___分 第___号

受令处所		调度员姓名	
内容			

（规格 110 mm × 160 mm）　　　　　　　　　　　　受令车站_____ 车站值班员_____

245

附录 D 调度

月 日	发出时刻	命 令		
		号 码	受令及抄知处所	内

命令登记簿

登 记 簿

容	复诵人姓名	接受命令人姓名	调度员姓名	阅读时期（签名）

附录 E　CTC 控

CTC 控制

顺号	分散自律转为非常站控的原因	转入非常站控		
		月　日	时　分	列车调度员

制模式转换登记簿

模式转换登记簿

车站值班员	转回分散自律					备注
	月　日	时　分	列车调度员	国站值班员		

附录 F 缩写词对照表

序号	缩写字母	中文名称
1	CBI	计算机联锁
2	CIR	机车综合无线通信设备
3	CTC	调度集中系统（调度集中设备）
4	CTCS	中国列车运行控制系统（列控系统）
5	DMI	列控车载设备人机界面
6	FAS	固定用户接入交换机
7	GPRS	通用分组无线业务
8	GSM – R	铁路数字移动通信系统
9	GYK	轨道车运行控制设备
10	LKJ	列车运行监控装置
11	RBC	无线闭塞中心
12	TAX	机车安全信息综合监测装置
13	TCC	列控中心
14	TDCS	列车调度指挥系统
15	TDMS	运输调度管理系统
16	TEDS	动车组运行故障动态图像检测系统
17	TSRS	临时限速服务器
18	UPS	不间断电源
19	ZPW	自动闭塞移频无绝缘轨道电路

附录 G　计量单位符号

km——千米（公里）；

m——米；

mm——毫米；

t——吨；

kg——千克（公斤）；

h——[小]时；

min——分；

s——秒；

V——伏；

kV——千伏；

Pa——帕；

kPa——千帕；

kN——千牛；

kg/m——千克/米（公斤/米）；

km/h——千米/时（公里/时）。

参 考 文 献

[1] 中国铁路总公司. 铁路技术管理规程：高速铁路部分. 北京：中国铁道出版社，2014.

[2] 中国铁路总公司. 铁路技术管理规程：普速铁路部分. 北京：中国铁道出版社，2014.

[3] 中国铁路总公司. 铁路技术管理规程（高速铁路部分）条文说明. 北京：中国铁道出版社，2014.

[4] 中国铁路总公司. CRH 系列动车组操作规程. 北京：中国铁道出版社，2015.

[5] 中国铁道出版社. 铁路交通事故调查处理规则. 北京：中国铁道出版社，2007.

[6] 王伯铭. 动车组运用与检修. 北京：中国铁道出版社，2011.

[7] 吴严. 电力机车运用与规章. 北京：中国铁道出版社，2006.